HISTÓRIA DA IMIGRAÇÃO NO BRASIL

Vol. 3

HISTÓRIA DA IMIGRAÇÃO NO BRASIL

Luís Reznik
ORGANIZAÇÃO

Conversas com pesquisadores

Vol. 3

FGV EDITORA

FAPERJ
Fundação Carlos Chagas Filho de Amparo à Pesquisa do Estado do Rio de Janeiro

Direitos desta edição reservados à
FGV EDITORA
Rua Jornalista Orlando Dantas, 9
22231-010 | Rio de Janeiro, RJ | Brasil
Tel.: 21-3799-4427
editora@fgv.br | www.editora.fgv.br

Impresso no Brasil | *Printed in Brazil*

1ª edição: 2024

PREPARAÇÃO DE ORIGINAIS: Ronald Polito
REVISÃO: Michele Mitie Sudoh
DIAGRAMAÇÃO: Ilustrarte Design
CAPA: Estúdio 513
FOTO DA CAPA: Poloneses e russos na Hospedaria de Imigrantes. Ilha das Flores. 1909. Autor desconhecido. Acervo Laeti (Imagenswww.laeti.com.br)

Dados Internacionais de Catalogação na Publicação (CIP)
Ficha catalográfica elaborada pelo Sistema de Bibliotecas/FGV

História da imigração no Brasil, volume 3 : conversas com pesquisadores / Luís Reznik (organizador). – Rio de Janeiro : FGV Editora, 2024.
324 p.

Inclui bibliografia.
ISBN: 978-65-5652-300-2

1. Brasil – Migração – História. 2. Imigrantes – Brasil - História. I. Reznik, Luís. II. Fundação Getulio Vargas.

CDD – 325.81

Elaborada por Márcia Nunes Bacha – CRB-7/4403

Sumário

Memórias da pandemia

Luís Reznik

Este livro é um desdobramento direto da pandemia relacionada com a Covid-19 que atingiu o planeta entre 2020 e 2022. O susto inicial, o medo permanente, a tensão acerca do inusitado e a perplexidade diante do desconhecido levaram à paralisação das atividades universitárias, em todo o país, em março de 2020. Naquele momento, ninguém — nem as autoridades sanitárias, nem a OMS, nem os especialistas — sabia quanto tempo demoraria aquele fenômeno. O tempo estava em suspenso.

A Universidade do Estado do Rio de Janeiro (Uerj), como tantas outras universidades, levou alguns meses para se adaptar à nova situação: ensino remoto, aulas online, circulação restrita etc. Por sua vez, nós, os docentes, bem como os servidores da universidade e os discentes, estávamos preocupados e ocupados com as enormes alterações nas rotinas da vida caseira e pessoal.

O nosso grupo de pesquisa, o Centro de Memória da Imigração da Ilha das Flores (CMIIF), também estava em "suspenso". O Museu da Imigração da Ilha das Flores, parceria entre a Uerj e a Marinha do Brasil, interrompeu as atividades. O CMIIF, entre outras atuações e atribuições, é responsável pela organização e realização de ações e eventos no Museu, desde a elaboração de exposições até a mediação de visitas, que é realizada pelos nossos estudantes de graduação em história. A mobilização anual em torno da chamada do Instituto Brasileiro de Museus (Ibram) para a Semana de Museus também não vingou naquele ano — nessa ocasião, em anos anteriores, mobilizamos o grupo para elaborar exposições de curta duração e atividades educativas para escolares. Os arquivos públicos, por sua vez, estavam fechados para consulta e pesquisa. As atividades de extensão com docentes da educação básica, no Museu, foram prorrogadas *sine die*. As atividades de ensino, pesquisa e extensão estavam interditadas.

No entanto, as energias pulsantes não se esvaíram com o confinamento. Em abril, o grupo do CMIIF, composto por docentes, graduandos, pós-graduandos e pesquisadores, voltou a se reunir, online, com os dilemas da ocasião. Qual plataforma de interação? Qual a disponibilidade de cada membro do grupo: pacote de dados, computador ou equipamento compatível, espaço caseiro etc.?

Para nossa surpresa, conseguimos ser produtivos na discussão de textos acadêmicos e todos estavam ávidos para se encontrar, ainda que virtualmente. Gradualmente, como de resto toda a Universidade, fomos passando para o mundo virtual: cursos para professores das redes de educação básica, cursos de extensão para graduandos da Uerj, pesquisa online, discussão de textos, reunião e tudo o mais. Em breve, seríamos bombardeados pela enxurrada de *lives* que surgiram nos meios acadêmicos.

No mês de junho, criamos uma conta no Instagram[1] e começamos a postar atividades e documentação comentada. Em setembro, iniciaram-se as *lives* "Terças na Hospedaria", sempre às terças-feiras, às 17 horas, com uma hora de duração. De setembro de 2020 a novembro de 2021, realizaram-se 30 *lives*. Foram conversas com pesquisadores, especialistas em temáticas específicas no campo das migrações internacionais, em especial imigração no Brasil. Professores universitários, em sua maior parte, atuantes em instituições diversas nas diferentes regiões do país, prontamente se disponibilizaram a conversar conosco, via Instagram. Efetivamente, as *lives* tiveram menos o tom de "entrevista" e mais um clima de conversa ou, conforme expressão coloquial, um "bate-papo".

Revisitando as gravações, publicadas na conta do Instagram, percebemos que era um material rico e profícuo, e que apresentava o estado da arte, em cada assunto abordado, de forma concisa, profunda e em

---

[1] Disponível em: @cmiif.uerj.

uma linguagem acessível a pesquisadores, a estudantes iniciantes e ao público em geral. Selecionamos 18 *lives* para transcrição. Ao editá-las, preferimos deixar marcas da coloquialidade, demarcando a informalidade com que as conversas se desenvolveram. Em várias delas, o leitor poderá "escutar" o público que ali compareceu conectado ao Instagram, no dia da *live*, e fez perguntas ao convidado.

Todas as conversas versam sobre processos migratórios internacionais. São Paulo e Rio Grande do Sul têm vasta bibliografia e pesquisa sobre o tema. Não por acaso, as primeiras conversas tematizaram a história da imigração portuguesa em São Paulo e da imigração italiana no Rio Grande do Sul. Seguiu-se um grupo étnico menos pesquisado, os russos no Brasil. A seguir, investimos no maior conhecimento sobre o estado do Rio de Janeiro, tendo como foco diversos grupos étnico-nacionais: árabes, judeus, italianos, portugueses, franceses, alemães, espanhóis e finlandeses. Outras quatro *lives* apresentam importante contribuição para a história da imigração em estados fora do eixo centro-sul: Pará, Amazonas, Espírito Santo e Mato Grosso. Por fim, buscamos discutir os dispositivos de recepção de imigrantes e a patrimonialização de sua história, com pesquisadores de três importantes museus nas Américas: a Hospedaria de Imigrantes de São Paulo, a imigração na Argentina e o Hotel de Imigrantes de Buenos Aires e o Píer 21 e Museu Canadense da Imigração.

Todas as conversas foram conduzidas por pesquisadores do Centro de Memória da Imigração da Ilha das Flores. Em cada entrevista, o primeiro autor é o convidado, e o último, o membro da equipe, cuja fala, ao longo da conversa, está em itálico.

Boa leitura!

1. Imigração portuguesa em São Paulo[1]

Maria Izilda de Matos
Luís Reznik

Maria Izilda de Matos é professora da Pontifícia Universidade Católica de São Paulo (PUC-SP) e pesquisadora do Conselho Nacional de Desenvolvimento Científico e Tecnológico (CNPq), uma referência importantíssima nos estudos sobre deslocamentos imigratórios. Ela é uma pesquisadora com muitas publicações e orientações, e é uma professora premiada. Começamos conversando sobre a historiografia da imigração e dos estudos imigratórios para São Paulo, em particular o que acontece em relação à historiografia portuguesa. Há um relativo consenso sobre certa invisibilidade portuguesa perante os outros imigrantes, possivelmente pelo próprio processo de colonização portuguesa que funda essa região na América. Nesse sentido, tem tudo a ver com a própria criação do Brasil e, de certa maneira, com certa indistinção, muitas vezes, entre os colonizadores originais e essa nova imigração portuguesa que começa a chegar a partir de meados do século XIX, principalmente com a Grande Imigração. A professora Maria Izilda vai falar um pouco mais sobre o grande processo imigratório já no século XX, inclusive, principalmente para São Paulo. A palavra está contigo, professora.

Agradeço o convite e a oportunidade do diálogo. Gostaria de lembrar que, dos mais de 4 milhões de imigrantes que entraram no Brasil entre 1890 e 1940, mais de 2 milhões, isto é, cerca de 60%, se dirigiram ao estado de São Paulo, sendo expressiva a presença imigrante nesse período após a abolição da escravidão e de construção de um mercado de trabalho livre. A imigração é um tema eleito pela historiografia paulista, principalmente quando intercruzada com a questão do café,

[1] Conversa realizada em 17 de novembro de 2020. Transcrição: Marianna Carolina Oliveira Costa Reis. Edição: Carolina da Costa de Carvalho e Luís Reznik.

da indústria e do movimento operário. Apesar das diferentes tendências historiográficas que trabalham o tema da imigração, durante muito tempo, se trabalhou com uma noção de imigrante universal. Mais recentemente, há uma preocupação em questionar essa universalidade, observando diferentes nacionalidades (portugueses, espanhóis, italianos) e regionalidades, além das experiências das mulheres e dos diferentes fluxos. Em São Paulo, os imigrantes italianos foram quantitativamente expressivos e o grupo majoritário até o Decreto Prinetti,[2] que proibiu a imigração subsidiada dos italianos devido às dificuldades nas fazendas de café, às denúncias de maus-tratos, quebras de contrato, entre outras. Após o Decreto, os imigrantes priorizados nos fluxos de subsidiados foram os ibéricos, portugueses e espanhóis. A questão da visibilidade é perpassada por outras dificuldades, um certo silenciamento/ocultamento da presença portuguesa em parte da documentação, que não tem registro de nacionalidade, devido à proximidade de nome entre os portugueses e os brasileiros. Um outro aspecto é que até recentemente não se dava a devida atenção a este grupo.

Ciente de que a reflexão historiográfica parte do presente, as questões que nos inquietam hoje levam a nos debruçarmos sobre o passado abrindo possibilidades e inquietações para que se questione sobre essa presença dos portugueses; afinal, nem todos os imigrantes eram italianos. A invisibilidade dos portugueses em São Paulo talvez esteja em priorizar outros grupos, como os italianos. Mesmo a presença portuguesa na Bahia, em Pernambuco, na região amazônica, pensando no Pará e no Amazonas, apesar de expressiva, é ainda pouco estudada. Recentemente, fiz uma pesquisa sobre as epidemias no Porto de Santos e foi impactante observar o número expressivo de imigrantes contaminados e mortos, sendo a maioria de portugueses.[3] Entre 1890

[2] Estabelecido pelo governo italiano em 1902, o Decreto Prinetti proibia a emigração subvencionada de italianos para o Brasil, o que produziu uma queda expressiva na entrada desses imigrantes no país.

[3] MATOS, Maria Izilda; CARMO, Bruno Bartolo. Um "porto maldito": epidemias, cotidiano e medo — Santos (1880-1900). *Revista de História*, v. 181, p. 1-31, 2022.

e 1910, mais de 25% dos moradores de Santos eram portugueses, o grupo imigrante mais expressivo na cidade, e foram eles as maiores vítimas das epidemias, inclusive a própria Beneficência Portuguesa de Santos foi fundada nesse contexto.

Por que os portugueses emigram para o Brasil? Nós sabemos, inclusive, que boa parte dos portugueses que emigraram vieram para o Brasil. Evidentemente diferente dos italianos e dos espanhóis, os portugueses vieram, majoritariamente, para o Brasil. Por quê?
Tem um conjunto de elementos que influenciaram as saídas dos portugueses como as dificuldades econômicas no campo, dificuldades políticas, por exemplo, a passagem da Monarquia para a República e depois as tensões no período salazarista. Também há elementos vinculados à fuga do serviço militar, que era majoritariamente realizado nas colônias africanas e estava marcado pela má alimentação, doenças, maus-tratos, violência e o sistema militar rígido. Assim, muitos jovens, alguns ainda meninos, buscaram sair de Portugal, a própria família também se empenhava nessa saída, como um elemento de livrá-los do serviço militar.

No Centro de Memória da Imigração da Ilha das Flores, nós fizemos algumas entrevistas, principalmente com pessoas que passaram pela Hospedaria da Ilha das Flores e também com pessoas que se radicaram no município de São Gonçalo, independentemente de terem passado ou não pela Hospedaria. Entre os portugueses que entrevistamos, boa parcela deles migrou, principalmente, visando fugir do serviço militar obrigatório.
Sim, reforço esse elemento como importante, além das condições de vida no campo, a falta de acessibilidade, a dificuldade do trabalho rural e as pragas nos vinhedos. Mas tem um outro aspecto a observar, que eu nominaria como uma cultura da emigração, de que se poderia buscar a ancestralidade no período colonial. A busca por melhores condições, desejos de "fazer a América", ciente de que o sonho americano contempla múltiplos e variados desejos. Se, por um lado, há um conjunto de fatores que estimularam as saídas, pode-se identificar polos

de atração e o Brasil foi o principal deles, mas os portugueses também se deslocaram para Estados Unidos e Canadá, e depois dos anos 1960 para a Europa. O Brasil era país do sonho americano e, assim, muitos portugueses se deslocaram para várias regiões do país. No caso de São Paulo, vários vieram através do subsídio governamental que visava a vinda de mão de obra para o café. Nesse aspecto, dava-se preferência à imigração familiar, cabendo observar que a imigração portuguesa foi, majoritariamente, masculina, as mulheres ficavam e, posteriormente, poderia ocorrer a reunificação familiar.

Maria Izilda, eu acho importante nos determos um pouco mais sobre isso porque temos conhecimento dessas idas e vindas, principalmente quando eles não vêm com toda a família, quando eles não abandonam, digamos assim, Portugal de uma vez. Há notícias desses que vêm, que voltam, que vêm, que voltam, que vêm eventualmente trazer dinheiro ou os que retornam. Uma das questões diz respeito às remessas de dinheiro. Quantas aldeias em Portugal que acabaram por, de alguma maneira, sobreviver ou prosperar a partir do dinheiro dos brasileiros?

Esse aspecto é importante, ainda não se consegue claramente quantificar essas idas e vindas. Mas, quando se observar de outras perspectivas, como a da micro-história, ou através de certo tipo de documentação, pode-se atentar para as redes e as idas e vindas. Nos últimos anos, venho trabalhado com as cartas de chamada, muitas delas localizadas na Hospedaria dos Imigrantes de São Paulo e em arquivos portugueses. Trata-se de uma documentação com muito potencial investigativo. Ao chegarem ao Porto de Santos, os imigrantes tinham que apresentar obrigatoriamente essas cartas, era uma exigência para as mulheres, pessoas com mais de 60 anos e com algum tipo de deficiência física; a carta era uma comprovação de que alguém os acolheria. Também em Portugal, tinha uma legislação que condicionava a saída à carta de chamada, mulheres e crianças não podiam sair sem a autorização do pai ou do marido. As cartas são documentos muito interessantes, encontrando-se maridos que chamavam visando a reconstituição familiar e outros que não chamavam porque se envolveram em outra relação afetiva. Algumas esposas se empenhavam em vir, esperavam ansiosas pela chamada, já outras mulheres tinham medo da viagem, do desconhecido ou não queriam deixar os pais e parte da família em Portugal. Essas fontes permitem observar as tramas cotidianas que envolvem os processos de deslocamentos; também, perceber a questão das remessas, a importância delas para a economia portuguesa, particularmente, em momentos mais recessivos. As remessas exercem um papel significativo, tanto para a família, para a benfeitoria da propriedade e dos negócios, mas, também, beneficiavam a comunidade de origem e a economia do país. Assim, torna-se um desafio refinar esse ir e vir — apesar de não ter sido exclusividade dos portugueses (podendo ser observado em outros grupos), neste grupo foi mais constante e intenso. No caso dos portugueses, esse ir e vir, sem dúvida, caracterizou várias trajetórias, mas, ainda é uma hipótese a ser melhor observada, assim como os fluxos no Cone Sul, que também ocorreram. Alguns imigrantes entraram subsidiados, trabalhavam um período e depois, por diversos motivos e possibilidades, através de redes, se deslocavam para outros estados com a pretensão de chegar a outros países. Apesar de que o fluxo para o Cone Sul foi mais intenso entre italianos e espanhóis, também atraiu portugueses.

Cláudia Schuller, pesquisadora do Arquivo Nacional, comentou que poucos portugueses se naturalizam. Isso coincide com o que você tem pesquisado, Maria Izilda?

Nas minhas investigações, não busquei essa questão da naturalização, apesar de que isso foi incentivado pelo governo brasileiro desde a Proclamação da República. Lembrando que as relações que se estabelecem entre os governos de Portugal e do Brasil, em diferentes momentos, criaram facilidades para o fluxo desses imigrantes. Em ocasiões em que as políticas imigratórias foram restritivas às entradas de estrangeiros, os portugueses tiveram as portas mais abertas. Minha hipótese é a de que talvez, por causa disso, dos acordos comerciais e outras relações entre governos, a questão da naturalização não seja tão determinante para os portugueses, como foi para outros grupos, que viam essa ação como um elemento facilitador para a abertura de negócios ou outros empreendimentos. A presença dos portugueses no universo comercial sempre foi muito expressiva, desde o pequeno armazém, o botequim, a quitanda, as padarias,[4] até os grandes empreendedores que trabalham com o comércio de importação e de exportação; isso ocorreu no Rio de Janeiro, São Paulo e em outros estados. Sem dúvida, caberia aprofundar essa questão da naturalização, mas destaco a importância de termos estudos comparativos, inventário das diferenças, observando as questões, motivos e especificidades nos processos de naturalização.

Tem muitas pessoas que estão nos acompanhando nesta conversa e que estão reforçando a sua fala sobre a quantidade e as motivações para se naturalizar ou para deixar estar. Por exemplo, os familiares. As pessoas estão dizendo: "Na minha família de muitos portugueses, tios e tias, somente um ou dois se naturalizaram".

Nesse sentido, gostaria de fazer uma observação: cabe considerar que a segunda geração de portugueses, melhor dizendo, os filhos dos portugueses nascidos no Brasil, se consideram brasileiros, o que necessariamente não acontece com outros grupos como japoneses, sírio-libaneses e mesmo italianos, a manutenção dessas "identidades" e suas tradições é bem mais forte do que entre os imigrantes portugueses.

Eu fico pensando, por exemplo, no caso das comunidades judaicas. A primeira que nasce no Brasil ainda é uma geração muito fechada entre si. Somente a terceira geração que começa a se abrir um pouco mais. Certamente, no caso dos portugueses, isso facilita. Ainda que no Rio de Janeiro exista um conjunto de clubes portugueses que constituem também uma sociabilidade, não completamente fechada, mas muito forte e interna com os portugueses.

---

[4] MATOS, Maria Izilda Santos de. Portugueses e experiências políticas: a luta e o pão. São Paulo 1870-1945. *História*, São Paulo, v. 28, n. 1, p. 415-443, 2009.

Algumas pesquisas apontam que grupos como sírio-libaneses, japoneses e judeus foram mais endogâmicos. Além dos acertos familiares, facilitavam os casamentos, a existência de clubes, associações culturais, literárias e esportivas, que muitas vezes possibilitavam os encontros e os casamentos dentro do grupo. Considera-se que os portugueses foram mais abertos ao casamento com os nacionais e outras nacionalidades, particularmente, com mulheres brasileiras. Lembrando que os fluxos de imigração portuguesa foram majoritariamente masculinos, os homens vinham solteiros, ou emigravam primeiro e depois chamavam a família, mas alguns não chamavam, tanto que em Portugal observa-se a existência das ditas "viúvas de marido vivo", aquelas cujos maridos não voltaram ou nunca mais deram notícias.

Eu queria voltar no ponto das idas e vindas para Portugal. Hoje em dia, você vai à Portugal em nove horas. Quando pensamos no século XIX, se for já com os vapores, Portugal está a 10, 15 dias. Quer dizer, essas idas e vindas não são uma situação tão simples. Tem pesquisas sobre as memórias da viagem, sobre a viagem, sobre a trajetória do navio de Portugal para o Brasil, especificamente sobre os portugueses?

As viagens são muito interessantes. Nas cartas, por exemplo, pode-se observar os preparativos da viagem, era um verdadeiro cerimonial; nessa documentação, aparecem as orientações dos maridos que estão chamando as suas esposas, eles alertavam para os cuidados que deveriam tomar, o que trazer, o que deixar, como tirar a documentação e assim por diante. Um parêntese: os navios a vapor possibilitaram agilidade e facilidades nas viagens, além do Rio de Janeiro, cresceram as rotas transatlânticas para o Porto de Santos. Depois da construção da ferrovia Santos-Jundiaí e da expansão cafeeira para o oeste do estado, Santos se transformou no maior porto exportador de café e de entrada de imigrantes no país. Além da já mencionada imigração subsidiada, tinha todo um sistema de engajamento, que se ramificava até as pequenas aldeias, que incluía os interesses das companhias de vapor. Constituiu-se fluxos de transportes a vapor e todo um sistema que viabilizou esses grandes deslocamentos, sendo possível perceber como isso se ramifica por todas as regiões de Portugal, incluindo as Ilhas (Madeira e Açores). Mas o maior fluxo partiu das regiões Norte e Nordeste de Portugal e esses vinham para a Capital e os interiores do estado de São Paulo, também atingindo o oeste do Paraná. Identificam-se os agenciadores, que orientavam sobre os tramites, as companhias que organizavam a venda dessas passagens, tudo isso era bem constituído. Lembro a contribuição do professor Paulo Gonçalves[5] que rastreou esse processo no caso dos italianos. Este esquema não é só de Portugal para o Brasil, também viabiliza um possível retorno. Os imigrantes trabalhavam e juntavam um pecúlio para retornar e/ou chamar a família.

Em São Paulo havia um número muito expressivo de construtores portugueses e italianos, eles buscavam mão de obra especializada na Itália e em Portugal, algumas vezes para trabalhar em uma obra específica, por exemplo, como para construir o Teatro Municipal, Mercado Municipal e outros prédios públicos; também para obras de particulares. Muitos desses imigrantes eram hábeis nos seus ofícios, marceneiros, vidraceiros, marmoristas, serralheiros, alguns se estabelecem na cidade, transmitindo seus ofícios como tradições passadas de pai para filho, mantidas por gerações. Outros retornaram ao término do contrato, chamamos de "migração andorinha".

Você já deu inúmeros exemplos dos portugueses no comércio, que é um setor muito forte. Você citou o exemplo desses que são profissionais da área de serviços, são chamados muitas vezes, especificamente, para trabalhar como construtores, serralheiros, em obras, nas mais variadas. E tem aqueles também que foram para as fazendas, principalmente para as fazendas de café. Eu tenho várias questões. Uma é se existe, mais ou menos, uma dimensão quantitativa disso em termos de percentual ou de proporções? Se é possível falar algo sobre isso para São Paulo em tempos diferentes? Seu exemplo desses

[5] GONÇALVES, Paulo César. *Mercadores de braços*: riqueza e acumulação na organização da emigração europeia para o Novo Mundo. São Paulo: Alameda, 2012.

que vieram trabalhar sobre contrato em construção é muito interessante, mas eu fico me perguntando de que época é isso. Se aconteceu na Grande Imigração, no pós-Segunda Guerra Mundial ou se aconteceu em ambos os tempos. A segunda pergunta é: qual é o papel da Hospedaria de Imigrantes do Brás nessa mediação, no caso da imigração portuguesa?

No período que vai de 1902 até o início da Primeira Guerra (1914-18), os portugueses foram o maior grupo entre os subsidiados para o trabalho nas lavouras de café. Eles vêm em família e se submetem ao sistema de colonato. Alguns trabalham mais do que em um contrato e, posteriormente, saíam das fazendas, procurando possibilidades nas cidades do interior de São Paulo e na Capital. Este fluxo diminuiu e praticamente sustou durante a Primeira Guerra e não foi retomado plenamente após a guerra. Mas isso não impediu que eles continuassem chegando, através de todo um sistema de redes e com as cartas de chamadas. Os portugueses que não vieram subsidiados preferiam se estabelecer em Santos, na Capital e cidades nos interiores, alguns traziam capital e adquiriam propriedades rurais, apesar de serem menos expressivos do que outros grupos, podendo-se questionar se isso se deve por que outros imigrantes chegaram primeiro e tiveram mais acesso à terra. Como é o caso dos italianos. A produção historiográfica tem priorizado os estudos sobre os portugueses no Porto de Santos e na Capital de São Paulo, só mais recentemente que cresceu o desafio de dar visibilidade aos portugueses em cidades do interior do estado e também os que estiveram ligados às atividades agrícolas. Por exemplo, o Vale do Ribeira é uma região com uma grande produção de bananas, podendo se identificar muitos portugueses se dedicando a essa atividade. O imigrante português tinha preferências pelas atividades urbanas, principalmente, as atividades comerciais, consideradas um campo de possibilidades. Mas não se pode esquecer daqueles que tinham ofícios, competências, profissões e procuraram se inserir nas atividades urbanas, e outros que foram trabalhar na indústria paulista, que nesse período também estava em expansão. Esses trabalhadores e trabalhadoras portugueses foram atuantes nas lutas e manifestações operárias, só recentemente que se tem observado essa presença dos portugueses no movimento operário, que nem todos eram italianos, apesar da expressiva presença de italianos no trabalho fabril e nas lutas. Em Santos, os portugueses trabalhavam no porto, na estiva e como carroceiros, também em ocupações comerciais, botequins, restaurantes e hotelaria; neste ramo, destacaram-se as mulheres portuguesas que começaram com pequenas pensões e fornecimento de refeições, e, depois, expandiam os negócios com sucesso. Outros portugueses também se dedicaram à pesca, alguns foram muito bem-sucedidos nessa função constituindo pecúlio.

Nas décadas de 1920 e durante os governos de Getúlio Vargas, mesmo com as medidas de controle das entradas de imigrantes, das quais os portugueses foram sempre preservados, as entradas dos lusos foram constantes e crescentes no estado de São Paulo, nas cidades de Santos, na Capital e nos interiores. Nos anos do pós-Segunda Guerra até o golpe de 1964, as entradas de portugueses em São Paulo superam as do Rio de Janeiro, eles buscavam por possibilidades e trabalho, era um momento de expansão urbana e industrial, eles ocuparam nichos como: a construção civil, o comércio e ofícios. Uma outra questão a ser observada é que, entre os imigrantes portugueses, vários saíram do seu país de origem devido a problemas políticos e se identificaram como exilados políticos, apesar de não terem esse estatuto. Alguns chegaram quando da Proclamação da República[6] e outros durante o governo salazarista, principalmente na década de 1950, um contexto muito repressivo que gerou levas de exilados. Entre esses exilados, veio uma elite de intelectuais, jornalistas, literatos, professores universitários que migraram em função da situação política, da repressão às oposições do governo salazarista. Neste grupo, vários vão contribuir nas universidades, não só na Universidade de São Paulo (USP), também nas faculdades nos interiores do estado. Esse grupo buscou articular uma resistência no exílio e criou o jornal *Portugal Democrático*, que

[6] Após a Proclamação da República portuguesa em 1910, o país passou por uma série de conflitos políticos internos.

circulou por mais de 20 anos. Entre outros, busquei rastrear a trajetória de Maria Archer, uma escritora portuguesa e feminista que foi perseguida pela Polícia Internacional e de Defesa do Estado (Pide).[7] Ela chegou em São Paulo, em 1955, contribuiu no *Portugal Democrático* escrevendo várias crônicas de oposição ao salazarismo e se destacou na constituição do Suplemento Feminino do jornal *O Estado de S. Paulo.*

A historiografia portuguesa dá pouca atenção a essas trajetórias dos opositores a Salazar no exílio e menos ainda a essas mulheres que, em Portugal ou fora do país, se opuseram e lutaram contra o salazarismo. Mais recentemente, alguns pesquisadores vêm estudando esses exilados no Rio de Janeiro, São Paulo e Pernambuco, apontando que uma escola de matemáticos portugueses se estabeleceu na universidade em Recife. Na maioria dos casos, eles vieram em rede, através de chamadas, frente às dificuldades de continuar nas universidades portuguesas ou em outras funções, como foi o caso dos jornalistas, que perderam seus empregos nos jornais. Sobre a sua segunda questão, apesar de ter, em alguns momentos, a necessidade de hospedar imigrantes, o Porto de Santos nunca teve uma hospedaria. Os imigrantes, depois dos trâmites de desembarque, eram colocados nos trens e levados para a Hospedaria de Imigrantes em São Paulo. A Hospedaria em São Paulo, ao contrário da do Rio de Janeiro e de outros locais, não estava localizada no litoral, nem em uma ilha, apesar de ser toda cercada. Sua construção se iniciou no final do Império e foi finalizada no começo da República, hoje é o Museu da Imigração de São Paulo. Até a Primeira Grande Guerra, a Hospedaria recebeu majoritariamente os imigrantes que vinham subsidiados através de todo um sistema financiado de arregimentação. Os imigrantes que vieram subsidiados pelo Estado saíam da Hospedaria diretamente para as fazendas com contrato assinado dentro

---

[7] A Pide foi criada em 1945 e era um órgão de censura e perseguição política aos opositores políticos da ditadura salazarista. O órgão funcionou até 1974, com o fim do Estado Novo português.

do próprio prédio. Era um contrato padrão, o cafeicultor buscava o número de trabalhadores que precisava e os levava para sua fazenda no interior. Em vários momentos, a Hospedaria também acolheu outros grupos que chegaram, inclusive, recebeu nordestinos que vinham para trabalhar em São Paulo. Os imigrantes que vinham por chamada de familiares, conterrâneos e em redes raramente passavam pela Hospedaria, sendo acolhidos pelos seus contatos na cidade.

Muito interessante, professora. Mais interessante ainda porque me parece que ainda estão muito pouco difundidas pesquisas acerca da imigração portuguesa nos anos 1950 em geral e dessa leva de exilados antissalazaristas que chegaram pelo Brasil afora, não só em São Paulo, mas também no Rio de Janeiro e em Recife. Como estamos próximos de finalizar a entrevista, eu queria fazer uma pergunta sobre o lugar das mulheres portuguesas nesse processo migratório em geral. Eu sei que você tem um especial apreço em pensar a questão das mulheres e, nesse caso, das mulheres portuguesas.

Esse empenho em dar visibilidade às experiências femininas na imigração está vinculado a uma convergência de duas perspectivas na minha trajetória de pesquisadora. Eu comecei a pesquisar história das mulheres, história do cotidiano, no momento em que a historiografia se abria para essas "outras histórias", no final da década de 1980. Inicialmente, investiguei a presença das mulheres na indústria paulista, no cotidiano da cidade de São Paulo, em Santos e nos interiores do estado, foi quando percebi a presença de mulheres imigrantes portuguesas. Nessa conjuntura, tínhamos mulheres de diferentes nacionalidades, mas busquei dar visibilidade às imigrantes portuguesas que trabalhavam nas fábricas paulistas em diferentes setores industriais: fábricas têxteis, de sacaria para o café, de fitas, de fósforos e nas confecções. Também observei a atuação dessas mulheres nas lutas pelos seus direitos trabalhistas, questionando a ideia vigente de que as mulheres não foram atuantes, não participavam das greves e dos movimentos por melhores condições de trabalho e de vida. Localizei a atuação dessas mulheres em múltiplas atividades nas cidades: amas de leite, lavadeiras, criadas, nos pequenos negócios, donas de pensão, fornecedoras de refeição, atuantes na luta cotidiana pela sobrevivência.

Apesar de pouco focalizadas, as mulheres foram atuantes no planejamento de todo o processo de e/imigração familiar, desde o seu início elas discutiam e definiam quem deveria ir ou ficar, em que momento imigraria e para onde. Já comentamos que, no caso da imigração portuguesa, majoritariamente, os homens vinham primeiro e as mulheres ficavam; na ausência dos maridos, elas assumiam funções na propriedade, no comércio e nos negócios. Isso quer dizer: elas ampliavam suas atividades assumindo o trabalho dos homens. Alguns portugueses vieram em família, outros a família se reunificou no contexto da imigração; quando as mulheres estavam presentes, a família teve melhores condições de vida, de saúde, de alimentação e maiores possibilidades de sucesso no projeto de imigração. Pesquisei mulheres portuguesas, desde criadas, costureiras, operárias até intelectuais; lembraria da portuguesa Maria Prestes Maia[8] que durante anos foi primeira-dama da cidade de São Paulo, viveu conjugalmente com o prefeito Prestes Maia, se destacou na filantropia e na cultura, artes, música, balé e teatro. Tive o prazer de escrever uma obra em parceria com a professora Lená Medeiros de Menezes intitulada *Gênero e imigração: mulheres portuguesas em foco*.[9] Somamos esforços, para dar visibilidade às imigrantes portuguesas no Rio de Janeiro e em São Paulo, observando o papel decisivo dessas mulheres nas experiências de imigração e na manutenção das tradições. Esse desafio de dar visibilidade às mulheres exige um grande empenho frente aos silenciamentos das mulheres na documentação, o que exige a busca

---

8 Atriz e ativista política portuguesa. Participava ativamente das campanhas políticas do marido, com quem se casou oficialmente pouco antes de sua morte. Para saber mais, ver MATOS, Maria Izilda de. Maria Prestes Maia: trajetória, luta política e feminista. *História Revista*, Goiânia, v. 19, n. 3, p. 59-87, 2004.

9 MENEZES, Lená Medeiros de; MATOS, Maria Izilda de. *Gênero e imigração*: mulheres portuguesas em foco (Rio de Janeiro e São Paulo — XIX e XX). São Paulo: E@Manuscrito, 2017.

de um mosaico documental, que inclui história oral, as mulheres têm facilidade no rememorar.

Nós temos muito a agradecer à professora Maria Izilda. Cada vez que eu escuto a professora Maria Izilda, eu aprendo mais a cada dia.

Eu gostaria de agradecer o convite e também a possibilidade que me foi dada. Ao finalizar, eu gostaria de deixar registrado um estímulo a outros pesquisadores. Destacando que existe um rico campo de possibilidade nos estudos da imigração, em diferentes períodos e locais, com diversificadas abordagens e perspectivas. Se em algumas regiões (como São Paulo, Rio de Janeiro, Rio Grande do Sul) se tem uma produção mais desenvolvida, ainda resta muito por ser feito nesses estados e em outras regiões do país. Assim como você (Reznik) sempre o faz, deixo meu estímulo para que enfrentemos o desafio de novas pesquisas no sentido de dar mais visibilidade a essas experiências passadas.

2. Imigração italiana no Rio Grande do Sul[1]

Antonio de Ruggiero
Rui Aniceto Nascimento Fernandes

Antonio de Ruggiero é doutor em história moderna e contemporânea pela Università degli Studi di Firenze e professor adjunto da Pontifícia Universidade Católica do Rio Grande do Sul (PUC-RS). Ruggiero estuda a imigração italiana no Rio Grande do Sul, mais na capital, Porto Alegre, e nos contextos urbanos do estado. Antes de mais nada, eu gostaria de agradecer muito a sua disponibilidade.

Eu que te agradeço, Rui. Para mim é um grande prazer e acredito que essas iniciativas sejam realmente superinteressantes e também muito importantes num período como este. Refletir sobre a identidade, a formação plural e pluricultural, multicultural de um país onde nós vivemos, o nosso país, o Brasil. Apesar de ser italiano, já faz 10 anos que eu moro no Brasil, então me sinto gaúcho e me sinto brasileiro. Falar desse multiculturalismo, evidenciando os aspectos das diferentes etnias e das diferentes identidades que compõem esse pluralismo dentro de uma lógica única, de um país Brasil, é muito, muito oportuno. Acredito que o trabalho de vocês seja um trabalho extremamente interessante nesse sentido e por isso agradeço o convite.

Ruggiero, podemos começar exatamente por esse ponto. Você é professor, italiano, imigrante que já se abrasileirou aqui, especialmente, no Sul. O tema da imigração no Sul é um tema forte, caro para a historiografia em geral.

---

[1] Conversa realizada em 24 de novembro de 2020. Transcrição: Marianna Carolina Oliveira Costa Reis. Edição: Carolina da Costa de Carvalho e Luís Reznik.

Gostaria que você começasse falando um pouco sobre essa historiografia gaúcha que privilegia os temas relacionados à imigração.

Quem nasce no Rio Grande do Sul é definido como "gaúcho". Esse termo remete a uma identidade peculiar regional que encontra os seus elementos constitutivos no universo rural, no universo da pecuária. Até hoje, há uma tendência de representar o gaúcho como a figura mítica do vaqueiro, do pampa, livre, com vestimentas particulares como um baixo chapéu e um laço do laçador. Porém, tem diversos elementos que escondem também uma verdade histórica, a de que a história do Rio Grande do Sul é uma história muito mais plural, mais multicultural, que remete a importantes fluxos e a uma mobilidade humana, principalmente no século XIX e nos primeiros anos do século XX. Nesse período, nós assistimos à chegada de milhares e milhares de imigrantes europeus, principalmente, mas não exclusivamente europeus. Sabemos que o Rio Grande do Sul deu acolhimento também a outros grupos como os japoneses e os sírio-libaneses. Certa multiculturalidade já existia no período colonial. Quando o botânico e naturalista francês Arsène Isabelle[2] chegou ao Rio Grande do Sul em 1834, ficou totalmente maravilhado pela diversidade de cores e de raças em um período em que ainda era muito incipiente o processo de migração europeia. Só havia um grupo grande e forte de alemães, mas ainda não tinham italianos, franceses, holandeses e outros grupos. É uma história também de Antigo Regime, incrementada no século XIX, primeiramente, pela chegada de vários europeus e depois também de judeus, árabes e japoneses. Então é importante valorizar tudo isso, até porque temos que lembrar um aspecto fundamental para entender o peso que essa imigração teve na

[2] Arsène Isabelle (1806-88) viajou para vários países da América do Sul, como Brasil, Argentina e Uruguai. Participou da primeira expedição científica organizada pelo Museu Natural de História Natural e Antropologia do Uruguai, que reúne em seu acervo a coleção de plantas realizada em algumas de suas expedições. Suas impressões sobre o Rio Grande do Sul foram publicadas no livro *Viagem ao rio da Prata e ao Rio Grande do Sul* (1835. Ver Edições do Senado Federal, Brasília, 2006).

organização social e cultural do Rio Grande do Sul. Em 1824, quando foram fundadas as primeiras colônias alemãs no Rio Grande do Sul, o estado tinha cerca de 100 mil habitantes. Era um estado grande, mas que quase não tinha população, então todos esses novos imigrantes que chegaram, de fato, marcaram profundamente as características culturais desse país. A mesma coisa aconteceu com os italianos que chegaram 50 anos depois dos alemães. Quando começaram a chegar em 1875, o Rio Grande do Sul era um estado que ainda tinha só 400 mil habitantes. Era muito pouco. Segundo informações do consulado italiano, um terço da população do Rio Grande do Sul tem ascendência italiana na sua árvore genealógica. Então essa presença imigrante é muito influente, considerando o peso demográfico relativo que teve em um estado que era quase totalmente desabitado ou com uma povoação muito limitada.

Esse é um dado muito interessante: um em cada três habitantes tem ascendência italiana. Porque existe certa imagem consolidada do Sul especialmente vinculada à imigração alemã por ter sido a primeira. Como a historiografia lida com essa autoimagem de uma imigração alemã e qual o lugar da imigração italiana nesses estudos?

Enquanto estrangeiro, viajando pelo Brasil, eu percebi que a ideia que se tem do Rio Grande do Sul é mais ligada à imigração alemã. Por quê? Porque os alemães foram os primeiros imigrantes que se beneficiaram também das primeiras colônias, que eram localizadas em regiões de planície. Os italianos chegaram 50 anos depois. Esse tempo permitiu aos alemães construir um discurso de presença forte sobre o território. De fato, se observarmos os dados estatísticos, os italianos no final serão mais do que os alemães em termos numéricos, mas a importância dos alemães é realmente muito grande. Até porque no período de unificação do Estado nacional alemão, o Rio Grande do Sul foi capaz de estipular acordos diplomáticos. Então existiam ligações diplomáticas que permitiram uma inserção de capitais alemães no estado gaúcho, com construção de estruturas, de infraestrutura, ou seja, os alemães que tiveram a capacidade, também diplomática, de criar um relacionamento muito estreito com a política do Rio Grande do Sul. E as cidades também. Além disso, as primeiras colônias de alemães eram mais próximas das principais cidades, em particular Porto Alegre, onde tiveram uma influência enorme. A industrialização de Porto Alegre ocorreu, principalmente, por meio de industriais alemães que investiram dinheiro e criaram as principais indústrias e manufaturas. Porém, junto com os alemães, chegaram os italianos, que têm uma composição e história diferentes, mas que aos poucos também ocuparam vários espaços nesse sentido. Um aspecto muito importante que o historiador brasilianista Jeffrey Lesser[3] fala e que eu gostaria de destacar é que no Brasil, mais do que um processo de assimilação, nós assistimos a um processo de aculturação, no sentido de que, apesar de ter um processo em que imigrantes e descendentes se tornam brasileiros, estes incorporam muitos elementos da cultura luso-brasileira. Ao mesmo tempo, porém, permanecem como grupo distinto, nunca são perfeitamente assimilados. Até hoje não é um tabu falar de ítalo-brasileiro no país, dizer "eu sou ítalo-brasileiro", "eu sou teuto-brasileiro" ou "eu sou nipo-brasileiro", diferentemente da história de outros países que acolheram imigrantes, mas dentro de um processo de assimilação mais rápida. Então tudo isso faz com que os alemães e os italianos até hoje conservem a sua própria historiografia e consolidem esses estudos identitários dos diferentes grupos étnicos no Rio Grande do Sul, que também envolvem poloneses, holandeses, franceses, sírio-libaneses. Ou seja, temos um panorama muito rico em função dessa aceitação de um modelo que é muito mais multicultural do que assimilacionista, eu diria. Apesar, é claro, de existir um processo de aceleração de assimilação e de abrasileiramento durante as campanhas de nacionalização nos anos 1930, durante o Estado Novo, tudo isso não foi capaz, na minha opinião, de eliminar determinadas

[3] LESSER, Jeffrey. *A invenção da brasilidade*: identidade nacional, etnicidade e políticas de imigração. São Paulo: Editora Unesp, 2015.

percepções culturais de grupos distintos entre eles. Embora hoje se trate de um "*revival* étnico", mais de um retorno de etnicidade do que um real sentimento, ainda se fala de ítalo-brasileiro, teuto-brasileiro, sem nenhum tipo de tabu. Então esse processo histórico também influencia, no meu modo de ver, a historiografia. Nós, no Rio Grande do Sul, temos uma historiografia importante sobre a imigração europeia em particular, que se consolida a partir de uma data emblemática. Qual é a data emblemática? É o centenário da imigração italiana em 1974/75, quando o governo organizou os festejos e as celebrações dos 150 anos da imigração alemã e dos 100 anos da imigração italiana no Rio Grande do Sul. E a partir de 1975 nós temos uma renovação significativa da historiografia. Até então, falar de colono italiano era algo que ainda remetia a certa vergonha. A condição de colono não era economicamente uma condição inferior, mas era uma condição de pessoas ligadas à agricultura, sem muita cultura, muitas vezes analfabetas. A partir da década de 1970, é criada outra imagem, mais positiva e virtuosa, da imigração europeia. Então nós vemos como é importante identificar tudo o que é identidade ligado, porém, a um percurso de invenção e de reinvenção das identidades. Ser italiano hoje é um valor. A partir da década de 1970, começou-se a elaborar os primeiros estudos interessantes também em concomitância com o surgimento dos principais programas de pós-graduação de história. É claro que, se não tiver investimentos do Estado e bolsa de pesquisa, é muito difícil conduzir pesquisas científicas apropriadas. Então pode-se considerar a origem da historiografia sobre a imigração italiana durante a década de 1970, a historiografia científica séria. Isso não significa que imediatamente nós tivemos uma percepção da grande complexidade que envolve o problema da imigração italiana. Inicialmente, os estudos eram macroestruturais, davam conta dos grandes números e de dizer quantas pessoas chegaram nas principais colônias do Rio Grande do Sul, mostrando quais eram os principais fatores do *push and pull*, como o estado gaúcho construiu uma política de reforma agrária que envolvia a chamada de determinados grupos étnicos de outros países europeus, ou seja, se fazia uma panorâmica geral. Quais são os pontos fracos dessa primeira historiografia? Eu acredito que muitas vezes se criam estereótipos que depois perduram por muito tempo. Um dos estereótipos mais evidentes nessa historiografia incipiente sobre a imigração italiana era a lógica do miserabilismo. O que é o miserabilismo? A professora Nuncia Santoro de Constantino[4] utilizava esse conceito justamente para entender uma visão historiográfica que colocava os imigrantes exclusivamente como vítimas. Criava-se um discurso ligado às dificuldades e injustiças sociais que os imigrantes camponeses enfrentavam quando eram obrigados a emigrar diante da crise do capitalismo no país de origem. Depois, quando chegavam ao território de acolhida, eles esperavam um país maravilhoso, um país de riqueza e o que encontravam? Um mato virgem a ser desbravado. Então essa historiografia tradicional criou uma narrativa que insistia sobre as dificuldades desses imigrantes. Com certeza faz sentido, só que não faz sentido quando é utilizada de uma forma exclusiva. Outro vício da historiografia das origens era a abordagem laudatória, isto é, um discurso historiográfico relativo à resiliência dos imigrantes de enfrentar as dificuldades através de uma ética do trabalho quase heroica, sem perceber que tudo isso era fortemente influenciado pelo contexto ao seu redor, pelas relações de poder que existiam, pelo Estado que não ajudava tanto os imigrantes. Muitas vezes se percebe, nesses primeiros estudos, a vontade de criar quase uma epopeia da imigração, uma epopeia de grandes gestos, de grandes obras, de grandes indivíduos que, sozinhos e sem ajuda, conseguiram modificar o território, alcançar sucesso econômico e criar

---

[4] Núncia Santoro de Constantino foi professora e pesquisadora da PUCRS. Durante sua trajetória acadêmica, desde a década de 1970, dedicou-se aos estudos da imigração italiana, imigração urbana, memória e etnicidade, com contribuições nos estudos sobre historiografia italiana e da imigração, e na orientação de diversas pesquisas de graduação e pós-graduação sobre o tema. Devido às suas pesquisas sobre a cultura italiana, foi premiada com o título de Cavaliere, pela Repubblica Italiana (2006), e também foi membro do Instituto Histórico de São Leopoldo e do Instituto Histórico e Geográfico do Rio Grande do Sul.

condições de desenvolvimento. Aos poucos, nas décadas sucessivas, os estudos começaram a se diversificar, a alcançar problemáticas muito mais profundas e interessantes. Por exemplo, hoje nós temos uma riquíssima historiografia no âmbito das colônias, da análise da migração dirigida, da migração organizada pelas políticas estaduais e uma maior ênfase aos aspectos religiosos plurais. Não é verdade que todos os italianos eram 100% católicos, que não tinham, às vezes, tendências de aderir a outras religiões. Por exemplo, tem um pesquisador que colabora com o nosso grupo de estudo que se ocupa de um grupo não muito numeroso, mas extremamente significativo dentro de uma colônia histórica italiana, que era um grupo de metodistas. Italianos de religião metodista. Como se relacionavam com os outros italianos dentro da colônia? Quebra-se, portanto, o paradigma da homogeneidade, mostrando que existe uma complexidade bem maior das colônias, mesmo entre os camponeses. O fato de que eram todos camponeses e que provinham de uma situação econômica de classes parecidas não significa que eles tivessem exatamente as mesmas ideias. Tradicionalmente nós sabemos que os italianos são briguentos, são ideológica e politicamente divididos. Mas por muito tempo não se falava dos conflitos interétnicos que ocorriam quando esses italianos chegavam. Muitas vezes, por exemplo, tendo que lidar com comunidades indígenas ou então com episódios de violência e de dificuldades em se relacionar com outros grupos étnicos então, mas também dentro da religiosidade, insistindo sobre um dos elementos que se tornou um pilar importante da organização dessas estruturas coloniais. É importante salientar, como se está fazendo nos últimos estudos, que existe também uma religiosidade feita de crenças camponesas e populares, que é uma religiosidade diferente da religiosidade ligada à Igreja Católica de Roma. Então, é necessário mostrar que existem vários elementos. Grandes passos foram feitos nos últimos anos também no setor dos estudos da história da educação étnica. A historiografia da educação estudou muito melhor e muito bem as escolas étnicas, que são fundamentais para entender a vontade de permanência do idioma e da cultura italianos, a vontade de que os filhos dos camponeses italianos estudassem em escolas onde se falava italiano, organizadas por italianos e com professores italianos. Há um modelo educativo dentro das colônias. E o panorama se amplia, incluindo uma visão também no âmbito rural muito mais plural. Eu estou aderindo ao projeto "História da imprensa em língua italiana publicada no Brasil", a partir da Universidade Estadual de São Paulo (Unesp), que valoriza muito a imprensa étnica e a importância dos jornais para entender as questões sociais e culturais de determinadas coletividades étnicas, para valorizar essa fonte extraordinária que são os jornais da comunidade escritos em italiano e que falavam para imigrantes italianos. Além disso, eu estou desenvolvendo um projeto sobre as cidades, pois acredito — e os números estão me dando razão — que existe uma imigração paralela e espontânea muito grande e importante no contexto gaúcho, apesar de esse campo ser relativamente novo, pois teve início só no final do século passado pela professora Nuncia Santoro de Constantino. O âmbito colonial também está vivendo, nos últimos anos, um período de grande riqueza intelectual e interpretativa dentro de uma historiografia que está se tornando mais ampla, detalhada e profunda no sentido qualitativo. Antigamente, era mais ligada ao quantitativo, às grandes estruturas. Hoje nós conseguimos entrar muito melhor dentro dessas comunidades através da utilização de várias fontes, a exemplo das paroquiais e criminais.

Antes de entrar nos estudos que você está fazendo agora sobre migração espontânea e urbana, ainda sobre essa questão da imigração rural: você aponta que o marco da imigração italiana para o sul é 1874/75, 50 anos depois da vinda dos alemães. Nessa avaliação, qual o interesse do governo gaúcho em trazer os italianos se já tinha uma experiência alemã anterior e exitosa e como se dá esse processo da procura da província do Rio Grande do Sul nas regiões italianas que estão em processo de unificação?

A sua pergunta é extremamente apropriada. Tem uma escolha em 1824 que é muito lógica. A cultura alemã já existia, a exemplo das primeiras colônias em Nova Friburgo, no Rio de Janeiro, com os suíços. Não são alemães, mas há uma cultura, digamos, de uma mini-Europa, de uma Europa central e setentrional que garante todo um discurso de ética do trabalho, um discurso de capacidades empreendedoras e de se adequar às condições de trabalho. A primeira escolha vai nesse sentido. Ainda não existia Alemanha como país,[5] mas os alemães, aproveitando as dificuldades em determinadas regiões desse conjunto de estados prussianos, criaram condições favoráveis para agenciar essa imigração, a fim de povoar o Rio Grande do Sul. O grande objetivo era criar uma população que fosse estável em um estado muito pouco habitado, valorizando a possibilidade de ter um grande território à disposição segundo a lógica das reformas agrárias que ocorreram ao longo de todo o período imperial. A reforma da Lei de Terras é de 1850 no Brasil, mas já em 1824, durante o Primeiro Reinado, se começou a pensar em uma estrutura também diferenciada em determinados estados onde existiam condições para fazer isso. Então a ideia era criar uma classe intermediária de pequenos proprietários que se tornassem habitantes do Rio Grande do Sul, de um estado que é importante, estratégico, um estado de fronteira que precisa ser habitado, até para se garantir dentro da unidade do Império. Então havia uma lógica também ligada à consolidação do Império brasileiro, sem dúvida nenhuma. As primeiras colônias criadas, como as de São Leopoldo e Novo Hamburgo, são todas em regiões de planície perto da cidade de Porto Alegre, extremamente propícias à agricultura e com possibilidade de produzir e vender os produtos na cidade principal daquela época. Em poucos anos, começou a ter um ingresso de alemães e prussianos muito significativo, dando início a um processo de consolidação desse povoamento de europeus no Rio Grande do Sul. Só que depois de 10, 11 anos começou a Revolução Farroupilha (1835-

[5] A Alemanha foi unificada enquanto Estado nacional apenas em 1871. Até então os estados alemães faziam parte do Reino da Prússia.

45),[6] uma guerra terrível dentro do quadro das revoltas regenciais. Teve essa luta no Rio Grande do Sul e os programas de acolhimento à imigração tiveram que ser abandonados. Houve, então, uma pausa até 1845, quando a imigração da Alemanha foi retomada, inclusive os laços e relacionamentos políticos e diplomáticos se tornaram ainda mais fortes com essa região da Prússia. Por que na década de 1870 então se escolheu os italianos, ou pelo menos se fez essa opção pelos italianos? Porque a Alemanha unificada não garantia mais esse afluxo de imigrantes alemães. Inicialmente, na verdade, Bismarck[7] deixou os imigrantes irem para o Brasil. Mas aos poucos e numa visão de longo prazo, a migração alemã para o Brasil deixou de ser tão favorável e, para o governo brasileiro, era importante também ter outros europeus para povoar, a fim de aumentar a possibilidade de colonização no Brasil. Não foi fácil a escolha italiana. Os italianos que chegaram ao Rio Grande do Sul a partir de 1875 não são de toda a Península, são os italianos do Norte, principalmente de Veneto, Friuli Venezia Giulia, Trentino e Lombardia. Até as lutas de Unificação italiana,[8] até 1866, as regiões do Norte e do Nordeste italiano eram incluídas no Império Austríaco. Então são italianos, mas com uma cultura mais parecida à dos alemães que dos italianos do Sul. Há também uma lógica racial. Não podemos falar de um ato de generosidade do Rio Grande do Sul, absoluto. Claro! É uma lógica de interesses, tanto que todo esse processo ocorre relacionado à criação de verdadeiras agências da imigração ligadas aos governos locais do Rio Grande do Sul, ao governo central do Rio de Janeiro e também às companhias de navegação, para direcionar essa imigração. Não é uma imigração

---

[6] Também chamada de Guerra dos Farrapos, foi a revolta mais longa durante o Período Regencial.

[7] Também chamado de "chanceler de ferro", Otto von Bismarck (1815-98) foi nomeado primeiro-ministro da Prússia em 1868 e liderou o processo de unificação da Alemanha na década de 1870. Após a unificação em 1871, Bismarck foi príncipe e chanceler do Reich alemão, cargo que ocupou até 1890.

[8] A unificação do Estado italiano aconteceu em 1870.

espontânea, é uma imigração direcionada e organizada por vontade política. Esta também é a grande diferença. Hoje em dia se fala muito de migração, é uma questão da globalização. Muitas vezes, porém, se faz essa confusão sem entender bem as diferenças. A história ensina muito, mas a história é diferente do presente. Temos que considerar que o Rio Grande do Sul atua em uma política de chamada de imigrantes dentro de um interesse local de povoamento e de concessão de terra com condições e pagamentos favoráveis. A partir dessa necessidade, são construídos esses relacionamentos entre lugares e uma mobilidade que não pode ser definida como espontânea, mas sim uma mobilidade dirigida. É uma imigração de sucesso. Claro que não temos uma única interpretação desse fluxo migratório, nem relativa aos sucessos ou insucessos dos italianos no Rio Grande do Sul, mas acredito que talvez a primeira geração teve que enfrentar grandes dificuldades. A primeira geração dos pioneiros foi aquela que teve que desmatar esses territórios, teve que criar as condições também para construir estradas e caminhos para escoar esses produtos. Mas acredito que o processo é um processo virtuoso. Realmente, no Rio Grande do Sul foi criada uma pequena propriedade, uma classe intermediária composta muitas vezes por essas comunidades de imigrantes. E depois tudo isso marcou profundamente o território em termos culturais, sociais, religiosos, linguísticos e de costumes. Eu diria que nós temos muitos elementos vivos ainda hoje. Não sei se você conhece as regiões coloniais italianas do Rio Grande do Sul, mas é extremamente interessante visitá-las, pois em parte conseguiram manter essas características. Do ponto de vista arquitetônico, há ainda preservadas casas construídas dentro dos modelos arquitetônicos do norte da Itália, não do sul, de uma parte só da Itália. Casas de montanhas, que não fazem muito sentido no Rio Grande do Sul, mas que eram uma reprodução daqueles modelos arquitetônicos. As igrejas também. Muitas vezes esses imigrantes chamavam os padres das mesmas aldeias de onde vinham, pois precisavam de uma liderança religiosa que organizasse toda a vida coletiva da comunidade. Então eles também tentavam imitar os modelos italianos na construção das igrejas, só que não conseguiam, pois os meios e as disposições eram diferentes, não existia a pedra, não existia a areia. Transportar areia ainda era muito caro, então muitas vezes eles faziam tudo com madeira, pelo menos nos primeiros anos. Então há muitos elementos positivos nos anos sucessivos. Se hoje nós viajamos nas regiões coloniais, nós encontramos também aspectos ligados à gastronomia, por exemplo. Claro que é um discurso mais ligado a um "*revival* étnico" do que uma etnia verdadeira, porém é um discurso interessante. Essa aculturação de uma gastronomia de valores e costumes italianos que se adaptam ao território, aos costumes locais e aos frutos da produção local cria um terceiro elemento transnacional híbrido que é o que chamamos de gastronomia colonial e que caracteriza o território também por finalidades políticas. Outro exemplo é o desenvolvimento da grande indústria da vinha e da vinicultura. O trabalho dos italianos nessas regiões é importante para desenvolver um discurso de aperfeiçoamento e de qualidade dos vinhos. Hoje, o Rio Grande do Sul é o estado que mais exporta vinhos para todos os outros estados do Brasil. A produção do vinho local nessa região de antiga colonização italiana também é uma produção de qualidade. Claro, nem sempre todos os vinhos, mas alcançamos bons resultados dentro de um processo de construção de elementos e valorização de uma identidade desse tipo. E ainda há um discurso ligado à diferenciação das atividades profissionais. Inicialmente só a agricultura, mas aos poucos começaram as primeiras manufaturas, as fábricas de milho, de cerveja e de aguardentes, e os moinhos para trabalhar o trigo e o milho, e que caracterizam as paisagens arquitetônicas.

Essa imigração dirigida para a zona rural constrói uma narrativa também identitária, esse "revival *étnico". Você percebe isso também no estudo da imigração urbana? Há a formação de comunidades identitárias também nos centros urbanos?*

A historiografia até os anos 1990 trata como se só existisse essa imigração não espontânea, dirigida em um processo de transformação que é absolutamente importante, tanto do ponto de vista quantitativo como do ponto de vista do sucesso. A importância da imigração rural tem que ser sublinhada, sem dúvida nenhuma. Só que, tradicionalmente, os italianos são comerciantes, empreendedores, artistas, músicos. Tem um livro do Braudel[9] sobre a área do mar Mediterrâneo que investiga muito bem essas mobilidades de italianos que provinham das regiões dos Apeninos e das montanhas e que, tradicionalmente, viajavam em toda a Europa antes e depois também nas Américas. Então, a grande pergunta era essa: como é que podíamos esgotar o tema da imigração italiana dentro do contexto rural, se sabemos bem que os imigrantes italianos historicamente também se dirigem para os centros urbanos? As nossas pesquisas, o projeto[10] que eu estou desenvolvendo no Programa de Pós-Graduação em História na PUCRS, vão diretamente nesse sentido. Núncia Santoro de Constantino fez, em 1990, uma tese de doutorado que se tornou emblemática e muito significativa nesse sentido, que analisava a comunidade italiana de Porto Alegre.[11] Núncia foi a primeira que identificou, através da utilização de uma nova documentação e de várias outras fontes até então inéditas, uma presença histórica muito forte de italianos em Porto Alegre já a partir da primeira metade do século XIX. Em 1840, temos um levantamento de 40 a 50 famílias italianas em Porto Alegre, que ainda era uma cidade muito pequena, muito menor do que é hoje. Essa imigração se ligava também ao processo anterior. Na Revolução Farroupilha, participou um grupo consistente de exilados políticos italianos, entre os quais a figura de Garibaldi é talvez a mais emble-

---

[9] BRAUDEL, Fernand. *O Mediterrâneo e o mundo mediterrâneo na época de Felipe II*. São Paulo: Edusp, 2016. 2 v.

[10] Projeto de pesquisa "A imigração italiana nas cidades do Rio Grande do Sul e sua ligação com a bacia do Prata. Um modelo de circularidade e transnacionalismo econômico, social, cultural e político", iniciado em 2016.

[11] CONSTANTINO, Núncia Santoro de. *O italiano da esquina*: meridionais na sociedade porto-alegrense e permanência da identidade étnica entre moranenses. Tese (doutorado em história social) — Faculdade de Filosofia, Letras e Ciências Humanas, Universidade de São Paulo, São Paulo, 1990.

mática e importante de todas. Mas junto com Garibaldi tinha um grupo de jovens italianos refugiados que trabalharam em atividades comerciais primeiramente no Rio de Janeiro e que depois foram para o sul lutar pelos ideais republicanos defendidos na Revolução Farroupilha. Isso parece pouco, mas foram esses grupos pioneiros dentro da cidade, chamados de *previous migrants*, que criaram as primeiras cadeias migratórias. Eu analisei um pouco a história de Adriano Pittanti, um marmorista italiano que, em 1868, já estava em Porto Alegre.[12] Então, bem antes da imigração dirigida de 1875, já havia grupos de artistas e marmoristas na cidade de Porto Alegre que começaram a construir as primeiras estátuas da cidade, a decorar os prédios da burguesia em ascensão econômica e várias outras atividades. E ele dizia: "foi o Garibaldi mesmo que me sugeriu... eu sou garibaldino, eu participei nas campanhas e nas lutas na Itália". Quando voltou na Itália, Garibaldi fez uma campanha de propaganda dizendo: "Olha lá no Rio Grande do Sul tem cidades interessantes onde vocês, que trabalham pouco aqui e estão desempregados, podem encontrar um caminho de profissão, pois o mundo está se desenvolvendo". E os italianos se saíram muito bem nesse processo de modernização que ocorreu nas principais cidades na segunda metade do século XIX, ainda mais no final do século XIX e na virada do século XX. Os italianos são fortíssimos, são um grupo muito relevante. Também há novas documentações oficiais que foram descobertas e analisadas, em particular, tem um relatório muito longo, é quase um livro, de um cônsul italiano que se chamava Pasquale Corte, que foi cônsul primeiramente em 1874 em Montevidéu, no Uruguai e, 10 anos depois, foi cônsul em Porto Alegre.[13] Quando

---

[12] RUGGIERO, Antonio de. Os empreendedores toscanos de mármore nas cidades brasileiras (1875-1914). In: FAY, Claudia Musa; RUGGIERO, Antonio de (Org.). *Imigrantes empreendedores na história do Brasil*: estudos de caso. Porto Alegre: EDIPUCRS, 2014, p. 82-83.

[13] CORTE, Pasquale. *Le colonie agricole italiane nella Provincia di Rio Grande del Sud nel Brasile all'Espozicione Nacionale de Torino*. Montevidéu: Nación, 1884 (Biblioteca Ministero degli Affari Esteri d'Italia).

chegou a Porto Alegre, ele começou a escrever tudo que aconteceu 10 anos antes. Ele dizia: "existe uma circulação de imigrantes italianos vindos da região do Prata, da Argentina e do Uruguai que emigraram duas vezes". Uma primeira vez da Itália para esse território do Prata, pois tradicionalmente, antes da Unificação, determinadas regiões italianas tinham ligações diplomáticas com essa região; então a imigração italiana nas cidades argentinas e uruguaias começou antes da imigração para o Brasil. Muitos desses imigrantes aproveitaram as condições favoráveis de cidades gaúchas para circular, então havia um movimento de emigração interna nessa região do Cone Sul que, por muito tempo, foi ignorado dentro da historiografia. Nós fizemos alguns levantamentos de várias fontes do Ministério das Relações Exteriores da Itália. Também tem um trabalho organizado nos últimos anos que reúne, de forma orgânica, documentações oficiais dos cônsules italianos que trabalharam no Rio Grande do Sul e que mostram como existia uma imigração nas cidades grandes, como Porto Alegre, e também em cidades menores nas fronteiras com a Argentina e o Uruguai, como Uruguaiana, São Borja, Itaqui, muito frequentadas por italianos que eram artesãos e comerciantes. Muitos desses imigrantes que provinham desses países não entraram nos dados estatísticos como os italianos que chegaram diretamente da Itália, mas animaram a vida cultural. Encontramos várias fotografias de prédios construídos por arquitetos italianos e que eram sedes de associações italianas. Através da arquitetura, nós conseguimos entrar um pouco mais nessas associações. As primeiras associações italianas no Rio Grande do Sul não surgiram no âmbito da colonização, mas sim nessas cidades de fronteiras com Argentina e Uruguai. Por exemplo, temos em Bagé, uma cidade relativamente pequena, uma comunidade e influência italiana notáveis. Já a partir de 1870, é fundada a primeira associação italiana no Rio Grande do Sul e depois, sucessivamente, em Pelotas, em Santana do Livramento, em Uruguaiana e várias outras cidades dessas regiões. Estamos tentando mapear tudo isso, não é fácil, pois o Brasil é um país continental. Deslocar-se de Porto Alegre até Pelotas é como se movimentar do norte para o sul da Itália. Estamos alcançando bons resultados nesse sentido, dando ênfase aos estudos de imigração qualificada. Arquitetos, trabalhadores da pedra e da madeira que encontraram um mercado propício nessas cidades e que conheciam um processo de desenvolvimento importantíssimo no final do século XIX, a exemplo de Pelotas, Porto Alegre, Rio Grande e várias outras cidades. Como se inseriam esses profissionais? Qual a importância dessa imigração qualificada? Nós hoje falamos muito de internacionalização das profissões nas migrações, por exemplo, nos programas políticos de países que acolhem muitos imigrantes, como Estados Unidos e Canadá. Existe um processo de internacionalização das profissões para acolher imigrantes especializados em determinados setores tecnológicos e digitais. Naquela época, a especialização muitas vezes era ligada a recursos étnicos. Antes eu falava dos marmoristas. Quem é que sabe trabalhar bem os mármores? São os europeus, em particular os italianos. Na Itália, há toda a região de Carrara, do mármore de Carrara. Então, quando tinha que construir novos prédios e estradas, esses mestres do trabalho da pedra eram fundamentais. Existia toda uma demanda de trabalho que chegava na Itália. Os jornais locais publicavam "Necessitamos de trabalhadores da pedra. Possivelmente italianos que possam guiar um grupo e que possam conduzir essas obras". Todas essas informações chegavam na Itália, então os jovens artistas e artesãos eram estimulados por essa demanda importante não apenas nas cidades do Rio Grande do Sul, mas também de outros estados, como São Paulo. Havia uma circulação dessas categorias de profissionais mais qualificados, assim como um discurso de valorização de recursos étnicos. Vender produtos italianos, como mortadela e presunto, já se tornava um negócio. No final do século XIX, muitos comerciantes faziam importação direta da Itália. Eram como agentes de matrizes que estavam na Itália e que construíam aqui um futuro econômico baseado em recursos étnicos. Então, o que eu quero dizer é que, hoje em dia, graças também a uma sociologia das migrações que é mais desenvolvida e que se ocupa muito mais dessas questões relacionadas a nossa atualidade, nós temos também novas ferramentas para entender melhor tudo o que tem a ver com circuitos empreendedores de recursos étnicos, com *networks* étnicos, cadeias migratórias. Frisou-se muito a importância de entender essas relações que, se não eram globais, com certeza eram transnacionais. Entender, portanto, o processo da imigração também numa perspectiva de diálogo contínuo entre o lugar de origem e o de destino, diferentemente daquilo que se fazia no passado, quando pareciam duas historiografias separadas. Tinha a historiografia da emigração lá na Itália e a historiografia da imigração aqui no Rio Grande do Sul, no Brasil em geral. Atualmente, o esforço da internacionalização, o mundo globalizado, a sociologia moderna, que permite fazer essas ligações dentro da conceitualização mais aprofundada e detalhada desses elementos, permite ter uma visão um pouco mais ampla e mais complexa. Com certeza é um desafio, mas também leva a importantes resultados. Eu acredito que meus alunos, meus colaboradores, meus colegas pesquisadores produziram muito sobre as cidades do Rio Grande do Sul, evidenciando a participação feminina, a capacidade empreendedora de muitas mulheres que, por muito tempo, permaneceram quase escondidas dentro dos processos migratórios, mas que tiveram um papel também determinante, a participação de músicos, artistas em geral, a imigração qualificada e de profissionais médicos. Então se observa como o panorama historiográfico foi ampliado graças a essas oportunidades que temos que valorizar.

Eu só vou te fazer uma pergunta para encerrar. Estudando essa imigração espontânea ou urbana, você percebe uma diminuição desse fluxo migratório? A partir de quando você percebe se há uma diminuição, se há um fluxo contínuo?
Nós indicamos um período que é chamado de Grande Emigrazione Italiana, a Grande Migração, que vai, mais ou menos, de 1875, quando começam os grandes fluxos, até a Primeira Guerra Mundial. O final do século XIX e os primeiros anos do século XX são um marco temporal fundamental dentro dos processos de mobilidade de italianos no Brasil

todo, não só no Rio Grande do Sul. É nesse período que realmente são criadas as primeiras grandes coletividades, as primeiras grandes estruturas, quando é consolidada a presença de italianos tanto nas cidades como nas colônias, quando é criada uma imprensa e escolas étnicas. O período entreguerras é diferente. Com a guerra, a emigração é interrompida totalmente, pois há toda uma legislação que não permite mais essas ligações, mas depois da guerra tem uma queda significativa. O discurso político no Brasil também muda. Nós não podemos analisar a imigração dos italianos disjuntas das políticas do governo brasileiro. Há uma queda radical em relação à história do Brasil na década de 1920 e, principalmente, durante o processo de nacionalização na Era Vargas. Então há uma diferença na política de acolhimento, segundo a lógica de criar uma nação e um discurso de modernização que seja brasileiro mesmo. No livro *O adeus à Europa*, Olivier Compagnon[14] fala desse período importante e fundamental e de como a Primeira Guerra influenciou todas as políticas sucessivas na América Latina, fazendo uma comparação entre Brasil e Argentina. O autor mostra como se cria um processo de nacionalismo tanto brasileiro como argentino a partir do pós-Primeira Guerra e que encontra sua forma mais completa na década de 1930 e 1940. Depois da Segunda Guerra, o fluxo é reanimado, só que é uma imigração diferente, por chamada. São as famílias de italianos já estabelecidas aqui que têm que garantir um trabalho para italianos que podem chegar, ou seja, os italianos só poderiam chegar se tivessem uma carta de chamada[15] que garantisse uma colocação de trabalho. Eu diria que as dinâmicas mudam totalmente. Se analisarmos os grandes dados estatísticos, veremos que se fala, em geral, de um milhão e meio de italianos que ingressaram no Brasil. Esse grande contingente é quase todo concentrado de 1875 até 1920, mas depois essa influência é muito menor. Eu sou um exemplo.

---

14 COMPAGNON, Oliver. *O adeus à Europa*: a América Latina e a Grande Guerra (Argentina e Brasil, 1914-1939). Rio de Janeiro: Rocco, 2014.

15 Documento que o imigrante portava como uma garantia de que receberia algum tipo de auxílio no país de chegada, facilitando a entrada no país de destino.

Como eu, há muitos pesquisadores, empreendedores, italianos que estão em todos os lugares do Brasil. Só que a imigração muda suas características. É evidente! O mundo muda e tudo isto muda. A Primeira Guerra Mundial é um marco muito forte e significativo. A Segunda Guerra Mundial ainda mais. Eu considero esse o período de declínio desses grandes fluxos migratórios, que estão de acordo com a mudança de abordagem política do Estado brasileiro e também de condições lá na Itália. Tem que considerar os dois lados do oceano.

Ruggiero, te agradeço novamente muitíssimo a sua disponibilidade de passar uma tarde aqui na nossa Hospedaria.
Foi um grande prazer. Eu que agradeço. Um grande abraço.

3. A imigração russa no Brasil[1]

Svetlana Ruseishvili
Luís Reznik

Svetlana Ruseishvili é graduada em sociologia pela Universidade de Moscou, mestra pelo Collège Universitaire Français de Moscou e pela École des Hautes Études en Sciences Sociales de Paris e doutora em sociologia pela Universidade de São Paulo. Atualmente, é professora adjunta do Departamento de Sociologia da Universidade Federal de São Carlos (UFSCar) e coordenadora da cátedra Sérgio Vieira de Mello (CSVM/Acnur) na mesma instituição. A minha primeira pergunta é: você é russa, Svetlana?
Luís, antes de mais nada eu queria agradecer por esse espaço maravilhoso e pela oportunidade de compartilhar as minhas pesquisas. Eu sou russa, mas eu nasci na Geórgia, quando ela ainda era República Soviética, numa família de russos. Os meus antepassados, os meus bisavós migraram da Rússia para Geórgia, todas as gerações posteriores nasceram na Geórgia e, com o fim da União Soviética, a minha família foi obrigada a sair da Geórgia por conta das políticas nacionalistas do governo georgiano independente.[2] E eu tive também vários deslocamentos ao longo da vida. Eu cresci, na verdade, em Kyiv, capital da Ucrânia.

Os meus antepassados são ucranianos. Na verdade, são da Bielorrússia, mas o Reznik, certamente, é da Ucrânia.
É um sobrenome muito comum naqueles territórios. Eu cresci na Ucrânia e depois fiz faculdade em Moscou porque a minha família é russófona e os meus pais fizeram de tudo para que eu estudasse na

---

[1] Entrevista realizada em 10 de dezembro de 2020. Transcrição: Marianna Carolina Oliveira Costa Reis. Edição: Carolina da Costa de Carvalho e Luís Reznik.

[2] A Geórgia se tornou independente em 1991.

Rússia. Então, mesmo sem ter a nacionalidade russa naquela época, eu me identificava com a Rússia. A identificação étnica acontece de forma diferente do Brasil. Quem nasce aqui no Brasil é brasileiro, lá não. Quem nasce na Geórgia não quer dizer que é georgiano. A cultura georgiana faz parte da minha vida, meu sobrenome é georgiano, metade da minha família é georgiana e a outra metade é russa, mas a minha família mais próxima sempre se identificou mais com a cultura russa. Depois de Moscou eu fui fazer mestrado na França e vim para o Brasil porque o meu marido é brasileiro.

Durante toda a sua formação, desde a graduação, você tem uma relação com os estudos migratórios: em Moscou, você estudou sobre estudantes africanos, em Paris, você estudou sobre imigrantes portugueses e, no Brasil, você estudou sobre imigração russa.
Sim. Na graduação eu já tive contato com a temática das migrações e pesquisei sobre a inserção territorial dos estudantes africanos negros em Moscou, que é uma cidade ainda muito racista. Eu queria pesquisar como os estudantes africanos criavam territórios em função da resposta deles a essa sociedade racista.[3]

Na época da União Soviética, tinham muitos africanos lá porque era a política de cooperação com a África Socialista.
Foi na Universidade Patrice Lumumba[4] que eu fiz a minha pesquisa de campo, porque, desde a União Soviética, em muitos países africanos as elites políticas enviam seus filhos para estudar nessa faculdade. Eles chamam muita atenção e a residência estudantil está localizada

---

[3] RUSEISHVILI, Svetlana. *L'intégration des immigrés étrangers dans une société intolerante*: le cas des étudiants africains à Moscou. Dissertação (mestrado em sociologia) — Collège Universitaire Français de Moscou, Moscou, 2008.

[4] Localizada em Moscou, a Universidade Patrice Lumumba foi fundada em 1960 pelo governo soviético para atrair estudantes estrangeiros, sobretudo de países africanos, asiáticos e latino-americanos. Também chamada Universidade da Amizade dos Povos (RUDN), é uma das principais universidades da Rússia.

em uma região periférica, então eles têm que lidar todo dia com essa sociedade que os recebe de uma forma bastante precária.

E na École des Hautes Études en Sciences Sociales você estudou sobre os portugueses?
Sim. Eu queria comparar as trajetórias residenciais dos africanos e dos portugueses para ver como a racialização influencia nos modos de morar na cidade. Mas eu não consegui inserção no campo com os africanos, então eu pesquisei só os portugueses.[5] Como eu já estava aprendendo português por conta do meu marido, eu consegui me inserir um pouco melhor no campo com os portugueses. Mas confesso que eu sofri muito com os portugueses da região do Norte de Portugal, porque eles têm muito sotaque. É muito diferente.

Vamos para o tema da imigração russa no Brasil. Mesmo entre os estudiosos da imigração, esta não é exatamente a mais conhecida e reconhecida, ainda que não tenham sido poucos os chamados russos que vieram e aportaram no Brasil desde meados do século XIX e principalmente no século XX. E também tem o fato de que "russo" é um conjunto de etnias e nacionalidades. Nós pesquisamos nos relatórios do Ministério da Agricultura e, de vez em quando, russo e polaco são sinônimos. Eu queria que você falasse um pouco sobre essa imigração e as temporalidades que podemos pensar para a imigração russa.
Realmente há essa confusão do que significa "russo". É uma questão muito importante, metodologicamente falando, porque realmente é muito difícil definir o objeto. Esse foi um dos grandes desafios para a minha tese. Mas falando um pouco das levas migratórias dos russos para o Brasil, eu estudei principalmente a primeira metade do século XX. Aqui nós temos três grandes levas. A primeira aconteceu na primeira metade do século XX e foi composta de três momentos

---

5 RUSEISHVILI, Svetlana. *Les stratégies résidentielles des immigrés portugais dans une banlieue parisienne.* Dissertação (mestrado em territórios, espaços, sociedades) – École des Hautes Études en Sciences Sociales, Paris, 2010.

diferentes, mas todos eles, de alguma maneira, causados pela Revolução Bolchevique (1917) e pela Guerra Civil Russa (1918-1921). A primeira é o desembarque de, mais ou menos, mil soldados russos do Exército Branco no Porto de Santos em 1921, que vieram diretamente da Crimeia com algumas paradas. O Exército Branco foi recuando até chegar na Crimeia, na costa do mar Negro, e de lá eles foram evacuados nos navios de guerra franceses para Constantinopla (hoje Istambul), na Turquia. Isso aconteceu em novembro de 1920. Eles ficaram alguns meses na Turquia, mas a cidade de Constantinopla, depois da Primeira Guerra Mundial, foi dividida e se tornou protetorado da França. Os franceses temiam muito a presença de soldados armados, prontos para combate, na porta da Europa. Tem pouquíssimos estudos sobre isso. Até hoje eu estou tentando descobrir mais detalhes, mas o que eu sei é que o Exército francês fez algum acordo com o governo brasileiro para transferir esses soldados para o Brasil na condição de agricultores, mas eles não eram agricultores. O que aconteceu é que eles foram colocados no navio novamente e levados para a Córsega, de lá eles vieram para o Brasil e desembarcaram no Porto de Santos em 1921. E é muito interessante porque 90% deles eram soldados, homens, jovens, solteiros, e a maioria não tinha nada a ver com agricultura.

E vieram sem mulheres.
Sim. A maioria solteiros, sem grupos familiares.

Isso tem registro no Porto de Santos. Chegaram a passar pela Hospedaria em São Paulo?
Sim, muitos passaram pela Hospedaria. A segunda leva veio em dois navios com diferença de um mês. Esses imigrantes, quando chegaram e ficaram sabendo das condições precárias de trabalho e de vida aqui, fizeram uma revolta na Hospedaria de Imigrantes no Brás. De 600 pessoas, 400 delas foram levadas de volta para a Europa e lá eu consegui rastrear cartas do Exército francês trocadas com o representante das associações dos emigrados russos. Eles constituíram um grande problema social,

porque os franceses estavam conseguindo se livrar desses russos e eles voltaram do Brasil para lá. Foi um grande caso, porque ninguém queria assumir a responsabilidade por eles. Essa foi a primeira leva em 1921.

Essa história é muito curiosa, ela está bem estudada?
Não, eu estou desbravando. Tem pouquíssimos estudos. Tem algumas poucas fontes em russo e eu escrevi sobre esse episódio na tese.[6]

E você sabe o destino deles no Brasil?
Sim, consegui acompanhar um pouco. A maioria foi encaminhada para os trabalhos braçais nas fazendas de café no interior do estado de São Paulo, mas não exatamente na agricultura. Como não tinham famílias, eles trabalhavam mais no carregamento das sacas de café e muitos também foram para a construção de ferrovias. Vieram para cá sem saber o que esperava por eles aqui. Eles achavam que iam se inserir no meio militar, que conseguiriam trabalhos na cidade. Então a maioria ficou horrorizada com as condições de trabalho. Os relatos mais comuns é que eles abandonavam os contratos nas fazendas, formavam pequenos grupos de conterrâneos e fugiam para São Paulo capital. Como eram homens, jovens, sem família, essa mobilidade foi mais fácil para eles. Aqui estamos falando de 1921. Em 1927/28, surgiram as primeiras associações dos russos na cidade de São Paulo, fundadas por esses imigrantes que vieram em 1921. Na cidade, muitos foram para os trabalhos na marcenaria, alguns também se inseriram no meio dos topógrafos. Isso é muito curioso.

Você falou que essa é a primeira leva. Qual é a segunda?
A segunda leva também é muito curiosa. Entre 1924 e 1927, vieram 26 mil camponeses da Bessarábia[7] que, na sua maioria, eram russófo-

---

[6] RUSEISHVILI, Svetlana. *Ser russo em São Paulo.* Os imigrantes russos e a reformulação de identidade após a Revolução Bolchevique de 1917. Tese (doutorado em sociologia) — Universidade de São Paulo, São Paulo, 2016.

[7] Região localizada na Europa Oriental, entre a Moldávia e a Ucrânia, que foi incorporada ao Império Russo após a Guerra Russo-Turca de 1806 a 1812.

nos. Eles eram de grupos étnicos diferentes, mas falavam russo e se identificavam como russos. Por isso que eu os incluí na minha análise. Eles, inclusive, eram a maioria da população russófona na cidade e no estado de São Paulo nas décadas de 1920 e 1930. Nós estamos fazendo agora uma pesquisa nos registros paroquiais da Igreja Ortodoxa russa na cidade de São Paulo e analisando a quantidade de batizados no ano; 95% das crianças batizadas eram da Bessarábia.

Quando foi fundada a igreja?
A primeira paróquia sem templo fixo surgiu em 1927 e funcionou por um tempo em um salão alugado no centro de São Paulo. Só alguns anos depois foi institucionalizada.

É a primeira igreja ortodoxa em São Paulo?
É a primeira igreja ortodoxa russa em São Paulo. Ela ganhou o templo próprio em 1931, na rua Paratinguara, 151, no bairro da Vila Alpina no leste de São Paulo. Já a Catedral Ortodoxa Russa de São Nicolau, que existe até hoje na rua Tamandaré n. 710, no bairro da Liberdade, foi construída em 1939. Desde então, essa igreja tem desempenhado um papel central na sociabilidade de russos na cidade e na divulgação cultural. A paróquia organiza anualmente feiras gastronômicas celebrando as culturas do Leste Europeu que atraem centenas de pessoas.

Então a igreja era um espaço importante de sociabilidade para esse grupo que chegou, pelo menos nessa segunda leva.
Os bessarábios são um grupo enorme e muito interessante porque nos estudos historiográficos da Rússia não se fala dele. É muito importante incluir esse grupo também na análise dos russos porque eles se identificavam com os russos. Inclusive, eu fiz algumas entrevistas com descendentes desses bessarábios e as pessoas diziam assim: "os meus pais falavam que eram russos e agora que eu estou descobrindo que eles eram bessarábios". E a terceira leva dessa primeira metade do século XX é uma migração secundária. Esses eram refugiados que

tiveram passaporte Nansen[8] — o primeiro documento de identificação criado na Europa para os refugiados apátridas —, mas a Europa nessa época, nos meados da década de 1930, sofreu uma grande crise econômica e isso afetou muito a situação dos refugiados lá. Então houve diferentes campanhas para transportar esses refugiados para o Brasil e nessa campanha houve uma atuação das grandes empresas, principalmente no ramo de construção de ferrovias. Por meio da Liga das Nações, essas empresas mandavam uma carta pedindo uma quantidade de refugiados que elas estavam prontas para receber, e a Liga das Nações fazia a ponte com as associações dos refugiados apátridas russos na Europa para ajudar financeiramente no transporte desses russos para o Brasil.

Essas empresas eram brasileiras?
Empresas brasileiras que atuavam no âmbito das ferrovias e das construções, por exemplo, a São Paulo Railway.

Isso na década de 1930?
Exatamente. Eles eram transportados dessa maneira até 1938, quando começaram as restrições para a entrada de refugiados e migrantes no Brasil.

Eles eram financiados pelas empresas de transportes ferroviários e aqui eles iam direto trabalhar nessas empresas?
É. Eles eram financiados pela Liga das Nações. A Liga das Nações criou um fundo, como se fosse um fundo de compensação, que emprestava dinheiro aos refugiados para o transporte e os primeiros meses de vida no Brasil. A empresa se comprometia a pagar uma certa quantia dos primeiros salários desses refugiados de volta para o fundo financeiro da Liga das Nações.

---

8 O passaporte Nansen foi criado na década de 1920 e era emitido pela Liga das Nações, com reconhecimento internacional em diversos países.

Os próprios imigrantes estavam atrelados à condição de que uma parte dos seus salários tivesse que ser devolvida.
Exatamente. E aí surge a grande questão de fuga, porque muitos desses fugiam. A Liga das Nações mandou diferentes cartas para as associações russas em São Paulo procurando certas pessoas que estavam devendo para o fundo essas passagens.

Eles são refugiados em que condição?
Depois da Guerra Civil, havia mais ou menos 2 milhões de russos fora da Rússia. E o novo governo bolchevique não os reconhecia como cidadãos, então eles se tornaram apátridas. Eles eram cidadãos do Império Russo e, a partir de 1917, o Império Russo não existia mais e eles não tinham mais Estado-nação que pudesse lhes garantir direitos. Inclusive eu considero que é muito importante entender o caso dos russos, porque é por causa deles que surge o *status* jurídico de refugiado que existe até hoje. Ele foi criado justamente para eles.

O passaporte Nansen foi o primeiro instrumento legal para dar condição de refugiado. Certamente, em 1938 tiveram novas convenções e, depois da Segunda Guerra Mundial, foi criado o Estatuto do Refugiado em 1951, mas ele vem desde essa época.
Exatamente. A própria Convenção das Nações Unidas relativa ao Estatuto dos Refugiados de 1951[9] reaproveitou muitos termos criados no contexto do acolhimento dos russos apátridas. Por exemplo, o próprio princípio de *non-refoulement* (não devolução) surge na Convenção de refugiados de 1933.[10] Ele reflete justamente a situação dos russos e

9 Realizada em Genebra, a Convenção de 1951 consolidou os instrumentos legais e jurídicos de proteção aos refugiados após a Segunda Guerra Mundial.

10 RUSEISHVILI, Svetlana. Por uma genealogia da Convenção de 1951: a nacionalização da sociedade na Europa e a construção normativa do refugiado-apátrida no período de entreguerras. In: JUBILUT, Liliana L. et al. (Org.). *Direitos humanos e vulnerabilidade e direito internacional dos refugiados*. Boa Vista: Editora da UFRR, 2021, p. 55-83.

armênios que foram em 1915 para a Europa. Depois os judeus que foram desnacionalizados pelo governo nazista também são enquadrados nesses instrumentos jurídicos.

Se essas são três grandes levas importantes da imigração russa no século XX, há ingresso de russos no Brasil desde o século XIX, certo? Só para dar um exemplo: nós fizemos um levantamento dos registros na Hospedaria de Imigrantes da Ilha das Flores. Nem todos os que entraram no Brasil desembarcaram pelo Rio de Janeiro, nem todos que entraram no país pelo Rio de Janeiro passaram pela Hospedaria da Ilha das Flores, então eu estou falando de um grupo bem delimitado nesse sentido. Mas na Hospedaria de Imigrantes da Ilha das Flores havia russos desde que ela foi criada em 1883, pouca coisa. Teve uma leva grande em 1890 e 1891, chamada "febre brasileira". Em 1890, houve o ingresso de 26 mil russos na Hospedaria; em 1891, sete mil russos; em 1895, 1.500 russos, e depois, em 1898, 720 russos. Quer dizer, a imigração russa não se inicia no século XX, mas antes disso. Diferente dos russos que você citou do século XX, o que quer dizer "russo" para os termos diplomáticos e jurídicos no Brasil, nas listas de desembarque dos Portos do Rio ou de Santos, do século XIX? Outra questão é que uma parte desses que chegaram na Ilha das Flores em 1890 e 1891 são reemigrados, eles foram para a Argentina e de lá vieram cerca de 2 mil russos para o Brasil. Teve uma crise na Argentina entre 1890 e 1891 e muitos russos, assim como italianos, saíram da Argentina para o Brasil.

Eu estudei de forma mais aprofundada a migração do século XX, mas a dissertação de mestrado da Anastassia Bytsenko,[11] que também é russa, pesquisa justamente sobre a "febre brasileira" nas regiões camponesas e agrárias da Rússia, no final do século XIX. Nesse sentido, a "febre brasileira" na Rússia foi muito parecida com a questão dos italianos. Também tem que lembrar que, no final do século XIX, o

---

[11] BYTSENKO, Anastassia. *Imigração da Rússia para o Brasil no início do século XX. Visões do paraíso e do inferno*. Dissertação (mestrado em literatura e cultura russa) — Universidade de São Paulo, São Paulo, 2006.

Império Russo era um país multiétnico e nem todos os povos eram tratados bem. Por exemplo, a grande imigração judaica da Bessarábia. Por que os judeus no começo do século XX vieram daquela região? Por causa dos *pogroms*[12] e porque a zona de assentamento dos judeus russos era no sul da Rússia. Quando chegavam no Brasil, provavelmente eles eram registrados como russos porque eram cidadãos do Império Russo. A mesma coisa acontece no século XIX com camponeses de outros grupos étnicos. No sul da Rússia houve muitas colônias de alemães, desde o final do século XVII, com a concessão de terras para os imigrantes alemães. Eles se estabelecem em colônias no sul da Rússia e ficam lá até o final do século XIX. Antes eles gozavam de alguns privilégios, por exemplo, eles não precisavam mandar os filhos para o serviço militar e, no final do século XIX, esses privilégios são retirados. Além disso, outras reformas agrárias. Tudo isso os leva a pensar sobre a emigração e, nesse contexto, o Brasil se coloca como um destino interessante porque recrutava os migrantes para trabalhar no campo. Os alemães-russos, os judeus-russos, os *staroveri*,[13] portanto, viam a América Latina como uma opção de melhorar a vida, de conseguir mais liberdades, e quando eles chegam aqui são registrados como russos porque são cidadãos do Império Russo. Para quem quiser trabalhar com a imigração russa do século XIX, é até mais fácil definir o objeto de pesquisa porque pode trabalhar a partir dessa ideia da cidadania do Império. Isso não quer dizer que os alemães, por exemplo, se identificavam como russos. Muitos deles mal falavam russo porque eles tinham esses privilégios de viver no seu espaço preservando a sua língua, sua religião.

---

12 Termo russo historicamente utilizado para se referir a ataques violentos da população não judia contra judeus no Império Russo. A expressão também foi usada para designar os ataques antissemitas na Alemanha durante o governo nazista, a exemplo da Noite dos Cristais (*Kristallnacht*) em 1938.

13 Grupo religioso dissidente da Igreja Ortodoxa russa cuja migração estava relacionada com perseguições religiosas.

Na Hospedaria da Ilha das Flores, há uma leva no final da década de 1920 e início de 1930 de menonitas russos, que também se identificavam como alemães.

Sim. No século XX, essa questão da identificação é mais complicada porque muitos territórios do antigo Império Russo não faziam mais parte da União Soviética depois da Primeira Guerra Mundial, por exemplo a Bessarábia. Justamente esses 26 mil bessarábios que eu pesquiso vieram registrados como romenos porque aquela região da Bessarábia se tornou parte da Romênia depois da Primeira Guerra Mundial. Mas eles não eram romenos etnicamente, eles falavam russo, eram ortodoxos e se identificavam como russos. Inclusive eles usavam a língua russa na vida cotidiana e isso me faz crer que eu posso inseri-los nesse meu objeto que são os russos, não importa a cidadania. É muito difícil porque cada um vem com cidadania diferente. Naquela época, a Bessarábia era um lugar multiétnico, um caldeirão incrível. Por quê? Tinha grupos étnicos búlgaros, colonos que vieram um século antes a convite do czar para se estabelecer lá; tinha um grupo étnico chamado gagaúzos, que são ortodoxos de origem turca e possuem até uma língua própria parecida com o turco; tinha muitos judeus, porque era zona de assentamento judaico; tinha russos, ucranianos e moldavanos morando na Bessarábia.[14] Mas muitos deles falavam russo e o russo era o ingrediente que unia essas populações. A língua comum. E, claro, a Igreja Ortodoxa também foi um grande fator de identidade. Todos esses povos eu incluo como russos na minha pesquisa. Nos registros paroquiais, é possível identificar a origem étnica pelo sobrenome. Tem muitos sobrenomes de origem turca, que são justamente esses povos gagaúzos que participavam nos ritos da Igreja Ortodoxa juntamente com pessoas cujos sobrenomes indicam que são de grupo étnico ucraniano, russo, búlgaro.

---

[14] COCICOV, Jorge. *Imigração no Brasil*: búlgaros e gagaúzos bessarabianos. Ribeirão Preto: Ed. Legis Summa, 2005.

Você consegue identificar esses sobrenomes pelos grupos étnicos. Você falou, por exemplo, que o seu sobrenome Ruseishvili não é necessariamente russo. É um sobrenome georgiano. Na Rússia, quem lançar um olhar para o meu sobrenome já sabe que eu tenho origem georgiana. O sobrenome é um fator de identificação étnica muito importante. E outra questão, Luís, essas três levas migratórias, de que eu falei agora, fazem parte da primeira leva que veio no século XX. Tem mais duas. A segunda acontece depois da Segunda Guerra Mundial, os famosos DPs, *displaced persons*, os deslocados de guerra. A maioria deles passou pela Ilha das Flores.

Oficialmente todos tinham que passar pela Ilha. Eram 29 mil DPs, dos quais 10 mil foram, a seguir, para a Hospedaria de São Paulo. Os outros 19 mil eu não sei muito bem por onde ficaram. Em foto do Kurt Klagsbrunn,[15] *na Hospedaria da Ilha das Flores, tem uma faixa com várias coisas escritas em vários idiomas... um desses idiomas é russo. Boa parte desses 29 mil refugiados que vieram para o Brasil através da Organização Internacional de Refugiados estava em campos de refugiados na Europa e são do centro-leste europeu. Então as línguas inscritas na faixa são: russo, alemão, português e talvez polonês.* Essa leva é muito interessante e difícil de pesquisar, de saber quantos russos, de fato, entraram no Brasil como refugiados porque muitos deles vieram como apátridas, outros vieram como iugoslavos, tcheco-eslovacos. Se nós olharmos para a estatística feita no Brasil, nunca saberemos quais desses, de fato, eram russos. Eu fiz várias entrevistas com as pessoas que vieram nessa época e é muito comum o relato de pessoas que modificaram os seus documentos pessoais, porque nos campos para refugiados na Europa as pessoas temiam serem enviadas

---

[15] A fotografia representa um grupo de refugiados europeus no cais de desembarque da Hospedaria da Ilha das Flores na década de 1940. Acima deles, tem uma placa com o escrito "Você era um estranho e o Brasil o acolheu" em português e outros idiomas. Kurt Klagsbrunn foi um fotógrafo austríaco judeu que ficou hospedado na Ilha das Flores na década de 1930. Parte dos registros da Ilha das Flores e outras fotografias foram publicadas no livro. Ver LISSOVSKY, Maurício; MELLO, Marcia. *Refúgio do olhar*: a fotografia de Kurt Klagsbrunn no Brasil dos anos 1940. Rio de Janeiro: Casa da Palavra, 2013.

de volta para a União Soviética. Para as autoridades não saberem que elas eram da União Soviética, elas modificavam seus documentos, colocavam Polônia, Romênia, Tchecoslováquia, Iugoslávia como lugar de nascimento, então hoje é impossível saber. Talvez um trabalho muito minucioso olhando os sobrenomes possa ser uma opção para entendermos quantos russos vieram dentro dessa leva, mas é muito difícil fazer estimativas numéricas. Outra questão interessante é que houve uma comissão brasileira que estabeleceu critérios de seleção dos deslocados. No relatório da comissão, os russos aparecem como uma das nacionalidades desejáveis para vir para o Brasil porque estavam fugindo do comunismo, tinham esse espírito anticomunista muito vivo.[16]

Ser anticomunista também era um bom critério, então os bálticos estavam no topo da lista. A comissão foi chefiada por Arthur Hehl Neiva. Guilherme Cavotti[17] *está trabalhando em uma tese de doutorado sobre o Hehl Neiva para pensar sobre a produção intelectual e política dele.*

Vai ser uma grande contribuição, porque tem vários trabalhos sobre o Arthur Neiva pai e poucos sobre o Arthur Neiva filho.[18] A atuação dele foi muito importante e a maneira como ele olhava para esses refugiados

---

16 A comissão de seleção foi enviada para os campos de refugiados e deslocados na Europa, a fim de escolher as nacionalidades do Leste Europeu consideradas mais aptas a migrarem para o Brasil. No relatório, constavam cinco nacionalidades: bálticos, ucranianos, poloneses, russos e iugoslavos. Sobre o tema, ver NEIVA, Artur Hehl. *Deslocados de guerra*. A verdade sobre sua seleção. Rio de Janeiro: Editora A Noite, 1949. Ver também RUSEISHVILI, Svetlana. Fronteira desterritorializada, inclusão diferencial e Estado-nação: a comissão brasileira de seleção de refugiados da Segunda Guerra Mundial. REMHU: *Revista Interdisciplinar Da Mobilidade Humana*, v. 28, n. 60, p. 127-150, 2020.

17 MARQUES, Guilherme dos Santos Cavotti. *Um homem de letras e de ação*: a trajetória de Artur Hehl Neiva no campo imigratório do Brasil entre as décadas de 1930-1950. Tese (doutorado) — Programa de Pós-Graduação em História Social, Universidade do Estado do Rio de Janeiro, Rio de Janeiro, 2023.

18 Artur Hehl Neiva (1909-1967) formou-se em engenharia na Escola Politécnica do Rio de Janeiro em 1929 e em engenharia elétrica pela Escola Nacional de Engenharia em 1934. Foi membro da Comissão Interministerial de reforma da legislação imigratória em 1934 e do Conselho de Imigração e Colonização (CIC) entre 1938 e 1947. Além de chefiar a delegação brasileira de seleção de deslocados de guerra na

é muito interessante porque ele continuava com uma visão eugênica. Nós costumamos pensar que, depois da Segunda Guerra Mundial, a eugenia recuou diante de todos os horrores da guerra, mas a comissão brasileira de seleção de refugiados ainda olhava para essa população totalmente pela lente eugênica. Já a terceira leva migratória acontece nos anos 1950. São refugiados russos que foram para a China ao longo da Guerra Civil Russa. Desde o começo da década de 1920 até os anos 1950 existe uma enorme comunidade russa no norte da China, na cidade de Harbin, onde passava a Ferrovia Trans-Manchuriana.[19] Em Xangai, também havia uma grande comunidade russa. No começo da década de 1950, com a Revolução Chinesa, os comunistas tomam o poder e colocam esses russos diante da opção de retornarem para a União Soviética. Depois da morte de Stálin, em 1953, de fato, o governo soviético promoveu uma política de repatriação desses emigrados, mas o destino deles foi muito triste. Na maioria dos casos, eles eram mandados para lugares muito difíceis de sobreviver, ou direto para os campos de concentração porque eram "inimigos do povo". Aqueles que não quiseram retornar não tiveram opção, eles precisavam sair da China comunista por conta do medo do comunismo. Então eles recorreram de novo aos organismos internacionais. Naquela época já havia sido fundado o ACNUR (Agência da ONU para Refugiados) e, por conta do trabalho dessas agências e do trabalho das organizações de ajuda mútua dos russos, esses refugiados conseguiram visto para o Brasil. Na década de 1950, principalmente a partir de 1954, eles vieram para o Brasil com visto ou por meio de uma ação também muito interessante: cerca de 5 mil russos foram retirados com a ajuda do Conselho Mundial de Bispos para as Filipinas. Eles foram colocados em um campo para os refugiados em uma das ilhas Filipinas, de lá

Europa, foi conselheiro do Comitê Intergovernamental para as Migrações Europeias (Cime) entre 1952 e 1956.

[19] Também chamada de Ferrovia da China Oriental, era um trecho da Ferrovia Transiberiana que passava pela região da Manchúria, ligando a cidade de Vladivostok a outras regiões da Rússia.

precisavam ser redistribuídos para outros países do mundo e o Brasil se prontificou a recebê-los. Isso eu consegui ver no relatório do Conselho de Imigração e Colonização. Só que eu não consegui saber até hoje é se, de fato, essa vinda aconteceu, porque dependia do decreto do presidente. O que eu sei é que, na década de 1950, mais ou menos 3 mil russos da China foram aceitos no Brasil. Eles se estabeleceram na cidade de São Paulo, mas tiveram a vida muito difícil porque muitas famílias vieram lideradas por mulheres. Essas mulheres precisavam trabalhar e naquela época já não havia mais na cidade uma comunidade russa que pudesse ajudar essas famílias monoparentais a cuidar dos filhos. Houve muitas crianças nessas famílias, então elas tiveram uma adaptação muito difícil. Com a ajuda dos jesuítas e da Igreja Católica, conseguiram se estabelecer em São Paulo. É uma leva interessante para pesquisar porque essas pessoas que vieram crianças estão na idade que dá para fazer muita história oral com elas, são superdisponíveis. Essa foi a terceira e a última leva migratória de russos.[20]

Você falou da sociabilidade a partir da Igreja Ortodoxa Russa, que certamente se tornou um centro importante de acolhimento e congregação dessa comunidade russa, pelo menos em São Paulo. Então a primeira questão é pensar que muitos imigrantes talvez já tenham vindo a partir dessas redes que se constituíram em São Paulo e também das redes de sociabilidade interna de ajuda. Me causa estranhamento que os russos-chineses ou sino-russos não conseguiram entrar nessas redes, talvez exatamente porque eles estavam mais próximos do catolicismo do que da Igreja Ortodoxa. Eu queria saber um pouco mais sobre os estudos e pesquisas de história da imigração russa no Brasil, como se desenvolvem os estudos, principalmente de história. Tem um campo de estudos sobre emigração russa, em especial, sobre a imigração russa para o Brasil?

---

20 Sobre os refugiados russos da China, ver RUSEISHVILI, Svetlana. Perfil sociodemográfico e distribuição territorial dos russos em São Paulo: deslocados de guerra da Europa e refugiados da China após a Segunda Guerra Mundial. *Revista Brasileira de Estudos de População*, v. 35, 2018.

Tem um centro muito importante de estudos da cultura e literatura russa na USP, mas eles realmente não pesquisam a imigração, a diáspora russa. Se concentram mais na questão dos estudos literários e da tradução. Para quem tem interesse pela literatura russa, tem a Editora 34, que publica traduções feitas diretamente do russo, muitas das quais realizadas pelos acadêmicos uspianos. O Laboratório de Estudos da Ásia (LEA) também se dedica a pesquisar Rússia, no Departamento de História da USP. No Rio, tem o Centro de Estudos Russos na Universidade Federal Fluminense. Mas falando da migração, tem pouquíssima gente estudando, então é um campo muito aberto. Quem tiver interesse, tem muita coisa para pesquisar. Por exemplo, eu fiquei sabendo de uns pintores, artistas plásticos famosos no Brasil que vieram refugiados russos nas décadas de 1920 e 1930. Dá ainda para constituir esse campo de estudos aqui no Brasil. Fazendo uma ponte com o campo de estudos internacional, a diáspora russa é um tema muito desenvolvido na Rússia e também em outros centros, principalmente nos Estados Unidos. Lá tem dois arquivos importantes que concentram muitos documentos ligados à imigração russa, que é o Hoover Institution na Stanford University e o Bakhmeteff Archive of Russian and East European Culture na Columbia University, em Nova York. Nessas instituições, é muito forte a pesquisa da imigração. Na Rússia, essa é uma questão que foi desenvolvida depois do fim da União Soviética porque, durante a União Soviética, todos os laços foram cortados, e as pessoas que não quiseram retornar depois da Guerra Civil foram consideradas inimigas da pátria e eram simplesmente esquecidas. Quando eu fiz a minha formação na escola, não se falava que existia 2 milhões de russos pelo mundo. Isso era tabu, ninguém falava disso. As pessoas sabiam, obviamente, que muitas famílias romperam os laços porque não podiam nem mandar carta, mas sabiam que tinham parentes no Brasil, na Argentina, nos Estados Unidos, na Europa. Depois do fim da União Soviética, essa questão, claro, veio à tona e foi muito pesquisada. É um campo muito estabelecido, na Rússia é chamado de "emigração" russa justamente para enfatizar o êxodo.

Mas quanto à questão da América Latina, ainda é muito pouco pesquisada. Eu conheço três pesquisadores russos que se especializaram na imigração e na diáspora russa na América Latina. Há pouquíssimos estudos sobre o Brasil em particular. Tem um trabalho muito bom de uma pesquisadora russa, mas ela trabalha a América Latina como um todo. É claro que isso faz sentido porque houve muita mobilidade entre os países aqui, principalmente Uruguai, Argentina e Brasil. Também eu conheço algumas histórias do Peru para o Brasil, mas com foco no Brasil e em São Paulo ainda tem pouquíssimos estudos.

Tem duas perguntas do público. Uma é se você sabe alguma coisa sobre imigração de ciganos russos. A segunda é da Cláudia, pesquisadora do Arquivo Nacional. Ela está comentando que, depois do fim da União Soviética, no início dos anos 1990, teve um êxodo gigantesco de judeus da União Soviética, em parte, para os Estados Unidos, e, o que ela comenta aqui, em grande parte para Israel. Eu me lembro que nos anos 1990, dos 6 milhões de pessoas que moravam em Israel, somaram-se 500 mil russos. Muitos se transformaram em judeus exatamente para poder sair de lá e ir para Israel.

Sobre ciganos, eu realmente não conheço essa leva, mas tem uma história muito curiosa. O pesquisador e músico Yamandu Costa fez um documentário chamado *Sete vidas em 7 cordas: a herança russa*, sobre as raízes do violão de sete cordas. Ele foi para a Rússia e lá ele conta para as pessoas que existe esse mito de que o violão veio com os emigrados russos no começo do século XX para o Brasil. Ele acredita que esse violão veio da Rússia, mas lá na Rússia ele descobre que o violão também faz parte da cultura cigana, que a Rússia foi sempre muito ligada à questão da música, da dança... Quem lê literatura russa sabe que os russos amam a música cigana. Então também dá para fazer um estudo dessa influência dos ciganos russos no Brasil, inclusive na música. E falando da migração já da década de 1990, também houve um grande êxodo dos judeus russos antes, no final de 1970, 1980. Muitos deles foram para os Estados Unidos e para Israel. É muito interessante também essa leva migratória. O que eu posso recomendar é a leitura de *A mala* do Sergei Dovlatov, que foi traduzido recentemente para o português. É um romance sobre como ele migra da União Soviética para os Estados Unidos, porque a mulher dele tinha ascendência judaica. É uma história real e ele descreve a vida desses russos soviéticos nos Estados Unidos, o dia a dia dessa diáspora, e é um romance irônico, é uma sátira. É muito legal. Super-recomendo.

Quero te agradecer muito. Você tem muito o que falar sobre a própria comunidade, a colônia russa em São Paulo, pelo menos na primeira metade do século XX. Quero te agradecer muito, Svetlana. Muito obrigado mesmo.
Eu que agradeço, Luís. Foi um grande prazer e eu acho que tem muita coisa ainda para falar sobre a leva migratória russa depois da Segunda Guerra Mundial. Tem muito potencial para pesquisa. Obrigada.

4. Imigração árabe no Rio de Janeiro[1]

Paulo Gabriel Hilu da Rocha Pinto
Carolina da Costa de Carvalho

Paulo Gabriel Hilu da Rocha Pinto é historiador formado pela Universidade Federal Fluminense (UFF), mestre em antropologia pela UFF e doutor em antropologia pela Universidade de Boston. Atualmente, é professor do Departamento e do Programa de Pós-Graduação em Antropologia da UFF e coordenador do Núcleo de Estudos sobre o Oriente Médio (Neom). Professor, eu queria agradecer por ter aceitado o nosso convite e começar nossa entrevista já com uma pergunta. A imigração árabe é extremamente fascinante e, se compararmos com os europeus, ela é muito particular. Quem são os árabes, como essa identidade se define e qual é essa especificidade em relação a outros grupos étnicos?

Obrigado pelo convite. Definindo de uma maneira geral, os árabes são aqueles que têm a língua árabe ou uma cultura expressa na língua árabe, ou são descendentes de pessoas classificadas como árabes porque tiveram a língua e alguma cultura expressa na língua árabe. A identidade árabe é uma construção histórica, é um tema em evolução e a maneira como ela é entendida hoje data do século XIX, como a maioria das identidades étnicas nacionais que nós conhecemos datam, mais ou menos, dessa época em que há uma ideia de identidade através da língua. O fato de falar árabe, ou pelo menos ter o árabe como língua principal, gera um pertencimento a essa "comunidade imaginada" dos povos árabes. Então, por exemplo, quando eles emigram para o Brasil a partir do final do século XIX, há diferentes construções da identidade árabe a partir desses elementos culturais. Por isso que eu

[1] Conversa realizada em 8 de dezembro de 2020. Transcrição: Marianna Carolina Oliveira Costa Reis. Edição: Carolina da Costa de Carvalho e Luís Reznik.

trato a imigração como uma imigração de povos de fala e cultura árabe que, uma vez no Brasil, vão se afiliar a diferentes construções da identidade árabe ou não. Existem grupos no Oriente Médio e na diáspora que falam árabe, compartilham todos os elementos culturais com os árabes, mas não se consideram árabes como, por exemplo, alguns cristãos maronitas libaneses. Eles se consideram falantes do árabe, porém descendentes dos fenícios. Existe dentro do Líbano um nacionalismo libanês que é não árabe e existe um outro nacionalismo libanês que é árabe. Entre os próprios maronitas, existem vários que se consideram árabes.

Os armênios também não são árabes?
Eles não são árabes nem têm nenhuma construção identitária como árabes. Os armênios não são árabes, os curdos não são árabes... Tem uma série de grupos no Oriente Médio que não são árabes, mas esses grupos geralmente não falam árabe, não têm o árabe como língua principal ou como primeira língua. Mas o caso dos maronitas é interessante, porque a única língua nativa que eles têm é o árabe. Eles têm o aramaico como língua litúrgica na Igreja Maronita,[2] mas quase ninguém fala aramaico e boa parte da liturgia, inclusive, é em árabe, não em aramaico. E existem árabes fora do mundo árabe que não falam árabe, como é o caso das comunidades árabes nas Américas. Até existe um revivalismo, as pessoas começam a estudar a língua e tudo mais, mas a maioria dos árabes nas Américas não fala árabe, da mesma maneira que os árabes na Europa também não são falantes de árabe. Existem, também, grupos como os árabes do Afeganistão, que falam persa, não falam árabe, mas são considerados árabes. Então, como toda identidade, ela tem uma construção canônica e tem outras que se afiliam a essa construção normativa de maneira diferenciada.

---

[2] Os maronitas são cristãos católicos orientais. A Igreja Maronita reconhece a autoridade do papa, mas possui rito litúrgico próprio, diferente do rito latino predominante nas celebrações litúrgicas do catolicismo ocidental.

E tem aqueles que também se filiam a essas identidades, não necessariamente no local de origem, mas quando se deslocam.

A comunidade das Américas, no Brasil também, vai construir sua identidade no diálogo entre Oriente Médio e diáspora. Então ela vai ser influenciada por movimentos nacionalistas e étnico-identitários no Oriente Médio e vai produzir também movimentos aqui que vão influenciar processos lá. O que é interessante na comunidade árabe é que você não pode dizer que existe uma única comunidade árabe. Eu chamo de uma identidade caleidoscópica, no sentido de que há uma multiplicidade de identidades possíveis. Você pode ser árabe, sírio, palestino, libanês, sírio-libanês e por aí vai… Existem identidades locais que podem se articular de maneira diferenciada e, em cada contexto, seus elementos constitutivos têm uma articulação diferente, por isso que eu chamo de caleidoscópica. Tem elementos que desaparecem em um contexto, reaparecem em outros, são colocados de maneiras diferentes, às vezes se coloca como ênfase a herança cultural comum, às vezes a língua, às vezes uma identidade árabe. Por vezes a identidade árabe é rejeitada, por isso que se inventou a identidade sírio-libanesa, mas esta não inclui os palestinos, e por aí vai. Sempre tem alguém um pouco de fora e uma tentativa de abarcar tudo em um determinado contexto, criando a dinâmica que eu defino como caleidoscópica. É uma comunidade muito interessante porque ela não é unificada. Na verdade, existe uma série de comunidades que se relacionam a uma ideia de herança comum do Oriente Médio, que é vivida, reinventada, recriada e transmitida de maneira diferente em cada contexto histórico.

E quais são as principais causas que levam a essa diáspora? Porque eles vêm de locais com dinâmicas geopolíticas muito diferentes e que vão mudando também ao longo desse processo imigratório, se a gente pensar desde o século XIX e durante os anos 1920, 1930, que são o auge dessa imigração.

Os motivos variam de acordo com cada época histórica, mas a grande imigração é basicamente entre 1870 e 1930 e isso vai oscilar de país para país que recebe. No Brasil, eles chegam mais tarde, a partir de

1890, e a imigração acaba mesmo em 1934, quando são implementadas as cotas.[3] No final do século XIX, tem vários elementos. Um deles é a crise da indústria da seda no Monte Líbano que tinha se desenvolvido enormemente na segunda metade do século XIX. Com a abertura do Canal de Suez e a chegada das sedas japonesa e chinesa na Europa, o preço do produto despenca e a indústria da seda entra em crise não só no Monte Líbano, mas na Síria também. Tinha uma classe média rural já integrada na economia monetizada de consumo que migra em busca de recursos para manter o seu padrão de vida no Oriente Médio. Por isso que é uma imigração que não está interessada, por exemplo, em terras. Não é uma imigração de camponeses, embora isso seja afirmado pelo mito de origem inventado pela comunidade árabe. Os avós deles eram camponeses, mas eles já eram trabalhadores assalariados, inclusive não só os homens trabalhavam, mas as mulheres também. Já estavam inseridos na economia capitalista, logo era uma pequena classe média baixa rural que mantinha seu *status* através do consumo de bens. Eles vão buscar dinheiro e não é à toa que eles vão para o comércio, porque é o que dava retorno mais rápido em termos financeiros e também era uma atividade que permitia liquidar o patrimônio rapidamente e voltar para a terra de origem. Uma coisa que se fala muito pouco são os retornados. Metade dos imigrantes voltam para o Oriente Médio. As idas e vindas eram o tempo todo, as pessoas vinham, passavam anos aqui e voltavam, passavam uma década lá, voltavam e passavam outra década aqui. Essas idas e vindas acabam quando o Brasil fecha as portas. E aí a pessoa tem que optar por voltar para o Oriente Médio ou ficar no Brasil. Só então realmente começa a se estabelecer a comunidade aqui no país.

---

[3] A lei de cotas de 1934 estipulava um limite à entrada de estrangeiros no Brasil de acordo com a nacionalidade. Segundo a lei, só poderia fixar residência no país o correspondente a 2% do fluxo de entrada de cada nacionalidade nos 50 anos anteriores à promulgação da lei. Desta forma, o Brasil buscava restringir a entrada de imigrantes não europeus, a exemplo dos japoneses.

É interessante isso porque, no caso da Ilha das Flores, em relação especificamente a essa questão do ofício, muitos são identificados como agricultores, mas em quase todos os registros eles vão para o Rio de Janeiro e é bem específico que eles estão indo para a capital. Então chegamos à conclusão de que não estão indo para o interior nem trabalhar no campo, estão indo essencialmente para as cidades.

E você vê que nos registros dos navios está como *journalier* (jornaleiro), quer dizer, ele ganha o seu salário por dia, mas era o trabalho nas fábricas, nas tecelagens rurais. Essa era a questão. E tem outros fatores de emigração. Tem a Primeira Guerra Mundial (1914-18), que é um fator importantíssimo e gera vários problemas, como a mobilização geral de recrutamento militar. Obviamente ir para o exército antes da invenção do antibiótico nunca foi uma boa ideia, então isso gera uma enorme leva de emigração de homens porque todos fugiam do serviço militar. Durante a Primeira Guerra, tem a fome na Síria e no Líbano, isso destrói a economia local e, depois da guerra, as pessoas vão emigrar em proporções inacreditáveis. Um terço da população do Monte Líbano abandona a região para fugir da miséria do pós-guerra. E por que a América? Tem uma coisa muito interessante que é a atuação das escolas missionárias protestantes. Se olharmos o mapa da emigração, ele corresponde ao mapa do estabelecimento das missões protestantes que, entre outras coisas, criavam um imaginário da América, sobretudo dos Estados Unidos, como um local moderno, próspero, fantástico. A imigração é um dos aspectos desse imaginário. A maioria da emigração foi de cristãos, mas os mulçumanos eram, pelo menos, 15% a 16% dos imigrantes. Um dos mitos de origem da imigração árabe é que foi causada pela perseguição religiosa e pelos conflitos religiosos dentro do Império Otomano, o que não faz sentido por dois motivos: os grandes conflitos religiosos no Império Otomano acontecem em 1860 e a imigração só começa 20 a 30 anos depois, então obviamente não é uma causa direta. O outro elemento que não faz sentido nesse mito de origem é que justamente as regiões que vão prosperar mais entre 1860 e 1880 são as regiões cristãs do Império. Então não é que os cristãos estivessem em uma situação pior do que já tinham estado antes, mas circulava entre esses cristãos um imaginário do que era a América e, quando tem esse colapso econômico e a Primeira Guerra Mundial, eles vão buscar na América esse imaginário. Nos anos 1920 e 1930, tem o mandato francês na Síria e no Líbano e o mandato inglês na Palestina, o que gera uma nova leva de imigração por conta dos problemas políticos e econômicos que a situação colonial criava.

No Rio de Janeiro, o auge da entrada ocorre justamente nesse período de 1920 a 1930 e isso também se reproduz na Hospedaria da Ilha das Flores. De fato, os árabes não eram um grupo numeroso na hospedaria e isso tem a ver também com a questão racial, mas essa presença se torna mais significativa na década de 1920, principalmente a partir de 1925. Em 1924, tem a lei de cotas nos Estados Unidos, que promove um certo desvio nas rotas e os imigrantes passam a entrar mais expressivamente no Brasil, incluindo pela Ilha das Flores. É bem significativo, praticamente todo o registro que tem de árabe na Hospedaria é nos anos 1920 e 1930.

Exatamente. Outro elemento que vai contra o mito de origem da perseguição religiosa do Império Otomano é que a grande imigração foi no período do mandato francês e do mandato inglês. Não faz sentido. A questão racial é bastante interessante. A política migratória do Brasil tinha alguns objetivos muito claros. Um deles era trazer uma cultura técnica europeia para o país através dos imigrantes, então era uma política migratória que visava a assimilação do imigrante pela miscigenação com os brasileiros. Havia uma ideia evolucionista das culturas, um interesse em atrair culturas mais avançadas, e tinha a proibição da imigração de africanos e asiáticos, evidentemente, negros e os asiáticos definidos como da Ásia do Leste Asiático, os chineses, os japoneses, os orientais e os indianos.

Os chamados "amarelos".

Os "amarelos". Os árabes caem em um vazio classificatório porque eles não são negros, eles não são amarelos, mas eles também não eram brancos aos olhos das elites brasileiras. Então existem textos da época que falam que, como os árabes não são negros, não são amarelos e não são brancos, logo, eles não têm raça. E isso é apavorante para as elites brasileiras porque eles são como "alienígenas". Eles não têm raça, eles não têm uma língua familiar e eles têm uma religião "bizarra", porque eles dizem que são cristãos, mas não são católicos nem protestantes.

Não é o cristianismo ocidental.

Isso gerava uma ansiedade cultural absurda. Havia um discurso e um estereótipo sobre o "turco" como esse oriental mau-caráter, avarento e interesseiro. De um lado, jornalistas, pensadores sociais e políticos viam os árabes de maneira negativa porque os classificavam sob o prisma cultural: eles não tinham a cultura europeia e racialmente eram anômalos demais. Por sua vez, os economistas olhavam para os árabes de maneira extremamente positiva. Por exemplo, um número do jornal econômico *Monitor Mercantil* publicado no ano de 1923 é dedicado só ao comércio sírio-libanês. A primeira coisa que esses imigrantes fizeram foi desenvolver o comércio e, mais importante, eles conectaram as regiões rurais ao mercado, que era urbano na época. Então, os economistas viam a imigração árabe de maneira extremamente positiva e recomendavam que ela fosse incentivada, enquanto outros a viam de maneira extremamente negativa. Existiram propostas de proibição da língua árabe, assim como uma série de tentativas de impedir que essa imigração se desenvolvesse ou pelo menos que se implantasse no Brasil de maneira permanente. E, rapidamente, os árabes entenderam a dinâmica de sua rejeição ou aceitação na sociedade brasileira, não sendo à toa que o mito de origem que os árabes inventam sobre a imigração tem mais relação com o discurso dos economistas sobre a imigração árabe do que com o discurso dos políticos e jornalistas. A narrativa desse mito pode ser resumida como: "Nós somos camponeses, viramos mascates, de mascates viramos lojistas, tudo isso com o nosso trabalho, verdadeiros *self-made men*, viramos industrialistas, nossos filhos vão para a universidade e viram doutores", e, a parte mais importante, "assimilamos a cultura brasileira e perdemos a nossa". Essa narrativa apareceu claramente no debate entre Herbert Levy, um economista que era contrário à imigração árabe, e Salomão Jorge, médico e escritor de origem libanesa, nos jornais paulistas. O argumento de Salomão Jorge era o seguinte: "Você encontra sírios caboclos, sírios sertanejos, então isso mostra que os sírios são adaptáveis ao Brasil e que, logo, deveriam ser bem-vindos". O argumento é esse: eles vão desaparecer porque eles vão perder a língua e vão perder a cultura. Havia uma política consciente das famílias de impedir que a língua árabe fosse transmitida aos filhos, então os pais imigrantes falavam português dentro de casa para que os filhos não aprendessem árabe. Os imigrantes sabiam que a grande discriminação contra os árabes era linguística e cultural, e a língua é o elemento mais visível da cultura. Na minha pesquisa, em várias famílias a história era essa: o pai parou de falar com o avô, porque o avô tinha ensinado árabe para o neto. A estrutura familiar era completamente abalada por essa questão, porque falar árabe dentro de casa era algo que perpetuaria a discriminação.

E a prova dessa assimilação é falar português e não falar árabe, mesmo dentro de casa. É muito interessante. O senhor falou um pouco sobre as mulheres, sobre essa presença feminina e eu fiquei curiosa em saber: tem estudos específicos sobre as mulheres árabes no Rio de Janeiro?

Sobre as mulheres nessa primeira fase da imigração eu não conheço nada específico em termos de bibliografia, mas para os Estados Unidos tem. Tem pouco estudo sobre a comunidade, principalmente sobre essa parte mais antiga da história da migração, porque o acesso aos documentos é muito difícil. Tem que procurar os documentos nas instituições e está tudo sendo perdido porque a maioria das instituições não preservou a documentação. Inclusive, quando eu fiz a pesquisa para o meu livro,[4] eu salvei vários documentos que estavam indo para o lixo. Outra fonte pouco explorada são os arquivos familiares. A maioria das famílias tem arquivos, então também tem que ter o trabalho de procurar os arquivos nas famílias, é um trabalho complicado porque você se depara com os arquivos metade em árabe e metade em português. A maioria dos estudos recicla o mito de origem que os intelectuais da comunidade criaram para a própria comunidade nos anos 1920 e 1930. Foram os intelectuais que inventaram esse mito que existe na América inteira, não só na América Latina. Na verdade, ele foi inventado nos Estados Unidos e dos Estados Unidos ele foi reciclado na América Latina por intelectuais que tinham conexões pessoais que vinham do Líbano. Todos tinham estudado na American University em Beirute. Também tem uma história dessa construção, a pesquisa com fontes ainda é muito incipiente. Mas, por exemplo, tem uma série de entidades femininas que podia ter sido estudada diretamente: sociedade de senhoras, sociedade beneficente, associações de caridade... É interessante porque, se o ideal do homem imigrante árabe é o empresário e o mecenas, que vai dar dinheiro para escrever a memória da comunidade etc., já o ideal feminino, a mulher bem-sucedida é ligada à ideia da caridade, às associações beneficentes. E por isso um número considerável dessas mulheres virou freira católica, que é um passo de assimilação cultural muito importante. Existem, mesmo, famílias muçulmanas e ortodoxas com freiras católicas entre seus membros, porque o auge da caridade é a vida religiosa e não tinham instituições religiosas que não fossem católicas no Brasil naquela época. Para dar um exemplo, a irmã Zoé Jabour,[5] famosa freira católica, era de família ortodoxa.

---

[4] PINTO, Paulo Gabriel Hilu da Rocha. *Árabes no Rio de Janeiro*: uma identidade plural. Rio de Janeiro: Cidade Viva, 2010.

[5] Freira da ordem das Filhas da Caridade de São Vicente de Paulo conhecida pelo trabalho pastoral de assistência a pessoas em situação de rua e idosos. Entre alguns projetos desenvolvidos, destacam-se a criação do Dispensário dos Pobres da Imaculada Conceição, em Botafogo, e a Cidade dos Velhinhos, em Jacarepaguá.

Nossa! Incrível isso. Aproveitando esse tema da religião, quais eram as principais redes que esses imigrantes mobilizavam quando chegavam ao Brasil?
Eu sempre vou fazer o contraponto do mito com o que você vê nos arquivos. O mito de origem fala que eles saíram de lá sem ter a menor ideia de para onde iam, e por acaso chegaram ao Brasil sem saber nada, o que cria toda uma ideia de que foi uma saga realmente, uma aventura. Na verdade, a coisa não é assim. Primeiro, tinha que tirar um visto, se você tirar um visto para o Brasil, você sabe que está indo para o Brasil, não é? É bem óbvio. Esses imigrantes saíam do Porto de Beirute ou de Alexandria e paravam em algum porto europeu — Marselha, Barcelona ou Gênova — e nesses lugares eles começavam a tentar tirar o visto. Primeiro para os Estados Unidos, depois México, Argentina e Brasil. E uma vez com o visto, eles vinham para o Brasil. Alguns vinham direto para o Brasil já sabendo, porque tinha um fluxo de cartas, de informações, então a imigração era feita através dessas redes. Alguém imigrava e chamava o irmão, chamava o primo, chamava um vizinho, chamava o filho do vizinho, chamava o outro. Aldeias inteiras terminavam emigrando para o mesmo lugar. Nos portos de entrada também existiam pessoas que eram "agenciadores". No caso do Brasil e do Rio de Janeiro nos anos 1920, havia uma mulher que era dona de uma hospedagem na rua da Alfândega e era para lá que as pessoas se dirigiam. Vinham já com o nome e o endereço dela e ela colocava em contato com a pessoa que daria o primeiro emprego. E esse primeiro emprego era dado, basicamente, por um lojista, que dava a mercadoria e mandava para algum lugar para mascatear. O mascateio não criou o comércio, foi o comércio que criou o mascateio, o que mostra que esses imigrantes não chegaram sem dinheiro. Os primeiros chegam com capital, investem no comércio e é o comércio que vai criar o mascateio. O imigrante precisava de um lojista que desse a mercadoria para ele mascatear, senão não conseguia mascatear. Era essa senhora que, mais ou menos, mapeava a entrada das pessoas, ela determinava: "você vai mascatear em Juiz de Fora", "você vai mascatear na região de Vassouras", e é assim que os imigrantes vão

entrando e criando essas conexões entre o mundo rural e o mundo urbano no Brasil.

Eles fazem uma mediação interessante porque estão trabalhando no comércio e ao mesmo tempo estão adentrando mais ao interior.
Mas isso tudo é muito bem orquestrado e organizado. Tinham centros de redistribuição e esses centros eram restaurantes, pousadas, hotéis cujos proprietários tinham conexões com o comércio e a partir daí eles inseriam os imigrantes nessas redes.

É interessante. Na Ilha das Flores, como eu mencionei antes, não entravam muitos árabes, mas os que passavam pela hospedaria foram para as cidades também. E tem um contraponto interessante com o caso dos portugueses, por exemplo, porque os portugueses já eram uma comunidade que tinha redes consolidadas há muito tempo, então eles passavam bastante pela Hospedaria, mas não era o grupo mais registrado nos livros da Ilha das Flores. Os italianos eram muito mais. O que nós observamos é que os portugueses que chegavam ao Brasil pela Hospedaria iam para o interior, faziam um caminho diferente. No caso dos árabes, não. Os que passaram pela Ilha também foram para as cidades, o que significa que, de alguma maneira, eles tinham um mínimo de conhecimento desse arranjo que existia aqui.
Claro. O imigrante saía da sua aldeia já sabendo para onde ia e com quem ia falar. A partir dali, criava-se a negociação de onde efetivamente conseguiria se inserir. Outra coisa interessante: os árabes usavam muito pouco as Hospedarias, o que mostra que eles vinham com contatos ou com dinheiro.

Sim. Tanto na Ilha das Flores quanto no Brás é uma tendência que se reproduz bem forte.
Exatamente. Em São Paulo, praticamente não tem árabes na Hospedaria.

No seu livro Árabes no Rio de Janeiro: uma identidade plural, *que é uma das principais referências para estudar o assunto, o senhor aborda a impor-*

tância da imprensa como um mecanismo também de contato. Eu queria que o senhor falasse um pouquinho mais sobre isso.

Tem um desenvolvimento bastante importante da imprensa árabe no Brasil, em São Paulo e no Rio de Janeiro, basicamente. Tem alguns centros de imprensa árabe nas Américas, nos Estados Unidos, claro, em Buenos Aires e no Brasil. Tem uma série de jornais e revistas. Entre 1890 e 1959, havia 50 publicações árabes no Rio de Janeiro. Boa parte delas durou pouco tempo, outras duraram o período todo. O golpe fatal veio em 1941, quando o Estado Novo proíbe a publicação em língua estrangeira. Isso durou até 1945, mas coincide também com os processos de nacionalização de 1938 e o fechamento das escolas. Com isso, houve uma interrupção na transmissão da língua árabe, uma estratégia das próprias famílias de cada vez menos imigrantes e mais pessoas nascidas no Brasil. A imprensa árabe nunca se recuperou disso e o declínio depois de 1945 foi brutal. Nos anos 1950 e até os anos 1960, tem publicações cada vez menos só em árabe e mais bilíngues, depois disso acaba. Mas as publicações feitas no Brasil e na Argentina chegaram a representar um quarto das publicações que circulavam na Síria antes de 1940. Importantes intelectuais árabes, por exemplo, Antun Saade, passaram pelo Brasil. O pai dele, Khalil Saade, publicava um jornal no Brasil, Antun Saade trabalhava com o pai antes de voltar para o Líbano e depois foi se estabelecer na Argentina. Mesmo morando por longos períodos na América do Sul, Antun Saade foi uma figura política de grande importância na Síria e no Líbano nas décadas de 1920 e 1930. Esse nacionalismo transnacional ia e vinha pelas publicações, as quais veiculavam debates religiosos e políticos. Isso é cada vez mais claro para os pesquisadores, mas ainda tem muita coisa a ser feita nos arquivos. Boa parte da ideia de nativismo e nacionalismo autoritário é informada pela própria experiência dos árabes na América Latina, do Estado Novo (1937-45), no Brasil, às presidências de Hipólito Yrigoyen (1916-22, 1928-30) e Juan Domingos Perón (1946-55, 1973-74), na Argentina.

Tem algumas perguntas aqui do público. O Guilherme perguntou de que maneira o associativismo se insere na construção da identidade árabe no Brasil e a sua inserção político-social.
É extremamente importante. Os árabes vão se organizar a partir dessas associações civis. As primeiras são de caráter étnico ou religioso. O modelo é de associações beneficentes, a ideia de reunir as pessoas para também gerenciar as diferenças sociais e geracionais dentro das comunidades, ou de associações atléticas ou culturais, como a Liga Andaluza, que era uma associação de poesia. Também existiam associações profissionais, como a de jornalistas árabes no Rio de Janeiro. A função dessas associações era basicamente criar um contexto de reunião em que os descendentes dos imigrantes pudessem ser socializados na língua e na cultura trazida do Oriente Médio, então mesmo as associações religiosas tinham pouquíssimo conteúdo religioso, de início. A grande questão era a transmissão cultural. O associacionismo dos árabes tinha a ver com a necessidade da transmissão cultural e, também, com os debates políticos no Oriente Médio. As associações também vão refletir os debates políticos do Oriente Médio, por isso também vão começar a se dividir por Estado-nação. Existem sociedades palestinas, libanesas e sírias. Também existiam associações pan-arabistas, só que o pan-arabismo era rejeitado por alguns libaneses e, então, há uma gradual substituição das instituições árabes pelas sírio-libanesas, o que exclui os palestinos, de certa forma. Há a construção de diferentes arenas institucionais que, com o passar das décadas, vão promover diferentes formas de entender essa herança imigrante e logo de entender as identidades dela derivadas.

Gustavo perguntou se a migração de árabes africanos do Egito e da Líbia tem volume parecido com a migração do Oriente Médio.
De jeito nenhum. Não tem quase nenhuma relevância. A única migração do mundo árabe com alguma relevância numérica, fora os sírio-libaneses e palestinos, é a de judeus marroquinos que aconteceu

muito antes. Começa por volta de 1820, vai primeiro para a Amazônia e depois se redistribui no resto do Brasil, como Rio, São Paulo e tudo mais. Mas a migração para o Brasil, mesmo quando tem registros migratórios razoáveis de egípcios, são sírios emigrados para o Egito e que reemigram para o Brasil.

Aparecem egípcios na Ilha das Flores também nos registros.
Isso. São os sírios do Egito. São sírios que migraram para o Egito uma ou duas gerações antes e que reemigraram para o Brasil no momento da Grande Migração, já que eles tinham laços com a Síria e participavam desse imaginário que circulava na Síria. Os imigrantes que chegavam no Brasil não vinham diretamente da sua aldeia para o Brasil, a maioria emigra dentro do Império Otomano e depois reemigra para o Brasil. Ele sai da sua aldeia para Beirute, Damasco, Alepo ou Cairo. Um tempo depois, ele ou seus descendentes emigram do Cairo para o Brasil e aí o registro deles aparece como "egípcio".

Muitos entram como turcos também por causa do passaporte, não necessariamente eram turcos, mas vêm identificados por causa do passaporte.
Sim. E tem várias categorias. As categorias são variadas: turcos, turco-asiáticos, sírios. Só em 1926 são incluídos os libaneses, mas as categorias turco e turco-asiático são utilizadas até 1940 para classificar as pessoas. Entender realmente de onde as pessoas saíram é muito difícil.

Aparecem também como otomanos em alguns registros. É muito plural. Fazer esse levantamento é um trabalho de montar um quebra-cabeça.
A própria religião. A classificação usada era "católicos" e "acatólicos". Estes podiam ser ortodoxos, mulçumanos etc. Os maronitas eram classificados como católicos, mas, às vezes, os ortodoxos também eram classificados como católicos. Tudo dependia do funcionário que fazia o registro e do seu uso das categorias.

Tem uma pergunta aqui muito interessante: "Professor Gabriel, poderia falar a sua visão sobre a relação dos refugiados sírios que chegaram no Brasil recentemente com a comunidade árabe estabelecida?".

O caso dos refugiados sírios é muito interessante porque, quando eles chegam aqui, já tem uma estrutura comunitária muito bem estabelecida com uma visão sobre si própria e sobre o Oriente Médio. Os refugiados sírios chegam no Brasil de duas maneiras. Alguns vêm através das próprias estruturas comunitárias. Por exemplo, a Igreja Ortodoxa do Rio de Janeiro trouxe várias famílias, as mesquitas em São Paulo também trouxeram e acolheram várias famílias e outros chegaram de maneira independente. Basicamente, os que chegam de maneira independente têm uma grande dificuldade de se inserir na comunidade já estabelecida por vários motivos. Primeiro, os motivos políticos. A visão que a comunidade no Brasil tem sobre a guerra da Síria não necessariamente é a visão que os refugiados têm. Teve um grau de apoio grande ao regime sírio aqui no Brasil pela comunidade e os sírios que, obviamente, vieram refugiados por causa da repressão governamental, não têm como compartilhar essa visão.

Uma tensão grande.

Exatamente. Depois existem questões identitárias. Não se pode falar de uma comunidade síria autônoma no Brasil, como se pode falar de uma comunidade palestina ou libanesa. A identidade síria no Brasil foi fundida com a ideia do pan-arabismo, então ela é quase sempre sírio-libanesa, praticamente não existindo instituições exclusivamente sírias. Para um sírio que chega no Brasil não é a mesma coisa. Ele vai escutar sírio-libanês e pensar "mas eu sou sírio, não sou libanês", então também tem essa diferente construção do que é ser sírio. A ideia de ser sírio no Brasil é muito ligada a uma ideia de pan-arabismo. A ideia de ser sírio na Síria, embora tenha elementos do pan-arabismo, é uma identidade nacional autônoma. Então tem essa segunda questão. Boa parte dos refugiados que chegam de maneira independente são mulçumanos, mas não necessariamente são religiosos, então eles não vão ter uma inserção nas entidades religiosas porque eles não têm interesse, eles não são religiosos, embora sejam nominalmente mulçumanos. Logo, tem essa série de ajustes incompletos e difíceis entre as identidades que vêm da Síria com os refugiados e as comunidades que tem no Brasil, que vai fazer com que os sírios, na verdade, se estabeleçam de maneira mais ou menos paralela a essas instituições. Muitos se inserem, mas outros permanecem à margem das instituições. E o que não teve ainda no Brasil de maneira muito clara, ao contrário de outros lugares, é a criação de instituições por esses refugiados, porque o número de refugiados no Brasil é bastante baixo.

É bem pequeno.
Tem cerca de 3 mil registrados, digamos que sejam 9 mil. Não se compara com um milhão que a Alemanha recebeu. Obviamente, na Alemanha o número de instituições sírias é inacreditável, ou mesmo no Canadá e por aí vai. No caso do Brasil não, é muito pouco. Não tem nem densidade para criar um número razoável de instituições.[6]

Alex perguntou em quais bairros do Rio de Janeiro esses imigrantes se concentravam mais. Quais são os locais onde eles se estabeleciam?
Há uma evolução geográfica deles. De início, eles se estabelecem na rua da Alfândega, que era a região perto do porto, a região do comércio que já era tradicional de estabelecimento de imigrantes e também de população negra. Isso já no final do século XIX até 1920. A partir de 1910, começa a ter a formação de famílias e eles começam a buscar locais onde pudessem ter mais espaço, digamos assim, para adquirir uma

---

[6] De acordo com dados estatísticos da Acnur (Agência da ONU para Refugiados) de 2021, a Alemanha é o quinto país que mais recebeu refugiados em todo o mundo: 1,2 milhão. Os demais países são Turquia (3,7 milhões), Colômbia (1,7 milhão), Paquistão (1,4 milhão) e Uganda (1,4 milhão). Já no Brasil, há cerca de 63.790 refugiados reconhecidos, segundo dados do relatório "Refúgio em Números" publicado pelo Comitê Nacional para os Refugiados (Conare) em 2020. Disponível em: www.acnur.org/portugues/dados-sobre-refugio/.

casa com quintal ou coisa que o valha. E aí dá para acompanhar de maneira perfeita. Eles vão seguindo a linha do trem, vão pelos bairros servidos pela linha do trem até Campo Grande e Santa Cruz, bairros que na época eram localizados em área rural ou semirrural. Esses bairros têm uma presença árabe muito importante, em Campo Grande principalmente. Depois, alguns deles vão ascendendo socialmente, acumulando mais capital, então tem uma migração dessas famílias para a Tijuca. Lá pelos anos 1930, 1940 e 1950, tem uma concentração na Tijuca e já nos anos 1930 começa uma transferência da Tijuca para Copacabana, que se torna outro bairro de concentração árabe. A partir dos anos 1980, tem uma dispersão total, não se pode mais falar de uma área de concentração. O que tem é a herança dessas concentrações anteriores. Não é à toa que praticamente todas as instituições árabes estão no Centro ou na Tijuca. Mas, por exemplo, Campo Grande tem uma presença árabe muito importante, inclusive tem uma associação. É um dos poucos bairros fora do Centro e da Tijuca que têm uma presença institucional dos árabes.

Eu vou aproveitar para fazer uma conexão desse assunto com outra pergunta. A Priscila perguntou: "Os primeiros árabes que chegavam no Brasil vinham para o Rio ou desembarcavam em outros portos também?".
Santos, Rio, Recife, praticamente todos os portos de chegadas de navio da Europa eram portos onde tinham a presença árabe. O registro mais antigo de uma presença árabe é no Rio de Janeiro em 1850. Em 1850, dois irmãos palestinos abriram uma loja de produtos religiosos no Centro, na rua da Alfândega. Os irmãos Marcus, que é uma família famosa de comerciantes na Palestina, são talvez dos primeiros empresários em termos globais. A família ia mandando pessoas para diferentes lugares e eles iam abrindo lojas de artigos religiosos que vinham da Palestina e que obviamente tinham um apelo local. No século XIX é possível encontrar membros da família Marcus estabelecidos na Europa, nos Estados Unidos e no Brasil. Mas, por exemplo, tem um viajante otomano, Abdurrahman al-Baghdád, que vem para o Rio em

1866 e ele não menciona nenhum árabe. O único falante de árabe que ele menciona é um judeu marroquino, o que indica que podia ter uma presença individual, mas não tinha nenhuma comunidade. A primeira comunidade vai aparecer de 1890 para a frente. Muito mais tarde.

O professor Luís perguntou sobre a participação da comunidade árabe na política local e nacional.

Como os árabes rapidamente entendem mais ou menos como funciona o imaginário brasileiro, eles também entendem que tem que ter um pé na política. Então é uma comunidade que rapidamente vai estabelecer laços com o mundo político e logo vai se lançar à política. Lembrando que, bem ou mal, a política é uma extensão do empreendedorismo, então ela não deixa de ser algo que, se você tem um tino empresarial, você consegue dominar rapidamente. Então já nos anos 1950 começa a ter a presença dos primeiros candidatos de origem árabe que recebiam apoio da comunidade. É importante lembrar outra coisa: no Brasil, se você está no mercado, você tem que ter um pé na política porque as coisas vão juntas. Então é nesse gancho que os árabes vão entrar na política e a presença deles é muito superior à presença numérica da comunidade na sociedade. Efetivamente, tem toda uma tradição de inserção dos descendentes da comunidade e que fazem política de maneira muito interessante porque dentro da comunidade eles fazem uma política étnica, todo mundo sabe quem é de origem árabe, e para fora da comunidade fazem a política pura, digamos assim. A comunidade é numerosa, mas não o suficiente para eleger candidatos, então tem os políticos árabes em um amplo espectro da direita até a esquerda.

Ganham votos árabes, mas não têm pautas árabes.

E os votos árabes não são seguros também. Como a comunidade é muito fragmentada, é impossível realmente mobilizá-la em torno de uma figura política. Isso também explica a presença dos descendentes em todo espectro político, embora seja uma comunidade bastante conservadora em sua maioria.

Mas é plural até nisso, na questão do universo político.
Sim.

Gustavo perguntou se tem trabalhos sobre como esses migrantes lidaram com o preconceito, racismo, xenofobia, islamofobia. Tem pesquisas nesse sentido?
Eu trato disso na minha pesquisa. É um tema dificílimo pelo seguinte motivo: a memória do preconceito permaneceu em nível individual e foi suprimida em nível coletivo. Então, se lermos as histórias criadas pelos intelectuais árabes, não há nenhuma palavra sobre o preconceito. Absolutamente nada. Se perguntarmos para alguém contar sua história, aí aparecem narrativas sobre preconceito. Ele aparece na memória individual, mas não na memória da comunidade. A comunidade também rapidamente entende que narrativas sobre preconceito eram contrárias à autoimagem da sociedade brasileira, pelo menos no Brasil das décadas de 1920, 1930 e 1940. Assim as narrativas da comunidade árabe apresentam uma comunidade imigrante que foi recebida de "braços abertos", reproduzindo a imagem oficial da sociedade brasileira. Se recuarmos um pouco no tempo, nos anos 1910, nos anos 1920, aí encontramos alguns registros mais claros, principalmente em área rural, de violência contra os árabes e violência gerada por rumores e preconceitos. Por exemplo, tinha um rumor que apareceu nos jornais da época de que os árabes comiam carne humana, que o quibe cru, na verdade, eram crianças moídas. E alguns mascates em área rural foram assassinados por conta disso. Chegavam em algum lugar no dia que uma criança desapareceu, pronto! "Quem foi? Foi o turco que come gente." Esse tipo de história eu cheguei a levantar como memórias de algumas famílias que se estabeleceram, por exemplo, em Petrópolis. No interior do Brasil, ainda nas décadas de 1930 e 1940, existia essa mitologia do canibalismo pelos árabes. Porque como os árabes ocupavam esse espaço liminar, sem raça, sem religião, sem língua compreensível, é claro que eles só podem ser seres meio monstruosos. Tem todo um imaginário sobre os "orientais" como seres no limiar da humanidade. Não só os árabes vão ser acusados disso, todos os orientais: chineses,

japoneses... Os chineses foram alvo de toda uma mitologia de que eles devoravam os cadáveres para não pagar o enterro dos mortos. Essa é a forma como a sociedade brasileira olha a diferença cultural, de maneira muito suspeitosa e muito amedrontada. Mas como a história oficial da comunidade foi escrita para os bem-sucedidos, essas histórias foram apagadas. Se lermos as histórias oficiais, as memórias da comunidade, supõe-se que todos os árabes são ricos e bem-sucedidos, mas obviamente não é o que aconteceu com a totalidade dos imigrantes. Existe uma série de apagamentos que foram feitos para que a imagem da comunidade fosse palatável para o imaginário brasileiro sobre o que o imigrante deveria ser.

Alex fez uma pergunta que tem a ver um pouco com isso. Ele comentou aqui: "O Brasil sempre teve boas relações diplomáticas com nações árabes como Império Otomano, Síria, Líbano, Arábia Saudita e Egito. Em algum momento essa relação esteve conturbada ou afrontada?". Não sei se é em relação a essas tensões causadas por esses imaginários negativos que ele perguntou.

Não. Com o Império Otomano, tinha relações meramente formais, não era nada de mais. O imperador dom Pedro II visitou o Império Otomano uma vez e visitou o Egito duas vezes. O Egito já não era parte do Império Otomano. Estavam em relação mais ou menos formal, tanto que os imigrantes árabes, ao contrário dos outros, nunca receberam subsídio e nem incentivo para imigrar para o Brasil, embora exista a mitologia do "convite" feito por dom Pedro II para eles virem para o Brasil. Não há nenhum registro de convite e nenhum incentivo oficial foi feito. Depois da independência dos países árabes, nos anos 1940, o Brasil tem relações muito limitadas com eles. Isso vai mudar, ironicamente, com toda a onda terceiro-mundista já nos anos 1950, 1960, e quem vai aproveitar isso é a ditadura militar brasileira. A ditadura é que estabelece laços mais fortes e consistentes com o mundo árabe, que era a "política do petróleo". E ela vai estabelecer, claro, com as ditaduras árabes, regimes políticos similares. Porém, os grandes laços do Brasil não eram nem com a Síria, nem com o Líbano, nem com a Palestina; eram com os países produtores de petróleo, como Iraque e Líbia. O Brasil vai investir numa política petrolífera que vai ser a linha de trabalho do país no Oriente Médio. Quando acaba a ditadura no Brasil, essa relação meio que também desaba no contexto de instabilidade política no Oriente Médio. Somente o governo Lula (2003-10) recolocou o Oriente Médio no centro da ambição geopolítica brasileira. O Brasil tem um sonho desde o início do século XX, que é ganhar destaque, primeiro, na Liga das Nações e, depois, nas Nações Unidas. Mais recentemente, o foco tem sido ter um lugar permanente no Conselho de Segurança das Nações Unidas. Fernando Henrique investiu na África por conta disso, sem o retorno esperado; e a presidência de Lula vai colocar o Oriente Médio como a arena para o Brasil ganhar protagonismo internacional. Mas os resultados políticos também não são os esperados, em parte, porque o *script* da política externa brasileira continua o mesmo. Nós vendemos matérias-primas, como frango e carne, ou produtos industriais, e compramos petróleo. A política externa brasileira é muito calcada no ganho econômico, ela não tem praticamente dimensão política. É muito centrada em boas relações com os altos escalões do governo para gerar ganhos econômicos. A política externa brasileira tem uma dimensão muito pragmática, o que faz com que os ganhos políticos sejam limitados. Existe pouco investimento em relações culturais mais profundas com as sociedades locais.

É pragmático apenas.
Extremamente pragmático dos dois lados.

E não tem a ver com imigração, não é?
Isso é interessante, porque tem a ver com a imigração no sentido de que um dos atores responsáveis por essa mediação são as Câmaras de Comércio Árabes-Brasileiras, que são criadas pelos descendentes dos imigrantes. Elas projetam uma visão brasileira no Oriente Médio. O que mostra justamente como esses descendentes de imigrantes não

se consideram, em outros níveis, tendo uma relação específica com o Oriente Médio. Embora sejam descendentes de libaneses e de sírios, eles vão estabelecer relação com o Iraque, a Arábia Saudita e a Líbia.

Essa imagem de que o Brasil tem a maior comunidade libanesa fora do Líbano também é um desses mitos da imigração?
Esse é o mito mais incrível de todos porque os números são inventados de acordo com o contexto, podendo variar de 2 a 16 milhões! Nós sabemos que o Brasil foi o terceiro destino nas Américas dos imigrantes do Oriente Médio. Primeiro, foram os Estados Unidos que receberam em torno de 300 mil, isso durante o período da Grande Migração de 1870 a 1940. Os Estados Unidos receberam mais ou menos 300 mil, a Argentina recebeu algo em torno de 190, 180 mil, 200 mil no máximo. O Brasil recebeu no período da Grande Migração 110 mil, então é o terceiro destino. Desses, eu já falei que metade voltou. Aí é só fazer as contas. É numericamente impossível.

A conta não fecha.
Não tem como. Fora isso, o que é um árabe? É alguém que tem 25% de genes que vieram de um bisavô que nem sabe o nome, ou alguém que tem uma identidade que ele define como árabe? Tem a questão da transmissão da identidade para poder falar em uma comunidade. E, além disso, o censo brasileiro impede identificação étnica. Eu não posso falar no censo que eu sou sírio, eu sou obrigado a falar em termos de categorias raciais e não de categorias étnicas. Então não há nenhuma mensuração oficial. As instituições étnicas também nunca fizeram nenhum censo, elas não sabem nem quem são os membros, quantos são, quem ainda está vivo, ou quem já morreu. Esses números não têm nada a ver com uma realidade demográfica, eles têm a ver com o desejo que é tanto da comunidade quanto do Estado brasileiro de produzir uma visibilização dessa imigração. Porque a comunidade quer se projetar como numerosa para ser uma interlocutora privilegiada do Estado e o Estado quer projetar também em números inflacionados para criar na

arena internacional a imagem do Brasil como acolhedor da imigração. Qualquer pesquisador sério sabe que isso é uma ficção. Recentemente, teve uma pesquisa da Câmara de Comércio Árabe-Brasileira que, através de uma metodologia usada em pesquisas de opinião, "provou" que existem 12 milhões de árabes no Brasil. A questão da identidade, sua transmissão e manutenção, não aparece na pesquisa, que faz projeções misturando ancestralidade com identidade. O John Karam[7] tem um episódio ótimo no livro dele. Ele foi ao consulado do Líbano no Rio de Janeiro e o consulado falou que tinham 7 milhões de libaneses no Brasil. Ele perguntou de onde tiraram o número e a moça foi lá dentro e trouxe um livro de culinária e na introdução do livro dizia que tinham 7 milhões de libaneses no Brasil. Pronto! A fonte era o livro de culinária. Ou seja, na sua maioria, esses números são realmente ficcionais. Se fizermos a projeção do número que conhecemos da imigração, com muita generosidade poderemos chegar a um milhão, dois milhões, se ainda incluirmos pessoas com múltiplas identidades, entre elas a árabe. Por exemplo, nos Estados Unidos, onde é possível colocar a identidade étnica no censo, existem 3 milhões de árabes e descendentes, e eles receberam três vezes mais imigrantes.

É uma conta que realmente não fecha. Faz sentido ser um mito, levando em conta os dados que existem.
Sim.

Tem mais uma pergunta, a última para a gente encerrar. Priscila perguntou: "Professor, a imigração árabe na Baixada Fluminense também é bastante expressiva? Percebo muitas famílias que moram aqui desde que imigraram".
Sim. É muito expressiva. Duque de Caxias, Nova Iguaçu, Nilópolis… toda a Baixada tem comunidades importantes e antigas e faz parte desse processo que eu falei da migração das famílias já nos anos 1910 e

---

7 KARAM, John Tofik. *Um outro arabesco*: etnicidade sírio-libanesa no Brasil neoliberal. São Paulo: Martins Fontes, 2009.

1920 que vão acompanhar a linha do trem, depois vão se interiorizar e por aí vai. Sim. Sem dúvida.

Alex também pediu para o senhor indicar alguns livros sobre imigração árabe para o Brasil para quem quer iniciar uma pesquisa consistente sobre os árabes. Tem os clássicos. Tem o livro que todo mundo tem que ler que é a tese do Jorge Safady[8] que foi o primeiro híbrido de texto feito por um intelectual da comunidade, mas com fins acadêmicos. Lá estão todos os mitos, mas também é uma mina de ouro porque tem informações até dizer chega. Tem o primeiro estudo acadêmico sobre os sírio-libaneses em São Paulo que foi feito pelo americano Clark Knowlton[9] nos anos 1950 e foi publicado em 1960. Tem o livro *Patrícios* do Oswaldo Truzzi,[10] que também é excelente. Tem o livro do Jeffrey Lesser,[11] *A negociação da identidade nacional*, que não é só sobre os sírio-libaneses, mas também é sobre todos os imigrantes não europeus. E tem o livro do John Karam, *Um outro arabesco*, publicado pela Martins Fontes, sobre a etnicidade sírio-libanesa no Brasil, e que é excepcional, muito bom. Ele vai lançar um livro[12] agora que é focado na Tríplice Fronteira e na presença árabe no Brasil, Argentina e Paraguai. Eu tenho um monte de artigos que você pode achar na internet, tanto em português quanto em inglês. Tem o livro *Primos em Minas* do Rodrigo Ayupe[13] que analisa o caso de Juiz de Fora, que é bastante interessante, tem um livro sobre

---

8 SAFADY, Jorge S. *A imigração árabe no Brasil (1880-1971)*. Tese (doutorado em história) — Faculdade de Filosofia, Letras e Ciências Humanas, Universidade de São Paulo, São Paulo, 1972.

9 KNOWLTON, Clark S. *Sírios e libaneses*: mobilidade social e espacial. Editora Anhembi, 1960.

10 TRUZZI, Oswaldo Mário Serra. *Patrícios*: sírios e libaneses em São Paulo. 2. ed. São Paulo: Unesp, 2009.

11 LESSER, Jeffrey. *A negociação da identidade nacional*: imigrantes, minorias e a luta pela etnicidade no Brasil. São Paulo: Unesp, 2001.

12 KARAM, John Tofik. *Manifold destiny*: Arabs at an American crossroads of exceptional rule. Nashville: Vanderbilt University Press, 2021.

13 CRUZ, Rodrigo Ayupe Bueno. *Primos em Minas*: processos de construção identitária na comunidade árabe de Juiz de Fora. Belo Horizonte: Autografia, 2018.

o Espírito Santo, *Turco pobre, sírio remediado, libanês rico*, de Mintaha Campos.[14] Tem uma série de estudos regionais e esses um pouco mais amplos. O meu mesmo é sobre o Rio de Janeiro, embora eu tenha uma introdução um pouco sobre o Brasil, o foco é o Rio de Janeiro.

Professor, muito obrigada mais uma vez por estar aqui conosco. Eu aprendi muito. Tenho certeza que todo mundo que está assistindo também aprendeu bastante.

Obrigado a todos por ficarem, por se interessarem.

---

14 CAMPOS, Mintaha Alcuri. *Turco pobre, sírio remediado, libanês rico*: a trajetória do imigrante libanês no Espírito Santo (1910/1940). Vitória, ES: IJSN, 1987.

5. Imigração judaica no Rio de Janeiro[1]

Keila Grinberg
Luís Reznik

Keila Grinberg é professora da Universidade Federal do Estado do Rio de Janeiro (Unirio) desde 2002. É doutora em história pela Universidade Federal Fluminense (UFF) desde 2000. Ela frequentou universidades norte-americanas em estágios pós-doutorais e como pesquisadora visitante. Hoje em dia, é professora titular do Departamento de História e diretora do Center for Latin American Studies da Universidade de Pittsburgh. Keila também participa do Programa de Pós-Graduação em História da Unirio, e do ProfHistória, o Mestrado Nacional em Ensino de História, do qual foi vice-coordenadora Nacional. Keila foi pesquisadora do CNPq e da Faperj, como Jovem Cientista e Cientista do Nosso Estado. Enfim, muitos a conhecem também pela divulgação cientifica que ela fez na área de história, publicando dezenas de artigos na revista Ciência Hoje, principalmente na Ciência Hoje Online. Keila também tem um belíssimo trabalho para pensar escravidão, abolição e negritude, que é o aplicativo Passados presentes: memória da escravidão no Brasil, que ela fez com algumas colegas nossas também da Universidade Federal Fluminense. Mas nada disso exatamente é objeto da nossa conversa aqui hoje. Como judia carioca e historiadora, Keila tem uma série de publicações sobre imigração judaica e sobre os judeus em geral. Em 2000, no livro organizado pelo nosso colega Ronaldo Vainfas, organizado pelo IBGE, ela escreveu sobre os judeus no Brasil.[2] Em 2005, ela organizou um livro, também muito interessante, sobre a história dos judeus

---

1 Conversa realizada em 9 de março de 2021. Transcrição: Marianna Carolina Oliveira Costa Reis. Edição: Carolina da Costa de Carvalho e Luís Reznik.

2 GRINBERG, Keila. Os judeus no Brasil. In: VAINFAS, Ronaldo (Org.). *500 Anos de povoamento*. Rio de Janeiro: IBGE, 2000.

no Brasil.[3] *E, mais afeto ao objeto dessa nossa conversa, ela escreveu junto com Flávio Limoncic, em 2010, o livro* Judeus cariocas.[4]

Queria agradecer muito o convite para falar nesse bate-papo com você. Como você disse, o tema da imigração judaica não é o meu principal tema de pesquisa, mas é um assunto pelo qual eu tenho muito carinho. Antes de começar, queria dizer que eu visitei, há dois anos, o Museu da Imigração da Ilha das Flores. Mais ou menos naquela época eu soube que a minha avó chegou ao Brasil em 1920 e ficou lá na Hospedaria da Ilha das Flores. Então, além de tudo, tem a conexão histórica, a conexão do interesse da pesquisa, mas principalmente essa conexão pessoal muito forte com esse tema.

Então, Keila, a gente tem feito várias lives tematizando imigração de grupos étnico-nacionais. Normalmente, o roteiro da conversa sobre imigração é um roteiro muito usual e corriqueiro. O roteiro que pensa quais são as motivações para o sujeito que emigra, aquele que é emigrante. Neste particular, se pensa nos contextos históricos da sociedade de origem, de partida, que dizem respeito a questões políticas, religiosas, perseguições etc. Além disso, refletimos sobre o processo da emigração, a viagem e os meios de transporte e como é que se desenvolve o enraizamento no local onde é o destino, onde se ficou. Esse é um roteiro mais geral, digamos assim, de uma narrativa muito genérica, sobre os processos migratórios tanto internacionais como nacionais. Nas questões relativas ao enraizamento, também discutimos sobre trabalho, associativismo, as organizações comunitárias, posicionamentos políticos etc. Mas nós vamos começar com uma questão que diferencia esse roteiro do geral porque os judeus não são um grupo nacional, efetivamente, ainda que se propuseram a se constituir como um grupo nacional. Eles não saíram de uma determinada região. Os italianos, por exemplo, saíram da região da Itália, seja antes da unificação, seja depois. Os alemães, idem. Os árabes

---

[3] GRINBERG, Keila. *Os judeus no Brasil*: inquisição, imigração e identidade. Rio de Janeiro: Civilização Brasileira, 2005.

[4] GRINBERG, Keila; LIMONCIC, Flávio. *Judeus cariocas*. Rio de Janeiro: Instituto Cultural Cidade Viva, 2010.

saíram de uma vasta região, mas está mais circunscrita. Os judeus saíram do mundo inteiro, pelo menos de uma grande parcela do mundo. Então, a primeira coisa, Keila, para iniciar a nossa conversa, é pensar: o que define o judeu como um grupo, como povo, como etnia? Nós sabemos que isso é um imbróglio, mas acho que precisa começar com isso para você poder começar a pensar sobre os fenômenos emigratórios, digamos assim.

Em uma definição mais tradicional, poderíamos dizer que judeu é quem professa a religião judaica, mas é claro que nós sabemos que, pelo menos a partir do final do século XVIII, já deixou de ser assim com o chamado processo de Emancipação dos judeus, que foi um movimento mais amplo de secularização. Ao mesmo tempo, o fato de os judeus estarem espalhados por vários lugares diferentes faz com que, por um lado, não tenham uma identidade religiosa única, mas talvez possamos dizer que exista uma matriz comum relacionada à religião e à ideia de um passado comum. Essa também é uma definição um pouco polêmica, mas uma vez ouvi Paulo Geiger falando nessa acepção que eu achei interessante. Não existem elementos que unam necessariamente os judeus no presente e nem no futuro; não há uma perspectiva de futuro comum porque, por exemplo, o sionismo não é e nunca foi uma opção majoritária entre os judeus. Existe essa percepção de um passado comum, seja ele do passado distante, quase mítico, da origem do judaísmo, seja ele dos laços identitários que se formam em cada lugar onde havia e há comunidades judaicas. Essa definição de uma religião e um passado comum nos ajuda a definir este grupo que nós chamamos de uma forma mais ampla de "judeus". Mas tem um lado de sua pergunta que é importante enfatizar. É claro que todos os grupos, nacionais ou não, são diversos internamente. Os judeus, não sendo um grupo desses étnico-nacionais, e sendo um grupo que tenha uma matriz religiosa e cultural comum, têm uma diversidade interna enorme, que se expressa nas diversas línguas, em vários costumes e nas suas relações identitárias. Enfim, é tão diverso que nós nem podemos usar a palavra *comunidade judaica* no singular, em nenhuma circunstância. Nós usamos no dia a dia, mas eu acho que sempre temos que falar no plural mesmo, as *comunidades judaicas*, porque as divisões são muito grandes. Só para mencionar uma delas, a mais conhecida e evidente, que é entre os *ashkenazi*, que são os judeus oriundos da Europa Central e Oriental, *grosso modo*, e os judeus *sefaradi*, que são os judeus do sul da Península Ibérica e da região que foi o Império Otomano, o norte da África e a própria região do Oriente Médio.

A noção que nós fazemos dos italianos ou dos alemães acaba sendo uma ideia que nós vamos codificando e inventando, principalmente se eles estão em certa diáspora fora do seu Estado. Ao fim e ao cabo, sabemos que todas essas nações inventam suas tradições e essas invenções não são de menor importância porque elas vão criando as identidades do futuro. Quer dizer, pelo passado você vai construindo o que você vai fazer, assim também como os judeus com essa complexidade que você está dizendo. Você acabou de comentar sobre a clássica divisão entre ashkenazi *e* sefaradi *que certamente também configura uma comunidade. Mas os portugueses, por exemplo, também no Rio de Janeiro têm vários clubes e várias associações diferentes e muitas vezes eles não se relacionam bem. E olha que nós temos uma imagem dos portugueses como uma nação. Imagina em relação aos judeus... Mas então vamos partir um pouco para pensar por que em certo momento da história, final do século XIX, esse pessoal chegou no Brasil com tanta expressão, massivamente? Já tem judeus no Brasil muito antes disso, mas certamente a leva massiva dos judeus é mais recente.*

Em um breve período, na chamada época das invasões holandesas, quando o Brasil era colônia, judeus puderam entrar e morar aqui como judeus. Fora isso, até a independência, não existiam judeus propriamente no Brasil e sim cristãos novos; muitos eram acusados do crime de judaísmo, de serem judaizantes, o que era proibido pela legislação portuguesa. Em 1810, se permitiu a entrada de protestantes e judeus no país. Eu estou recuando um pouco no recorte histórico para "puxar a brasa para a minha sardinha" como descendente também de marroquinos, que vieram para o Brasil no século XIX. Acho que essa primeira onda da imigração judaica é interessante porque ela ajuda a complexificar a sua pergunta, porque o período em que os judeus vieram em massa para o Brasil vai do final do século XIX até a década de 1930. É o período do antissemitismo na Europa Central e Ocidental e do surgimento do nazismo. Mas, principalmente, no caso da imigração para cá, do antissemitismo russo e polonês, responsável pelos *pogroms* que foram, em muitos casos, o estopim para a saída dos judeus dos seus lugares de origem. Se usarmos só essa resposta do antissemitismo, acabamos encobrindo outras realidades. Por exemplo, esses judeus marroquinos, que vieram basicamente para a Amazônia ao longo do século XIX, vieram por vários motivos, como os conflitos internos do Marrocos que tinham a ver com a lógica colonial entre a França e a Espanha. Mas também vieram para trabalhar no ciclo da borracha, vieram em busca de oportunidades e muitos deles passaram um bom tempo indo e voltando entre o Marrocos e essa região da Amazônia, Manaus, Belém, e depois foram se espalhando por outras regiões.

Essa dinâmica do ir e voltar é muito comum nos fenômenos migratórios internacionais para italianos e para portugueses, imagino também para os espanhóis. É um pouco diferente, talvez, dos judeus que saíram nos anos 1920 e 1930 devido ao antissemitismo. Mas vamos voltar aos marroquinos. Você tem casos na família?

Minha avó nasceu em Belém de uma família de origem marroquina, Levy. E a primeira referência de que eu tenho notícia da minha família, especificamente, é da chegada em Belém, no Pará, no final dos anos 1840. Já tinha uma sinagoga em Belém nessa época. A primeira sinagoga do Brasil independente é fundada em Belém em 1824. E, de fato, era a maior comunidade do Brasil no século XIX. É claro que existem experiências de antissemitismo aí também, mas elas são de natureza completamente diferente da onda de refugiados da Europa, porque os marroquinos não eram refugiados, não vieram para não voltar. Em relação aos judeus da Europa Oriental, devemos lembrar que muitos vieram como apátridas durante o final do século XIX e, principalmente, no início do século XX. Qual é a motivação mais ampla, se nós pensarmos naquele contexto histórico mais amplo? É a crise econômica, é o antissemitismo, a pobreza? Em muitos casos é o serviço militar que gera a fuga. São homens, jovens, que vêm para não servir porque o serviço militar é muito cruel com essas minorias. Isso ocorre na Rússia, no Império Otomano em geral e na Turquia. É claro que a movimentação de judeus é sem precedentes nesse momento, mas se não contarmos o tráfico de africanos escravizados, que movimentou forçadamente muito mais pessoas, esse é o período da história de maior circulação de pessoas no mundo ocidental.

Entre 30 a 50 milhões de pessoas durante o período de meados do século XIX e início do século XX.
E são experiências comuns que vários grupos estão vivendo e que os afetam de diferentes maneiras.

Mas e os judeus do Rio? De onde eles vieram? Também vieram de todas as partes?
No final do século XIX, já existiam no Rio alguns judeus de ascendência marroquina. Já existia um grupo muito pequeno — essa referência é quase folclórica — de judeus franceses da região da Alsácia, alguns são conhecidos desde a época do dom Pedro II. No início do século XX começam a chegar judeus principalmente da Rússia, Romênia, Polônia, mais tarde da Hungria. E depois, na década de 1930 principalmente, começam também a chegar judeus alemães.

Nitidamente são ashkenazi *e, ao mesmo tempo, eles vêm por perseguições étnico-religiosas.*
Eles vêm por perseguições religiosas, por pobreza. É importante dizer que o Rio de Janeiro não foi a primeira opção de boa parte dessas pessoas. É claro que depois que uma pessoa chega, um vai trazendo um conhecido, que vai trazendo um amigo, que vai trazendo um parente e então essas redes vão se formando. A imigração para o Brasil e para o Rio é dividida em termos de interesse com os Estados Unidos, eviden-

temente, onde já existia nessa época uma comunidade judaica imensa, inclusive com uma onda anterior da qual o Brasil não participou. Por exemplo, judeus alemães no final do século XIX. Muitos foram para os Estados Unidos, ou para a Argentina ou o Uruguai. Esses eram os destinos preferenciais. É a partir da década de 1910, mais ou menos, que se torna mais difícil a entrada nos Estados Unidos. Depois de 1924 fica praticamente impossível. E, dentro do Brasil, o Rio vai se tornando o destino preferencial dos judeus, embora uma parcela grande tenha chegado em Santos e se estabelecido em São Paulo. O Rio era a capital do Brasil, era inicialmente o lugar aonde esses imigrantes chegavam. Existem experiências de colônias rurais no sul do Brasil, mas elas duram pouco. Os judeus tendem a se estabelecer nas cidades e, nesse caso, Porto Alegre, Curitiba e não nas zonas rurais.

Você comentou como isso é próprio de todos os processos imigratórios, seja através das famosas cartas de chamada, seja através dos variados expedientes. No caso dos judeus, poucos frequentaram a Hospedaria de Imigrantes da Ilha das Flores e nossa hipótese é a de que isso ocorreu exatamente por conta de que eles já tinham algum laço, parente, conterrâneo que estava na cidade, o que também se relaciona com a própria constituição do início das associações comunitárias aqui no Rio de Janeiro. Vamos avançar para esse lado. A recepção desses imigrantes judeus, na sua grande maioria, se deu menos pelo poder público estatal, digamos assim, e se deu mais pela via das associações comunitárias, pela via privada. O que você tem a dizer sobre essas associações que vão se formando no Rio de Janeiro?

Essas associações se tornam clubes, espaços de sociabilidade. Elas são fundamentais. Algumas são atreladas a sinagogas, mas a maioria são associações ligadas ao chamado mundo iídiche, o mundo da maior parte dos judeus que vem da Europa Oriental e que vão buscando maneiras de trazer os seus parentes. Quando eles chegam, rapidamente são absorvidos pela comunidade. Nesse caso, talvez seja apropriado falar no singular porque nesse caso essas diferenças internas acabam importando menos. Então é um exemplo de organização comunitária que inclusive continua existindo depois do final da Segunda Guerra, quando os grupos são muito mais diversos. É importante ressaltar que, apesar das muitas diferenças internas, inclusive políticas, essas associações de ajuda mútua são fundamentais, por exemplo, na recepção das crianças que chegam órfãs no Rio de Janeiro, na absorção dessas nas instituições escolares, nos orfanatos etc. Então, de fato, não existe no início nenhuma relação direta dessas comunidades com o poder público no sentido de o poder público contribuir para essa chegada. É interessante fazer essa pergunta porque isso não significa que eles não eram bem-vindos na cidade. Não foram beneficiados diretamente, mas se lembrarmos que estamos falando de uma época poucas décadas depois do fim da escravidão, quando havia um projeto de embranquecimento da população, podemos dizer que, embora não tenha havido uma ação oficial do poder público no sentido de manter essas pessoas aqui, elas encontraram um quadro favorável para ficar.

Esse é um bom ponto. Efetivamente, o governo brasileiro tinha uma política de imigração. Política, inclusive, de subsídios de imigração e que não subsidiava qualquer um. A lógica do embranquecimento é uma delas, que tinha a ver com perspectivas eugênicas mais gerais que dirigiam as políticas imigratórias. No final do XIX, foi proibida a imigração de asiáticos e africanos. Não que eles não entrassem, acabaram entrando, mas oficialmente se interdita, não se subsidia, não se favorece. Você está dizendo que com os judeus isso efetivamente não acontece, em termos de interdição, pelo menos até os anos 1930. Eles são favorecidos exatamente porque eles são brancos, vêm do Leste Europeu. Em algum momento existe uma política pública antijudaica?

Essa é uma pergunta difícil porque é um ponto polêmico. Realmente não existe uma política específica em relação à imigração judaica e podemos questionar se deveria haver, quando há a chegada de uma população que, além de ser branca, era escolarizada. Pelo menos com algum nível de alfabetização e ingresso em escolas, que foram instituições criadas e que rapidamente possibilitaram que essa população se estabelecesse na cidade. Eu quero enfatizar o contrário: é a ausência de uma política brasileira em relação à população liberta que cria essa distância enorme. Quem precisava de política pública naquele momento era a população liberta e seus descendentes. Isso é a tragédia brasileira. Justamente nesse momento, a inexistência de políticas públicas nesse sentido favoreceu vários grupos de imigrantes, entre eles os judeus, que conseguiram constituir redes, se autoescolarizaram, se integraram ao mercado porque eram brancos. Antes dos anos 1930 é muito difícil falar em uma política antijudaica no Brasil. Mesmo nos anos 1930, quando existiu dentro do governo Vargas uma ala antissemita e havia personalidades públicas antissemitas, como Gustavo Barroso, não é tão fácil definir uma política propriamente antijudaica, embora tenha havido ações antijudaicas, como a proibição da imigração judaica em 1937. Eu acho que a discussão é justamente o que estas ações significaram do ponto de vista mais amplo. Claro que sempre há casos para citar: os casos de deportação de judeus comunistas e casos de pessoas que tentaram entrar e não conseguiram. Mas, de fato, se houve uma política pública, ela fracassou.

Com certeza. Fábio Koifman[5] *trabalhou muito bem sobre esses meandros das leis. Existiram vários decretos, portarias etc., mas nada disso funcionou exatamente para impedir o ingresso. A não ser no momento já muito próximo da guerra, em que não somente os judeus, mas ninguém conseguia entrar. Então as restrições eram mais gerais. Só para a gente ter ideia: a Lei de Cotas de 1934 no Brasil. A lei brasileira de 1934 que fundamentalmente foi, em grande parte, pensada para barrar a imigração japonesa, também foi fracassada porque não conseguiu efetivamente impedir a imigração de japoneses a partir daquele ano. Então, há que se relativizar. A gente não ficar apenas na letra da lei, como você bem está mostrando.*

Exatamente.

---

[5] KOIFMAN, Fábio. *Imigrante ideal*: o Ministério da Justiça e a entrada de estrangeiros no Brasil (1941-1945). Rio de Janeiro: Civilização Brasileira, 2015.

Vamos voltar ao Rio. Eu queria entender mais e pensar junto com você sobre como se conforma um conjunto de associações comunitárias, que são associações de ajuda, fundos para dar melhor vida para crianças órfãs, fundos para ajudar o estabelecimento de escolas e criação de escolas, criação de sinagogas, clubes e bibliotecas. Eu queria que você falasse um pouco sobre essas organizações que vão ancorando e formando isso que nós estamos chamando de comunidade ou comunidades e vão, de alguma maneira, dando um certo colchão possível. Aquilo que os libertos não conseguiram do Estado. É esse colchão que pela via privada a comunidade judaica conseguiu estabelecer.

Eu estou aqui pensando em associações como as bibliotecas; em algumas características que são importantes. A primeira é que, embora as sinagogas ocupem um papel fundamental na sociabilidade dos imigrantes judeus, essa comunidade judaica ou esses grupos que chegam não são necessariamente grupos de pessoas religiosas. Talvez a minoria seja de religiosos praticantes. Apesar de, no senso comum, existir um imaginário de que seja a sinagoga a principal configuração comunitária, ela não é. Os clubes e as bibliotecas são muito importantes, muitas delas existem até hoje (elas têm um acervo em iídiche que hoje pouca gente consegue ler e entender). Elas vão organizando ao mesmo tempo redes de ajuda mútua e espaços de sociabilidade que são fincados em regiões do Rio. Nós estamos falando basicamente da região da praça XI e dos bairros em volta, os primeiros locais aonde os judeus chegam: Madureira, Olaria, Ramos, e é nessa região do centro da cidade que essas instituições vão se constituir. Restaurantes, depois lojas e centros políticos também. Centros de discussão intensa porque esse período é de uma efervescência política muito grande; muitos desses judeus que chegam, que formam as bibliotecas, os clubes e as associações de ajuda mútua, são identificados com o sionismo, que tem uma forte perspectiva de esquerda nesse momento, ou com o socialismo. Os clubes também funcionam como locais de recepção que vão aos poucos criando as comunidades e propiciando o enraizamento em alguns lugares. Inclusive no livro *Judeus cariocas* tem fotos incríveis da época.

Nessa época dos anos 1920 e 1930, nós estamos falando de quantos judeus? Eu imagino que deve ser alguma coisa em torno de 20 mil, 30 mil pessoas. Na década de 1930, talvez no total, sim. Aliás, esse dado também é outro dado sobre o qual pouco se sabe. Da mesma maneira que você pode se chamar de judeu ou não, a contagem de judeus sempre foi um problema no Brasil. Então, hoje, as estimativas são muito vagas. Quantos judeus tem no Brasil? Cem mil, 120 mil? Quando uma pessoa deixa de ser judia? Quando ela passa a contar como judia? É muito complicado.

É possível dizer que existiam algumas profissões, ocupações predominantes, nesse momento histórico?
Certamente. Vamos lembrar que não existiam praticamente universidades no Brasil e existiam pouquíssimos cursos que podemos chamar de cursos superiores. Boa parte desses judeus foi trabalhar no comércio, tanto abrindo lojas como trabalhando como vendedores ambulantes. Vendedores de um tipo de comércio que não existe mais, que é aquele comércio que vende de porta em porta, das coisas mais variadas. Que vende enciclopédia, joias e calcinhas, tem de tudo. Mas dentro das lojas, quando elas vão se formando, os judeus, como os outros imigrantes também, vão empregando uns aos outros. Meu avô tinha uma loja de móveis. A geração seguinte é marcada pelas profissões, por exemplo, os professores. Essas pessoas vão trabalhar nas associações, nas escolas e depois nos cursos superiores que viram as universidades. Começam também as profissões que são as profissões tradicionais, que são os cursos de engenharia, os cursos de direito...

Já é a segunda geração.
Exatamente, era isso que eu queria dizer. O que possibilita que essa segunda geração vá para a faculdade estudar, ou seja, que vá entrar no mercado de trabalho um pouco mais tarde que os pais, é justamente o fato de que essa primeira geração conseguiu fazer o seu "pé-de-meia" no comércio. E foi esse comércio que possibilitou que eles começassem a se espalhar pela cidade e aos poucos irem se mudando para os bairros da

zona sul, para onde a cidade estava se expandindo. Por exemplo, Copacabana é o bairro onde muitos judeus vão morar nas décadas de 1940 e 1950. Eu estou simplificando, mas isso vem a partir de um movimento que tem a ver com essa mobilidade e ascensão que é propiciada pela primeira geração de comerciantes. A segunda geração pode estudar na medida em que os pais são comerciantes; muitos dessa segunda geração vão se dedicar a profissões como a construção civil, que é um fenômeno que ainda precisa ser estudado mais profundamente. Copacabana é como um símbolo, porque se constrói muito nessa época e muitos judeus vão para a faculdade e começam a trabalhar no ramo da construção civil. São pessoas formadas em engenharia, arquitetura, alguns trabalham em fábricas que fornecem para a construção civil e realmente a partir daí há um movimento de crescimento econômico.

Você está dizendo que existe certa geografia urbana que está ligada a um determinado tempo. Em um primeiro momento, esses judeus se estabeleceram no Centro, na área da Leopoldina, da Central do Brasil via Madureira. Começa a haver uma certa migração territorial, digamos assim, para a zona sul e essa migração se dá nos anos 1940, mas principalmente nos anos 1950 em diante, mas já certamente com o crescimento de uma segunda geração. Existe um movimento nessa direção.

Existe um movimento que é o da configuração geográfica da cidade. Esse movimento é uma geografia de mobilidade social e tem a ver com essa transformação da vida dos judeus nesse período, na medida em que eles passam a ser classe média. Claro que eu também estou generalizando, mas eu estou falando que eles passam a ser classe média na medida em que o enriquecimento real, principalmente no Brasil onde as famílias ricas são extremamente ricas, não é um movimento de ampla escala entre os judeus.

É um estigma.

É por isso que eu estou falando disso. Essas famílias de imigrantes judeus eram muito pobres quando chegaram. Não só porque chegaram sem nada, mas porque a maior parte delas já era muito pobre na origem, se pensarmos na Europa Oriental, de onde a maioria veio. Elas se estabeleceram, *grosso modo*, no comércio de certa maneira favorecidas pelas circunstâncias que encontraram aqui no Brasil, e depois fincaram o pé na classe média. A maioria dos judeus cariocas é de classe média. Isso por causa do enraizamento das profissões e da mobilidade geográfica na cidade. Quer dizer, os judeus foram se mudando na medida em que a cidade foi se expandindo, e bairros da zona sul foram se expandindo e virando bairros de classe média. Você pode se perguntar: quando Botafogo era um bairro chiquérrimo os judeus moravam em Botafogo? Não. Passaram a morar na medida em que se tornou um bairro de classe média. A mesma coisa se dá com Copacabana, e até com um movimento muito posterior na Barra. É um acompanhamento que se faz a partir da expansão da classe média carioca. E aí eu volto a dizer que considero que o papel da construção civil nas décadas de 1950 e 1960, até na de 1970 talvez, é fundamental porque ele não é só dos construtores e engenheiros. Tem uma economia toda em volta, de corretores, de pessoas que trabalham com o crescimento vertical da cidade do Rio que se beneficiam disso.

Keila, eu queria voltar em uma questão que foi colocada. A rede associativa e comunitária que se estabeleceu na cidade apoiou os sobreviventes do pós-guerra quando eles chegaram aqui no Brasil?

Apoiou. É interessante porque nesse momento, no pós-Segunda Guerra, a comunidade judaica já tinha muitas instituições e uma certa organização interna porque é justamente logo depois do fim da guerra que se cria a Federação Israelita do Rio de Janeiro. Essas congregações de instituições se formam justamente depois da guerra, assim como ganham força em outra perspectiva as organizações sionistas que, com a criação de Israel, passam a agregar um número muito grande de pessoas. Essas instituições são muito importantes em dois movimentos. Na recepção de refugiados da guerra, principalmente de crianças, tem o exemplo da Kinderland, que é uma colônia de férias, mas também agregava crianças judias órfãs que chegam. Tem grupos que se dedicam especialmente a receber judeus alemães, por exemplo, a Associação Feminina Israelita Brasileira (Afib) que é a origem da Kinderland. São grupos fundamentais na constituição dessas novas famílias, para agregar, receber e também para procurar as famílias sobreviventes e é esse movimento que acontece na Europa, nos Estados Unidos, aqui no Brasil e em outros lugares da América do Sul, e em Israel. Então, esse movimento e essa conexão são muito importantes. Aliás, tem duas coisas que eu não falei e que eu queria ter falado das instituições que ocuparam um papel importante. Uma é a imprensa iídiche, que é criada logo nos primeiros anos da década de 1910. São muitos os jornais que circulam e que são importantes para essa comunicação. O segundo é o teatro iídiche. São vários grupos que se apresentam, que participam e rodam em torno do teatro. A imprensa e o teatro foram muito importantes para essas primeiras gerações, e menos para as posteriores.

A minha impressão, depois de ler o seu livro e ouvir a sua exposição hoje, é que ainda tem muito para ser pesquisado em relação a essa história dos judeus. Não somente no Brasil, mas mesmo no Rio de Janeiro. Por exemplo, nós ainda não temos a dimensão do que você falou rapidamente; nos anos 1920 e 1930, 1940, os judeus se polarizaram politicamente entre sionistas, comunistas, socialistas sionistas ou não e por aí vai. Ou mesmo o pessoal da direita. Tem poucos trabalhos ainda para saber, por exemplo, o que a criação do Estado de Israel efetivamente impactou nessa comunidade. Eu, por exemplo, não sei qual percentual efetivo de judeus no Rio de Janeiro que foram para Israel em uma leva, para pensar a questão do retorno, dos retornados, digamos assim. A gente não sabe muito disso. No livro, há 10 entrevistas com judeus e judias cariocas, e tem um assunto que atravessou todos eles, porque é um tema forte da discussão sobre história judaica, que é o antissemitismo. Eu queria que você falasse um pouco sobre o que eles expressaram. São judeus cariocas que vocês entrevistaram lá pelo final da primeira década do século XXI. Em geral tinham entre 50, 60 e 70 anos. Nenhum deles vivenciou fortemente alguma

experiência, digamos assim, ostensiva de diferenciação. Vamos dizer racista mesmo. Uma experiência antissemita. É isso mesmo?
É. Tem muita coisa para se estudar e quem está querendo estudar o tema pode consultar o Núcleo de Estudos Judaicos da UFRJ, que é dirigido pela Mônica Grin. Eu recomendo muito que as pessoas entrem em contato e participem das atividades. A experiência do antissemitismo é muito pontual. Ninguém retrata grandes experiências. Meu avô, que veio da Alemanha e que retratava em relação a outros episódios, não falava de outras experiências especificas e eu acho que isso é uma marca mesmo que difere os judeus do Brasil, por exemplo, dos judeus da Argentina. De novo, é importante para enfatizar que não falta racismo no Brasil.

Só que não é com os judeus.
Exatamente. Eu acho que essa é uma das explicações para a nossa relativa falta de antissemitismo. O antissemitismo é pontual porque o racismo brasileiro é institucional e estrutural. Esse é o caminho para nós tentarmos entender o porquê. Não é com os judeus, mas o fato de não termos experiências significativas de antissemitismo não significa que é um país menos excludente, menos racista. Muito pelo contrário.

Professora Keila Grinberg, só tenho que a agradecer pela sua disponibilidade e pelo que você falou aqui.
Eu queria também agradecer. É tão bom ficar aqui conversando e ao mesmo tempo ver tanta gente, pessoas queridas aqui no *chat*. E dizer, de novo, que esse é um tema que precisa ser aprofundado, precisa ser estudado. Existem especialistas, mas poucos. Eu acho que o espaço que vocês estão criando e, principalmente, essa perspectiva educativa da pesquisa e ao mesmo tempo da educação na Ilha das Flores são muito importantes para conhecermos melhor essa história.

6. A imigração italiana no Rio de Janeiro[1]

Rosane Bartholazzi
Luís Reznik

A conversa de hoje é sobre a imigração italiana no Rio de Janeiro. A professora Rosane é autora da tese Os italianos no Noroeste Fluminense: estratégias familiares e mobilidade social, *defendida na Universidade Federal Fluminense (UFF) e orientada pela professora Ismênia Martins. A tese foi publicada em livro pela editora Garamond em 2013.*[2]

Eu quero em primeiro lugar te agradecer pela oportunidade, por estarmos aqui para bater esse papo que será muito importante sobre uma faceta da imigração italiana no interior do estado do Rio de Janeiro. É sempre muito caro falar dessa temática.

A temática da imigração no Brasil, em regra geral e no senso comum, está muito vinculada a São Paulo. Mas chegaram imigrantes para várias partes do país. O antigo estado do Rio de Janeiro e a cidade do Rio de Janeiro, que foi capital do Brasil, Corte Imperial e hoje é capital do estado do Rio de Janeiro, também receberam uma leva muito grande de imigrantes. Mesmo quando pensamos em imigração no Rio de Janeiro, em particular a imigração italiana, pensa-se muito na própria cidade e eventualmente em Niterói, que teve uma leva razoavelmente grande e uma comunidade italiana até hoje presente na cidade, e conhecemos pouco sobre enraizamentos de imigrantes, não somente de italianos, para outros lugares do estado do Rio de Janeiro. Considero muito original a pesquisa que você fez sobre essa trajetória para uma região que não é a cidade ou que não é próxima à cidade do Rio de Janeiro. Eu queria que

---

[1] Conversa realizada em 23 de março de 2021. Transcrição: Marianna Carolina Oliveira Costa Reis. Edição: Carolina da Costa de Carvalho e Luís Reznik.

[2] BARTHOLAZZI, Rosane Aparecida. *Os italianos no noroeste fluminense*: estratégias familiares e mobilidade social 1897-1950. Rio de Janeiro: Editora Garamond, 2013.

você falasse um pouquinho sobre o que te motivou a pensar nessa comunidade italiana do Noroeste Fluminense, especificamente em Varre-Sai.

O que me motivou a fazer essa pesquisa é que eu sou oriunda daquela região e eu também sou descendente de italianos, apesar de não ter pesquisado sobre a minha família que veio em épocas diferentes, em outro contexto e de regiões diferentes da Itália. Como você disse, Luís, ainda há poucos estudos sobre imigração italiana. A partir da década de 1970, as pós-graduações começaram a surgir e consequentemente os estudos da imigração se desenvolveram, mas é bem recente essa ampliação dos estudos imigratórios. De 1,4 milhão de italianos que entraram no país entre os anos de 1870 e 1910, que foi o período chamado de Grande Imigração, 70% deles se dirigiram para São Paulo. É natural que os estudos se ampliassem nas universidades desse estado. Em virtude disso, eu considero que ainda temos um modelo tanto de imigração como de imigrante baseado naqueles que foram, sobretudo, para a lavoura cafeeira do Vale do Paraíba paulista. O Rio de Janeiro foi capital federal, capital do Império, Distrito Federal e, ainda hoje, ouvimos pessoas surpresas quando nós falamos que o Rio de Janeiro tem um número significativo de imigrantes italianos. Tanto que, no censo de 1920, dos 40 municípios do Rio de Janeiro, em apenas três municípios (Angra dos Reis, Campos e Niterói) o italiano não ficou em segundo lugar como grupo de emigrados.[3] Os italianos, majoritariamente, ocupavam o segundo lugar entre os estrangeiros emigrados. Isso é muito representativo. A professora Ismênia Martins, que eu tive o prazer de tê-la como minha orientadora, publicou um estudo em que mostra a presença desses imigrantes em todos os municípios do estado. Quando consideramos números absolutos, de fato, São Paulo recebeu milhares deles, mas quando comparamos com a população do estado do Rio de Janeiro, foi muito significativo. Nós temos inscrições desse grupo étnico em todos os municípios do Rio de Janeiro.

---

[3] IBGE. *Recenseamento geral do Brasil*. Rio de Janeiro: Diretoria Geral de Estatística, v. IV, 1920, p. 770-781.

Você está apontando que em 1920 tinha italianos de origem, não descendentes, espalhados por todos os municípios do antigo estado do Rio de Janeiro. É interessante pensar no quanto que essa imigração foi silenciada para outros lugares porque São Paulo ficou monumentalizado. Além disso, cada história é uma história diferente, mas ao mesmo tempo elas têm muita similaridade. Pensar essa imigração para o Rio de Janeiro é também pensar um pouco dessa trajetória de tantos imigrantes de várias nacionalidades. Nós estamos falando dos italianos que, certamente pelas agruras da vida, resolveram sair dos seus lugares de origem, atravessar o oceano de navio durante não sei quantos dias e vir para terras, no mais das vezes, desconhecidas. Eu queria que você falasse da trajetória dos, vamos chamar assim, "seus" italianos. Os seus italianos vêm de uma localização muito particular na Itália que não é exatamente a localização da maior parte dos italianos que chegou em São Paulo e no Rio de Janeiro.
Exatamente. Na medida em que nós nos debruçamos sobre esses estudos locais e regionais é que conseguimos desmistificar e demonstrar que o fenômeno imigratório é complexo e que ele não cabe em um único modelo. Nem o perfil de um imigrante é um único perfil, aquele que saiu pobrezinho dos campos italianos e veio para as lavouras cafeeiras no Brasil. Além de ser oriunda do Noroeste Fluminense, o que me motivou a pesquisar esse tema é o fato de que esta região, em 1920, foi a que mais recebeu imigrantes italianos e onde o número de italianos foi o dobro dos portugueses.[4] Eu trabalhei com duas regiões muito específicas: o interior do Rio de Janeiro e o Lácio, na Itália, porque é comum ter no Brasil uma grande massa de imigrantes oriundos do Vêneto, de Friuli, da Campagna, da Calábria, da Sicília, ou seja, dos extremos na Itália.

Mais ao norte ou mais ao sul, mas a região central não.
Eu trabalhei com a região central, com o Lácio, na província de Viterbo, que é próxima a Roma.

---

[4] Também segundo os dados do censo demográfico de 1920 do IBGE, o município de Itaperuna concentrava a maior população de italianos no estado do Rio de Janeiro: 1.025 italianos, em contraste com 615 portugueses, nacionalidade registrada em segundo lugar.

E por que eles vieram?
Todos os municípios que compõem o Noroeste Fluminense hoje eram distrito de Itaperuna, por isso falamos região de Itaperuna. Eu comecei a minha pesquisa nos arquivos dos atuais municípios de Varre-Sai, Natividade e Itaperuna. Lá eu encontrei vários documentos que sinalizavam que grande parte desses imigrantes tinha vindo da região central da Itália e que eles deixaram bens na Itália. Eu encontrei no cartório várias procurações deles outorgando um italiano a movimentar os bens que eles deixaram lá. Isso me levou até a Itália e foram cinco meses de pesquisas nos arquivos italianos onde eu pude entender o perfil desse imigrante. Quem era esse italiano? Em que contexto ele vivia? Que bens eram esses? Se tinham bens, por que emigraram? Ao fazer o cruzamento das fontes cartoriais daqui com o arquivo de estado da Itália, eu pude perceber que esses imigrantes tinham um diferencial. Eles não eram, em primeiro lugar, pobrezinhos porque tinham propriedades de terra. Eles não eram analfabetos. Esse é outro mito que a gente ouve: pobrezinho e analfabeto, inclusive nas entrevistas que nós fazemos com os próprios descendentes. É um discurso muito recorrente porque o pobrezinho e analfabeto é exatamente a grande parte dos que vieram do Vêneto e do sul da Itália. Eu verifiquei que eles não eram analfabetos porque eles votavam, eram proprietários de terras, políticos, faziam parte do chamado Consiglio Comunale (equivalente a Câmara de Vereadores), especificamente nos municípios de Proceno, que faz fronteira com a Toscana, e Graffignano, que está próximo a Proceno. Ambos fazem parte da província de Viterbo, da região do Lácio. O pano de fundo da imigração italiana é a crise econômica, não resta dúvida. O processo de unificação da Itália começa em 1860 e termina em 1870, com a incorporação do último território que é o Laciale. Então o que ocorre? Eles tinham bens, eles tinham propriedades, mas eles não estavam livres, isentos da avalanche econômica que assolava sobretudo o meio rural italiano. Eles não venderam as propriedades para emigrar. Segundo a documentação, eles emigram na perspectiva de manter o *status* de proprietários, porque no Brasil havia essa quase garantia de que eles

seriam proprietários de terra. Agora, existem outras nuances e questões que nós extraímos da documentação: a perda de poder político e aquisitivo dessas famílias, foram cerca de 15 núcleos entre Proceno e Graffignano. Tanto que alguns deles formaram uma cooperativa agrícola de crédito na tentativa de permanecer ainda naquele lugar e se salvarem economicamente. Também tem casos de briga familiar com relação à herança, tem um caso em que a herança não ficou para o primogênito da família, mas sim para as duas irmãs. Justo a família que era dona de quase meia cidade, meio Proceno.

Na verdade, são aqueles que foram pegos pela crise na Itália. Eram proprietários de terras, mas naquele momento, principalmente aqueles que não conseguiram herdar, alguns até mesmo proprietários, resolveram emigrar. Tenho várias perguntas. A primeira é: eles emigraram em família ou eles faziam aquele esquema tradicional da emigração, em alguns grupos, em que primeiro emigra um deles, em geral um homem, solteiro, jovem etc., e depois busca o resto? Como é que se deu essas escolhas de emigração? Segundo: pelo que eu também pude ler das suas pesquisas, tem um grupo muito circunscrito de algumas poucas dezenas de famílias que emigraram, chegaram no Rio de Janeiro e depois foram para o Noroeste Fluminense. Eu queria que você falasse um pouco dessa trajetória. Tanto se eles vieram em família efetivamente e como se deu esse caminho deles até o Noroeste Fluminense, pelo menos os primeiros. Eu sei que depois disso uns chamam os outros, tem rede de sociabilidade, tem cadeias migratórias, mas e os primeiros?

Não foi só este grupo que eu pesquisei que foi para o Noroeste. Na época, a região recebeu cerca de 100 famílias oriundas de diversas partes da Itália. Eu trabalhei com o recorte dessas 15 famílias que saíram do Lácio. O que a documentação demonstra é que existiu, sim, uma rede de contatos para que eles emigrassem. Em novembro de 1897, eles migraram em família, não vieram sozinhos. Na verdade, na imigração italiana para o Brasil preponderou o núcleo familiar. Foi mais uma imigração permanente, diferente da temporária, quando o indivíduo vai e volta. Alguns voltaram, mas era muito raro porque eles vinham numa perspectiva de fazer um futuro aqui e, por isso, migravam com a família.

Quando vem em família é sempre mais definitivo, porque vem um grupo forte e rompe, em parte, com o seu lugar de origem. Quando vem somente sozinho ou dois irmãos, sempre tem alguma relação forte também com a origem e essas relações ficam um pouco mais diferenciadas. A taxa de retorno de imigrantes em geral no Brasil não é pequena, mas certamente é bem mais baixa quando são núcleos familiares que vêm.
Com certeza. Diferente daquele modelo dos Estados Unidos, que foi muito individual. Eles não tinham a intenção de voltar, tanto que ao chegar aqui eles começaram a vender o que tinham lá. E vou falar um pouco mais à frente das remessas de dinheiro vindas da Itália para o Brasil. Retornando à sua pergunta, os primeiros a emigrarem foram os italianos de Graffignano, que é um município pequeno com 2 mil habitantes, mas eles tinham ligação com os proceneses. Tanto que, quando eles formaram uma cooperativa agrícola de crédito, era possível ver as famílias juntas, então já tinha ali uma relação estabelecida entre eles. O que concluímos é que primeiro vieram os graffignaneses e, um mês e meio depois, em janeiro de 1898, vieram os proceneses. Um grupo emigrou no final de 1897 e o outro no início de 1898. Apesar de terem vindo em datas diferentes, eles se encontraram no Noroeste Fluminense, o que não é uma coincidência. Os graffignaneses chamaram os proceneses, fica claro que foi exatamente assim. Nós não encontramos cartas de chamadas na nossa documentação, mas o vínculo entre eles era muito grande. Se esse vínculo era muito grande e se manteve aqui, foi uma emigração combinada, planejada para vir para o Brasil. Eles chegaram no Rio e não passaram em nenhum outro lugar. Eles foram direto de trem para o Noroeste Fluminense.

O que fez com que eles fossem para o Noroeste Fluminense?
O que nós estudamos é que, quando tem a decadência do café em Vassouras, Valença, em toda aquela região cafeicultora do Vale do

Paraíba, é como se o café inexistisse no restante do estado do Rio de Janeiro. E não foi bem assim. O café seguiu sua marcha, passou pela região de Cantagalo e chegou ao Noroeste Fluminense. Em um período pós-abolição, na década de 1890, o café já começa a prosperar em grande quantidade no Noroeste, chegando em 1920 como o maior produtor do mundo de café. A região foi exportadora de café e somente o estudo da história local e regional pode trazer esse dado. Antes de ser professora do ensino superior, eu também atuei no ensino médio e o que os nossos alunos sabem é que o café foi decadente no Vale do Paraíba Fluminense e acabou o café. Sendo que ele deu um *boom* e constituiu uma área de atração no Noroeste Fluminense. Essa região tem como característica não ser um território de barões do café, de grandes fazendas. É um território que foi constituído, predominantemente, de pequenas e médias propriedades e algumas grandes fazendas. Esses italianos foram para a lavoura cafeeira. Eu localizei no registro contábil da grande fazenda 40 famílias italianas trabalhando ali. Entre essas 40 famílias, eu encontrei aquelas que saíram do Lácio.

Rosane, pelo que eu aprendi com você na leitura, eles foram para uma grande fazenda chamada Bela Vista e o proprietário dessa fazenda foi buscar esse grupo numa hospedaria de imigrantes que, segundo o descendente, seria a Hospedaria de Imigrantes da Ilha das Flores, mas você mesma acha que talvez não fosse a Ilha das Flores. Talvez fosse a Hospedaria da Ilha do Carvalho, uma hospedaria criada pelo estado do Rio de Janeiro e que funcionou entre 1896 e 1899, três anos apenas. Nós não temos as listagens da Ilha do Carvalho, mas a da Ilha das Flores nós temos. O fazendeiro foi lá no litoral procurar famílias italianas para trazer para sua fazenda?

O descendente que eu entrevistei já está com quase 100 anos de idade, mas estava lúcido à época da entrevista. Inclusive ele publicou um livro sobre essa história da fazenda e dos imigrantes e nós não encontramos documentação nem ele citou por que foram aquelas famílias. Acredito que ele não tenha escolhido especificamente aquelas famílias italianas.

Foi aleatório, mas era um grupo que veio junto, então eles foram juntos para lá também. É isso?
É o que eu suponho.

Primeiro foram colonos da fazenda Bela Vista, mas depois eles se estabeleceram em várias outras atividades.
Exato. As estratégias familiares e a mobilidade social desses imigrantes foram o tema do meu livro. Nós trabalhamos com duas questões: a manutenção dos laços econômicos entre a Itália e o Brasil depois que eles chegaram e a transformação deles de parceiros e colonos em proprietários rurais. O curioso é que podemos também fazer uma comparação com o imigrante que foi para São Paulo. As poucas grandes fazendas do Noroeste Fluminense tinham relações diferentes com imigrantes, considerando que muitos deles trabalharam apenas três a quatro anos. Eu encontrei até imigrantes que trabalharam só dois anos na fazenda e depois compraram propriedade. Levando em conta as características da região, por ser uma fronteira agrícola e demográfica aberta e pelas remessas de dinheiro que eles pediam que fosse enviado depois que estavam aqui, isso contribuiu para que esses italianos se transformassem, em um curto período de tempo, em proprietários rurais cafeicultores. Eles não se transformaram em grandes fazendeiros, exceto uma mulher que se destacou na época como uma grande fazendeira quatro anos depois que chegou. É uma história bem interessante. Em pleno Brasil, onde a mulher sofria todos os tipos de preconceito mesmo com relação ao trabalho, em um regime patriarcal, essa mulher se destaca lá no Noroeste Fluminense como uma grande fazendeira. Ela se transformou de meeira em proprietária de terra.

Você conseguiu acompanhar a trajetória dela?
Ela era de Proceno e lá eu consegui verificar que tipo de bem ela tinha, o quanto ela tinha de propriedade de terra, o que foi vendido. Muito interessante encontrar a documentação no arquivo de estado italia-

no indicando a venda do bem para a proprietária no Rio de Janeiro. Eles citam assim na documentação, trabalhando com as estratégias de solidariedade porque, como já era um grupo que tinha no local de origem uma rede estabelecida de convivência, eles reproduziram isso no local de acolhida. Eles ficaram juntos e procuravam comprar as propriedades sempre próximas umas das outras como uma forma de proteção, de defesa, de ocupar e de demarcar espaço em um país estranho. Dois anos depois que eu localizei esses italianos no registro da grande fazenda, eu percebi que eles começaram a desaparecer do registro. Mas para onde foram? Será que já se transformaram em proprietários de terras? Por exemplo, em São Paulo, quando o imigrante comprava uma terra, muitas das vezes essa terra já estava exaurida e ele quase não conseguia produzir. É outro modelo de imigração, são regiões com características diferentes.

Além do que, no caso paulista, muitos imigrantes tentavam uma experiência urbana quando deixavam de ser colonos. O seu grupo de imigrantes, antes de qualquer experiência urbana eventual, conseguiu se estabelecer como sitiantes, como pequenos proprietários, inclusive aproveitando esse boom *da expansão da lavoura cafeeira e das possibilidades de plantar. Você falou que o Noroeste Fluminense ainda tinha regiões para serem colonizadas, o que está chamando de fronteira agrícola aberta. Mas eu tenho uma pergunta antes disso. Não sei se você chegou a estudar sobre essa fazenda Bela Vista. Você tem algum conhecimento sobre a trajetória dessa fazenda antes da presença dos "seus" italianos? Essa foi uma fazenda escravista? Os seus proprietários eram escravistas 10, 20 anos antes disso?*

Eu não encontrei relatos nem indícios em documentação que dissessem que era propriedade escravista, pelo contrário. Um descendente que conheceu bem de perto essa história quando era adolescente me disse que o pai e o avô dele eram contra a escravatura. Isso é o discurso dele. Nós sempre procuramos cruzar o discurso com a documentação, mas o Noroeste Fluminense não foi uma região de muitos escravos. Como eu te falei, a relação, seja com os camaradas, que eram os brasileiros, seja com os italianos, era mais amena, mais respeitosa. Isso foi o que eu pude extrair do livro de registro contábil dessa fazenda. As fazendas escravocratas, normalmente quando recebiam o italiano, o tratavam quase ou senão como um escravo, não era muito diferente. Foi mais ou menos o modelo das terras dos grandes barões do café. Especificamente a fazenda Bela Vista, pela trajetória que me foi contada e pelo que eu extraí do livro publicado sobre a fazenda, não tem origem de ter sido uma fazenda escravocrata.

Interessante. Vamos voltar ao fio condutor em que você estava.
O que eu queria dizer é que esses italianos se transformaram em sitiantes, mas eram sítios com produção de grande fazenda. Incrível! Eu consegui um registro, havia uma reprodução social de um registro contábil de um sítio de um imigrante, não era uma fazenda, onde ele tinha 56 trabalhadores colonos. Entre esses trabalhadores, tinha italianos, turcos, portugueses.

O proprietário era um desses italianos?
O proprietário era um desses emigrados. Italiano. Ou seja, ele era sitiante, mas um sítio com característica e produção de grande fazenda. É muito interessante, Luís, que em Varre-Sai, hoje município, o café ainda é a moeda local. E esses sítios ficaram nas mãos dos descendentes produzindo café. Mais de um século de café naquela região. Quando o café está em baixa, o município fica em baixa economicamente. Quando falamos em sítios, logo imaginamos que não tem muita produção, que é mais agricultura familiar. Tinha também agricultura familiar, mas plantavam café e produziam muito, contribuindo até para a exportação.

Rosane, tem um aspecto que quero enfatizar no que você está nos contando e na sua pesquisa que diz respeito a como esse grupo de 30, 40 famílias que chegaram em duas levas no finalzinho do século XIX do centro da Itália e foram para o Noroeste Fluminense, em pouco tempo deixaram de ser trabalhadores de uma grande fazenda para se tornarem proprietários. E ficaram como proprietários, imagino que uma parte da vida deles durante as primeiras décadas do século XX. O fenômeno que eu considero dos mais originais do que você está dizendo é o que você contou sobre a remessa de dinheiro que vinha da Itália para o Brasil. No mais das vezes, qual é a narrativa sobre o imigrante? É o imigrante que chega, faz algum pé-de-meia e manda para as suas famílias no exterior o que ele está ganhando por aqui. Mesmo com os migrantes, por exemplo, nordestinos que chegaram no Rio e em São Paulo, só que eles que vão fazendo o pé-de-meia e vão mandando para os familiares lá. O que você está contando é algo absolutamente interessante e original. Quer dizer, esses imigrantes, na verdade, ao invés de remeter, eles receberam de lá da Itália porque na origem eles já tinham algum pé-de-meia lá ou já tinham propriedades.

Exato.

E foram exatamente essas propriedades ou esse "pé-de-meia" que possibilitou que eles pudessem alavancar a vida como proprietários aqui no Brasil, no Noroeste Fluminense. Isso me parece absolutamente original na trajetória da imigração, em particular, da imigração italiana para o Brasil.

Para mim, as remessas foram um grande desafio porque eu não encontrei nenhuma pesquisa que falasse da remessa no sentido contrário, de onde eles emigraram para o país receptor. É sempre o contrário, do país receptor para o país de emigração. Para a Itália, que vivia uma crise econômica na época, essa movimentação financeira era bem-vinda, quando ia do país acolhedor para o país de emigração. Eu me baseei em alguns autores italianos, como Luigi Mittone,[5] Gino Massullo[6] e Ercole Sori,[7] e no autor argentino José Luis Moreno[8] que trabalhou com

[5] MITTONE, Luigi. Le rimesse degli emigrati sino al 1914. *Affari Sociali Internazionali*, anno XII, n. 4, 1984.

[6] MASSULLO, Gino. Economia dele rimesse. In: BELIVACQUA, Piero; CLEMENTI, Andreina de; FRANZINA, Emilio. *Storia dell'emigrazione italiana*. Roma: Donzelli Editore, 2001.

[7] SORI, Ercole. *L'emigrazione italiana dall'Unità alla Seconda Guerra Mondiale*. Bolonha: Il Mulino, 1975.

[8] MORENO, José Luis. Le donne in banca: rimesse e famiglie do emigranti meridionali in Argentina prima del 1930. Il caso di Molfeta. *Studi Emigrazione*, Roma, n. 118, p. 289-320, 1995.

remessas do país de acolhida para o país de emigração. Eu tive muitos documentos que me apontavam para essas remessas. A única coisa que eu não pude fazer é estabelecer qual o montante de remessas, mas elas existiram durante muitos anos. Até 30 anos depois de imigrados, eu encontrei correspondências em que eles mencionavam a questão do dinheiro. Eles outorgaram a uma única pessoa lá, que eu também não consegui descobrir por que era especificamente somente aquela pessoa, chamada Francesco Marchetini. Era só ele. Tentei entrevistar a família dele, mas não obtive sucesso, ficaram um pouco receosos. Ele era o outorgado e aparecia em todas as procurações seja para vender o bem que deixou lá, seja para participar como testemunha na partilha da herança. O conteúdo das cartas encontradas era muito mais no sentido de discutir questões econômicas do tipo: "Quando você vai me mandar?", "Me envia 50 liras pelo trabalho feito", ou "Você precisa me enviar a documentação para a partilha". Sempre falando em partilha e em venda de bens. Muito mais uma questão de valor econômico do que afetiva, sabe?

Onde você encontrou as cartas?
Eu trabalhei com documentação cartorária e fiz uma viagem em cada sítio desses descendentes em busca de documentação privada, dos baús das famílias que guardam uma riqueza impressionante, que só nós, historiadores, sabemos o quanto é importante. Esses registros privados é que realmente lançaram luz sobre boa parte da minha pesquisa que foi feita na Itália. Além das cartas em que eles mencionavam a questão econômica, nós tínhamos também os registros das fazendas e dos sítios. Eu tenho um registro em que, dia a dia, eram lançadas todas as despesas e todas as receitas e aparecia lá o outorgado. Dinheiro para fulano na Itália. Então comecei a cruzar aquelas informações, foi um volume grande de remessas e de documentação cartorária de lá. Também trabalhei com testamentos que encontrei nos arquivos italianos e que sinalizavam para essas remessas que vinham para o Brasil. O que a documentação indicou é que esse dinheiro vinha por cartas ou por

portador. Então é impossível atribuir ou saber o valor exato. Quando as remessas saem, na época, pelo banco de Nápoles, por vale postal, por correio, é possível mensurar, mas por cartas nós só sabemos que vinha. Foi um desafio muito grande, mas foi muito gratificante.

A professora Giselle Nicolau faz uma pergunta que é: "Quais as formas de sociabilidade desses imigrantes no Noroeste Fluminense?". Como é que eles constituíram uma vida comunitária, eu diria, no Noroeste Fluminense? E o Gil de La Rovere pergunta se tinha uma representação consular na época naquela região.

Sim. Na verdade, o representante consular era de Proceno. Ele era o líder do grupo, o representante do cônsul lá naquela região, muito querido pelos outros. A família dele é que era a detentora de muitas propriedades lá em Proceno. Inclusive, o pai dele foi prefeito da cidade por mais de 10 anos, ele foi vereador do *Consiglio Comunale* e secretário na chamada Giunta Comunale italiana. Ele que escrevia as cartas, ele que liderava aquele grupo. Em relação às redes de solidariedade e de sociabilidade, foi o que mais eles fizeram, foi uma estratégia para a mobilidade social. Por exemplo, quando eu comecei a encontrar no registro cartorário, nos livros de compra e venda de terra, a movimentação desses imigrantes como proprietários, eu consegui levantar que eles privilegiavam fazer negócios dentro do grupo. E quando os negócios eram feitos dentro do grupo, o preço variava e as condições e a forma de pagamento também eram mais facilitadas. Isso nos diz muita coisa do quanto eles se fortaleceram, se uniram para ocupar aquele espaço e com uma grande visibilidade no município. Hoje, isso está um pouco mais diluído. Hoje, ainda é muito forte a presença desses italianos. Mais de 50% deles foram para a terra, compraram terra. O restante ficou no centro da vila, que eles chamavam de cidade, como ferreiros, padeiros, alguns investiram até em cinema mudo e lira, banda de música. Tudo isso eles trouxeram. Não vieram só camponeses, embora mesmo esses que compravam uma padaria, uma casa com armação para negócios, também compravam terra. Eles eram sitiantes, mas alguns deles também investiam nos negócios no centro da cidade.

Giselle está especificando um pouco melhor a pergunta dela no sentido de saber se eles formaram escolas, se formaram alguma associação, se tinha alguma festa mais tradicional que unia.
Eles não formaram associações naquela época, mas eles mantiveram uma tradição de se reunirem nas festas das igrejas. Eles criaram uma festa do vinho que é uma tradição até hoje. O primeiro vinho foi feito de jabuticaba porque não tinha uva, então eles criaram uma receita para fabricar o vinho de jabuticaba e até hoje as famílias possuem adegas e vendem esse tipo de vinho. Uma das italianas imigradas, a que se transformou em fazendeira, criou uma escola na sua fazenda. Essa escola posteriormente foi municipalizada e passou a ter o nome dessa imigrante da família Castoni, Verônica Castoni, também originária de Proceno.

Essa que é a personagem feminina.
Essa que é a personagem feminina. O número de fontes é muito grande. Só dessa fazenda eu encontrei nove livros contábeis. Lógico que eu não trabalhei com todos eles, mas tem muita coisa a ser trabalhada. Inclusive registros da escola. Eu pude visualizar alguns registros da escola e muitos imigrantes estudando, não só italianos, de todas as etnias. Estrangeiros e brasileiros naquela mesma escola.

Rosane, para finalizar, poderia nos contar um pouco sobre as origens e trajetória de sua família Bartholazzi?
Bartholazzi é de Verona. De um município pequenininho da província de Verona. Bem próximo, cinco minutos da cidade de Verona, na região do Vêneto. E o meu avô era do Vêneto. Quando ele veio, não deixou nada lá. Não era característica da imigração vêneta. Eles eram chamados *bracciante*, que era o trabalhador braçal e o trabalhador temporário das terras italianas. Ele foi para Cantagalo. Quase não tem

documentação da trajetória dele, mas pelo que eu sei, ele chegou a morar na região de Cantagalo. Depois ele foi para Bom Jesus de Itabapoana, que à época também era região de Itaperuna. Mas, Luís, o que eu queria dizer é que "meus" italianos não eram *bracciante*, eles eram os chamados *contadini*, que era o camponês, mas um camponês proprietário. O que a historiografia brasileira traz é que esse camponês que emigrou dos campos italianos à época da Grande Migração era um *bracciante*, um camponês que não tinha terra. Quanto aos italianos que eu pesquisei, eu posso dizer que tinham terra porque eu levantei toda a documentação e procurei entender qual a dimensão daquela propriedade na Itália no século XIX. Nós tivemos pequenos, médios e grandes proprietários na classificação desse levantamento de bens que eles deixaram lá.

Interessantíssimo. E isso me parece que é a grande originalidade do seu trabalho. Eu fico muito feliz que você esteja aqui conosco.

Luís, eu que agradeço. Foi uma honra estar aqui. Esse tema sempre me emociona porque foi uma pesquisa em que eu realmente me debrucei com muito afinco durante muitos anos. Eu agradeço muito pelo convite e a presença das pessoas que aqui estão. Eu quero só dizer, fazer um parêntese, que os estudos imigratórios me fascinam. Eu faço parte do grupo de pesquisa "História urbana e imigração: a presença italiana em Niterói" sob coordenação da professora Ismênia de Lima Martins, em que pesquisamos imigrantes de várias etnias na cidade. Eu vou me debruçar sobre a imigração urbana em Niterói, que é um grande desafio porque é muito diferente dessa imigração rural, do interior fluminense. Muito obrigada.

7. Imigração portuguesa no Rio de Janeiro[1]

Lená Medeiros de Menezes
Luís Reznik

A professora Lená Medeiros de Menezes é uma das nossas decanas, referência no país e, eu diria, mesmo internacional para os estudos sobre migrações internacionais. Trabalha com estudos migratórios e especialmente migrações internacionais desde os anos 1980, quando elaborou sua dissertação de mestrado na UFF e depois, logo em seguida, no final dos anos 1980 e início dos anos 1990, a tese de doutorado na USP.[2] *Enquanto ainda estava elaborando sua tese de doutorado, concorreu a um prêmio muito importante que é o Prêmio Arquivo Nacional de Pesquisa e ganhou com um texto que já é notório, muito conhecido:* Os estrangeiros e o comércio do prazer nas ruas do Rio.[3] *Essa foi a primeira edição do prémio do Arquivo Nacional. Na Uerj, a professora Lená trabalha desde 1970. Hoje ela é aposentada, mas continua participando de programas de pós-graduação. Foi fundadora de um importante centro de estudos aqui no Rio de Janeiro que é o Laboratório de Estudos da Imigração (Labimi), da Uerj. Lená hoje preside o Instituto Histórico e Geográfico do Rio de Janeiro. São inúmeras publicações que certamente muitos de vocês conhecem. Professora Lená, boa noite.*

Boa noite, Luís. Boa noite a todos. É um prazer e uma honra estar aqui com vocês. Sempre quando eu falo sobre imigração eu também aprendo, nós aprendemos sempre refletindo em conjunto. Espero que essa conversa possa tanto enriquecer os nossos conhecimentos

---

[1] Conversa realizada em 6 de abril de 2021. Transcrição: Marianna Carolina Oliveira Costa Reis. Edição: Carolina da Costa de Carvalho e Luís Reznik.

[2] MENEZES, Lená Medeiros de. *Indesejáveis*: desclassificados da modernidade. Protesto, crime e expulsão na Capital Federal (1890-1930). Rio de Janeiro: Eduerj, 1997.

[3] MENEZES, Lená Medeiros de. *Os estrangeiros e o comércio do prazer nas ruas do Rio*. Rio de Janeiro: Arquivo Nacional, 1992.

quanto despertar vocações para os estudos migratórios (emigratórios e imigratórios).

Professora Lená podia conversar sobre vários temas da imigração porque, como eu já disse, ela é nossa decana e referência, mas ela foi chamada especificamente para que nós pudéssemos conversar sobre a imigração portuguesa para o Rio de Janeiro. Antes de iniciar propriamente essa nossa conversa, creio ser importante pensar: quando podemos começar a chamar os portugueses de imigrantes? Afinal, os portugueses foram os colonizadores dessa região americana, foram aqueles que estão aqui desde o século XVI. Quando é que eles deixam de ser apenas os colonizadores e passam a ser também entendidos como imigrantes?

É uma pergunta muito importante, porque em regra geral existe a tendência de dilatar demais os conceitos. Deslocamentos sempre aconteceram, as migrações sempre aconteceram, mas quando eu estou falando em imigração e emigração, eu estou falando em transposição de fronteiras nacionais. Então, eu não posso usar esses dois conceitos antes do surgimento dos Estados nacionais, mais especificamente do modelo de Estado-nação, porque eu estou falando de transposição de fronteiras. Com relação aos portugueses, tem-se a tendência de ver mais as continuidades do que as descontinuidades, ou seja, o português torna-se um imigrante com a independência do Brasil e depois com o aprofundamento da separação, digamos assim, entre os dois Estados. Por outro lado, os atores não são os mesmos ao longo da história e aquele colono de antes da independência não vai ser o imigrante do século XIX, principalmente da segunda metade do século XIX, porque, por volta de 1870, há uma mudança significativa em termos de panorama geográfico de onde partem os emigrantes. Ou seja, o centro nevrálgico das partidas desloca-se para o norte de Portugal à medida que os caminhos de ferro vão avançando na direção norte até a fronteira com a Espanha.

O primeiro ponto que você está dizendo é exatamente que, na segunda metade do XIX, há uma leva grande de imigrantes portugueses chegando no Brasil e, então, refletindo sobre essa diferenciação entre os colonos do pré-século XIX e essa nova leva de imigração, é importante pensar por que e de onde eles estão vindo.

É. Eu antes até esqueci de colocar uma questão: aquele que transpõe uma fronteira nacional torna-se estrangeiro. Eu gosto de colocar isso porque o Duroselle,[4] no livro *Todo império perecerá*, afirma que os historiadores prestam pouca atenção ao conceito de estrangeiro, enfatizando o significado do estrangeiro ser o outro. Então é interessante nós observarmos que existe uma questão conceitual que reveste os processos migratórios que não pode ser esquecida. Respondendo ao que você está me colocando, as questões são várias. Durante muito tempo, todas as análises estiveram centradas nas questões econômicas e nas questões ligadas à terra, principalmente após o fim do morgadio e da transmissão de herança ao filho mais velho, que tendeu a ocasionar uma partilha muito grande da terra. Inclusive há estudos que apontam que, para que não houvesse um grande desmembramento, já que a maior parte dos que migravam do norte eram camponeses, existia até um tipo de acordo familiar onde um herdava a propriedade, com a responsabilidade de cuidar dos pais, e o outro emigrava. A questão ligada à terra, portanto, é uma questão importante, embora não a única. Outro ponto relaciona-se à liberação de mão de obra do campo e ao fato de as cidades portuguesas tenderem a não absorver a população migrante. Os deslocamentos miravam principalmente Lisboa e o Porto, que, efetivamente, não reuniam condições para absorver esses contingentes. Essa é uma primeira questão. Mais recentemente, há estudos que demonstram a importância da questão do serviço militar. Durante muito tempo, houve fuga ao serviço militar. Por quê? Significava ficar de três a cinco anos afastado da família, não participando das atividades em termos de sobrevivência no campo. Então as famílias tinham muito temor disso e também de o serviço militar

---

[4] DUROSELLE, Jean-Baptiste. *Todo império perecerá*: teoria das relações internacionais. Brasília: Editora UnB, 2000.

significar partida para as guerras africanas. O exército português, em um determinado momento, percebeu que podia lucrar com o fato e, ao invés de permitir a fuga, o que impedia os retornos, começou a cobrar uma taxa para que o português tivesse liberação. A partir daí, vários jovens, principalmente a partir dos 13 anos, migraram pagando essa taxa, podendo retornar depois, sem as dificuldades daqueles que simplesmente evadiam, ou seja, fugiam. O decreto é de meados do século do século XIX.

Muitos jovens com 14 anos já estavam se evadindo.
Sim, porque já começa a se aproximar o momento do alistamento. Existem também questões que ainda não estão devidamente trabalhadas, como as partidas por problemas políticos, como as ligadas à Proclamação da República em 1910 e, depois, no período salazarista (anos 1930). Então há, por exemplo, um pico enorme de imigração no Rio de Janeiro em 1912, relacionado às conturbações que aconteceram por conta da mudança de regime português, levando à fuga tanto de monarquistas quanto de anarquistas, perseguidos. Eu própria colaborei com essa discussão, em um artigo sobre o tema.

Eu queria fazer um comentário em relação ao serviço militar. Em nossas investigações, do Centro de Memória da Imigração da Ilha das Flores, nós entrevistamos dois ou três portugueses que chegaram aqui no pós-Segunda Guerra Mundial. E ainda assim, a motivação de um ou dois deles foi exatamente essa. Fugir do serviço militar. Até porque, já nos anos 1950, a situação política estava mais complicada com as lutas na África e muitos deles também se evadiram por conta disso.
É interessante observar que, normalmente quando você pergunta sobre o fato em uma entrevista, eles falam como isso tinha impacto na vida familiar; como isso realmente ocasionava muitos problemas.

Mas isso também nos leva a uma outra questão. Ao pensar nos evadidos do serviço militar ou nos que não herdaram a terra, sabemos que uma leva desses imigrantes são portugueses que vieram jovens, solteiros, homens, e que talvez, por isso mesmo, a taxa de retorno não é pequena. Muitos vêm e muitos voltam, outros vêm e trazem a família. Ainda tem aqueles casos muito conhecidos que são os que deixam as "viúvas" em Portugal e se casam de novo por aqui. Nós sabemos que há várias estratégias de emigração, mas nesse caso há uma leva grande de homens solteiros que vinham sozinhos.

Há jovens que partem com 12, 13 e, depois do decreto, a partir de 14, principalmente. Com relação à imigração, isso está dito explicitamente nos censos: essa caracterização da imigração masculina precoce, tanto portuguesa quanto espanhola e italiana. No processo de deslocamentos franceses, altera-se um pouquinho a tendência, porque há uma grande partida de mulheres e de mulheres sozinhas, diferentemente das demais nacionalidades. A imigração feminina começa a crescer na virada do século, porque algumas mulheres vêm ao encontro dos maridos, outras já partem na companhia deles, com a família toda. Sobre os jovens, eu queria pontuar uma questão que me parece importante. Esses jovens são normalmente "acolhidos" por conterrâneos, muitos familiares, imediatamente ao chegar. Eu sempre coloco acolhidos entre aspas porque esse acolhimento, regra geral, pressupõe sua superexploração no trabalho como caixeiros nas lojas da cidade.

Nesse sentido, eles vêm a partir de uma chamada de outros conterrâneos?

Alguns de maneira informal. Antes da exigência das cartas de chamada. Sobre os caixeiros, é importante lembrar que existia uma hierarquia ocupacional. No topo, estava o guarda-livros, que depois se tornou função à parte, mas quando me referi ao caixeiro superexplorado, estava falando do caixeiro de carreto. Aquele que chegava e que se empregava como auxiliar no comércio, que normalmente dormia no emprego. No início, vários trabalhavam por casa e comida e ainda tinham que auxiliar na casa do tio, do conhecido, de quem o acolheu, digamos assim. Quando eles perdiam o emprego, ficavam nas ruas. Existe uma quantidade enorme de jovens que circulavam entre os cárceres e a rua. Lima Barreto e João do Rio[5] colocam muito bem por quê. De alguma maneira, o ato de emigrar desenraizava o indivíduo da família. Esse jovem precisava ter, por parte daquele que o acolhia, cuidado e orientação, pois era um jovem em formação, o que por vezes não acontecia. Então, ele chegava em uma cidade diferente, onde não tinha nenhuma sanção familiar, nenhuma orientação, e, assim, o jovem imigrado acabava, por vezes, entrando na marginalidade, porque ele realmente se sentia totalmente desprotegido e por sua própria conta. Há, inclusive, alguns relatórios da Sociedade D. Pedro V que demonstram essa necessidade de apoio a jovens que ficavam "soltos" nas cidades de acolhida.[6]

Esse caso que você está contando agora me suscitou inúmeras questões. A primeira delas é que, particularmente em relação aos portugueses, muitos deles estão vindo já com algum tipo de contato na cidade do Rio de Janeiro. Nas nossas pesquisas em relação à Hospedaria de Imigrantes da Ilha das Flores, nós reparamos que, apesar do grande número de portugueses que chegam ao porto do Rio de Janeiro, o percentual dos que vão para a Hospedaria, isto é, aqueles que precisam de acolhimento e algum tipo de triagem para conseguir emprego ou ir para outros lugares do país ou mesmo para o Rio de Janeiro, é bem menor, por exemplo, do que os italianos e os espanhóis, na maior parte das vezes. Desde muito tempo, talvez mais precocemente do que os italianos e do que os espanhóis, os portugueses já tinham contatos na cidade. Por isso que o entreposto da Hospedaria não era tão importante para eles, mas ainda assim muitos foram para a Ilha das Flores. A nossa hipótese é que uma parcela desses que foram para a Ilha das Flores ia para trabalhos rurais.[7] Já existem

---

[5] Ver, entre outros, BARRETO, Paulo (João do Rio). *Histórias de gente alegre*: contos, crônicas e reportagens da Belle Époque carioca. Rio de Janeiro: José Olympio, 1981.

[6] A Caixa de Socorros D. Pedro V foi fundada em 1863 e figuravam como seus objetivos socorrer portugueses na indigência e socorrer viúvas e órfãos desamparados.

[7] REZNIK, Luís; FERNANDES, Rui Aniceto Nascimento; COSTA, Julianna Carolina Oliveira. Se o Rio é lusitano, por que a Ilha das Flores não o é? A recepção de imigrantes portugueses no Rio de Janeiro (1883-1892). *Revista Portuguesa de História*, v. 50, p. 89-108, 2019.

estudos aqui no Rio de Janeiro que apontam que uma parcela expressiva dos portugueses que imigraram para a Corte, para a província do Rio de Janeiro, ficou na cidade. Foi uma imigração fortemente urbana.

É isso. Originalmente são camponeses, mas ficam na cidade. Isso nos remete ao fato de que os camponeses sempre tinham uma segunda atividade acoplada ao trabalho na terra. Por exemplo, no norte de Portugal, o inverno fazia com que fossem desenvolvidos outros tipos de atividades como tecelagem e fiação, isso durante o século XIX. Vários deles tinham um segundo ofício que acabavam exercendo para sobreviver na cidade. Por outro lado, o que circula em Portugal por parte daqueles que voltaram bem-sucedidos é que era o comércio que oferecia condições de ascensão social e quiçá de enriquecimento. Esse é um forte mito imigratório ligado à migração portuguesa: o enriquecimento pelo comércio. Não foram poucos os caixeiros que conseguiram se tornar donos dos seus próprios negócios. Por vezes, uma primeira etapa era ele se tornar sócio do patrão. Havia muito a presença da chamada sociedade em comandita, na qual um entrava com o trabalho e o outro com o capital. Ela estava presente ainda no século XIX, embora fosse uma criação medieval. Por vezes, ele acabava conseguindo abrir o seu próprio negócio com poupança, às vezes por golpe de sorte, como Manoel Lebrão, que ganhou um prêmio na loteria e, mais tarde, quando de sua reemigração, abriu a Confeitaria Colombo. É aquilo que você colocou, existe um pouquinho de tudo. Quando se trabalha com os protagonistas dos processos, nós temos sempre que levar em consideração uma dialética que é aquela entre a singularidade — cada um é um, cada um tem suas experiências — e a regularidade que remete ao todo. Dessa forma, cada imigrante está inserido em um contexto que faz com que sua história remeta a outras, embora seja óbvio que, como indivíduo, ele é sempre singular.

Vamos voltar ao Lebrão, que você conhece bem e eu já aprendi algumas coisas contigo acerca dele. Ele fundou a Confeitaria Colombo, que se tornou uma confeitaria singular e muito consagrada aqui no Rio de Janeiro. Depois, o Lebrão começou a chamar pessoas de Portugal, ele também empregou portugueses, isso já durante o século XX. Ele faz a mesma coisa que você comentou que ocorreu no século XIX, isto é, que muitos vêm e vão trabalhar como caixeiros com outros portugueses. Quer dizer, ele está articulando essas redes, essas cadeias migratórias em que ele está chamando exatamente seus conterrâneos para trabalhar na Confeitaria.

Todos eles preferiam portugueses a qualquer outro para trabalhar no seu empreendimento. De preferência, conhecidos que eles pudessem mandar buscar. Eu fiz a entrevista com um português que resolveu migrar porque um tio dele, que já estava no Brasil, foi visitar sua mãe e se prontificou a completar sua formação no Brasil. Ele veio para o Brasil e realmente acabou por verificar que as coisas seriam diferentes. Não foi só o Lebrão quem mandou buscar conterrâneos. Qualquer um que tivesse um comércio estabelecido começava a ser um ponto focal para redes migratórias que se formavam. Eu gosto muito do conceito de *cadeia migratória* porque ela liga o lá e o cá. E nós observamos que a questão da empregabilidade é central. Por exemplo, não era só o comércio que funcionava como chamariz, mas também as fábricas. Nós não podemos esquecer que, no início do século XX, o Rio de Janeiro era o principal centro industrial do país. E me parece que 43% desses empresários eram portugueses. Também entrevistei uma outra senhora, dona de um bar, e ela disse: "Eu vim trabalhar na fábrica Covilhã, na Tijuca, porque tinha uma supervisora da fábrica que metia lá tudo o que vinha de Manteigas". Manteigas, na serra da Estrela, era sua vila de nascimento. Essas fábricas também funcionaram como pontos de atração e isso ainda não está bem estudado. Eu comecei a mexer em alguma coisa, mas eu não tenho, por exemplo, uma visão de quantos funcionários, em uma fábrica de propriedade portuguesa, eram portugueses. De qualquer forma, a fábrica era também um importante centro de atração.

Claro. E qual foi o papel das associações das cidades nisso? Você estudou bastante a Tijuca, tem associações das mais diversas, da Póvoa de Varzim,

do Douro, do Minho... Porque não é uma associação portuguesa, é uma associação da Póvoa de Varzim. É uma associação de Trás-os-Montes. É uma associação de uma determinada região. Qual foi o papel das associações na atração desses portugueses e portuguesas que estavam chegando no Brasil?
Está indo para a gráfica o meu livro sobre os portugueses no Rio de Janeiro[8] e um dos capítulos que eu mais gostei de escrever é sobre as casas portuguesas. Todas elas, em geral, com exceção da Casa do Minho e de Trás-os-Montes, são das décadas de 1950 e 1960. É interessante observar que sua localização indica, com bastante clareza, o mapeamento da concentração portuguesa. Elas estão um pouco espalhadas, mas têm grande concentração na Tijuca, onde também estavam concentradas fábricas e, ao redor delas, lojas comerciais. Há casas portuguesas até em Guadalupe, que é um bairro bem afastado, perto de Deodoro. Existe também a casa do Minho em Laranjeiras, pertinho, no passado, da fábrica Aliança. Só uma curiosidade: à época, Tijuca era o Alto da Boa Vista, por isso que a Barra é Barra da Tijuca. O que hoje é a Tijuca era o Andaraí, bairro fabril por excelência. A indústria têxtil se instalou, principalmente, nas encostas no Maciço da Tijuca. Parte das fábricas era movida, no início, a energia hidráulica, além de a fábrica de tecidos precisar da água para o branqueamento, para tintura etc. Então as duas primeiras casas aparecem na década de 1920. É a casa do Minho e a casa de Trás-os-Montes, que não se chamava casa de Trás-os-Montes, mas Clube Transmontano. Ela depois se transforma em casa de Trás-os-Montes e Alto Douro. Mas o que eu estava colocando é que, ao redor das fábricas, surgiu um comércio significativo, principalmente de bares. Porque não foi só na Inglaterra, onde, segundo Edward Thompson,[9] os operários bebiam muito. Bebiam muito no Brasil também. Ao final de jornada, esses bares serviam para comemorar ou para distensionar, não é isso? Não é à toa que Vila

---

[8] MENEZES, Lená Medeiros de. *Portugueses no Rio de Janeiro*: negócios, trajetórias e cenografias urbanas. Rio de Janeiro: Editora Ayran, 2021.

[9] THOMPSON, Edward. *Costumes em comum*: estudos sobre a cultura popular tradicional. São Paulo: Companhia das Letras, 1998.

Isabel é um bairro boêmio. Quantas fábricas estavam em Vila Isabel? A América Fabril, a Confiança, pertinho estavam outras ali na descida da Tijuca e também em redor. A América Fabril virou um conjunto de prédios de tijolinhos, só restando a chaminé. No caso da Confiança, virou um supermercado e sua beleza está preservada. Muito se discutiu se as "casas" representam o regionalismo. Certamente Portugal não está marcado pelo regionalismo como a Espanha, mas de qualquer maneira, como "casas regionais", elas preservam as tradições locais, muitas delas inventadas. Por exemplo, a casa do Minho tem a festa de Santoinho, que foi inventada em Darque, interior de Viana do Castelo, para reunião de tradições minhotas. É uma estrutura fenomenal! É um arraial imenso que atrai turista de tudo quanto é canto. A respeito da terminologia "casa", é interessante observar que essa é uma terminologia bem portuguesa; realmente, "uma casa portuguesa, com certeza". É importante destacar que a palavra casa dá o sentido do aconchego; um local no qual você deixa a exterioridade de ser estrangeiro do lado de fora, considerando-se que, segundo Todorov,[10] o imigrante tem uma dupla exterioridade, ou seja, ele não está lá nem cá, ou, então, está lá e cá. Então as casas vão ser um espaço onde realmente ele esquece a exterioridade e assume aquela identidade primeira em uma nação desterritorializada, digamos assim.

Você tem ideia de qual a percentagem de portugueses na cidade do Rio no início do século XX? Porque não eram poucos, não é?

É. Os portugueses chegaram a atingir mais de 75% da população estrangeira em determinados momentos, ou seja, constituíram uma maioria absoluta. Os portugueses, porém, durante muito tempo, acabaram tendo uma determinada invisibilidade como imigrantes, que eu gosto de denominar "invisibilidade pela presença". Quer dizer, eles estavam tão presentes, tão espalhados, formando tantas

[10] TODOROV, Tzvetan. *A conquista da América*: a questão do outro. Rio de Janeiro: Martins Fontes, 2010.

gerações, que acabavam invisibilizados no todo da população. Uma outra vertente de explicação é a tendência de você enxergar mais aquele que tem maior exterioridade, aquele que fala outra língua, aquele que tem costumes mais contrastante. Eu vou até citar uma experiência minha. Eu era uma menina de Parada de Lucas. Eu acho que a minha família era a única de origem portuguesa na rua onde eu morava, mas na esquina havia vários estabelecimentos comerciais, todos de portugueses. E havia os sírios que moravam na rua. Eu costumo dizer que eu não me criei sentindo-me neta de portugueses, até porque eu nunca ouvi o meu pai dizer, a quem quer que fosse, que ele era filho de português. E nem a minha mãe. No início do século XX, existia um antilusitanismo muito grande e a necessidade de os pais firmarem a brasilidade dos filhos. Quando nós perguntamos se houve discriminação, quando entrevistamos portugueses, eles dizem que não. Quando nós forçamos, eles dizem que sim, que eram chamados de galegos, de burros sem rabo e por aí em diante. Voltando ao meu caso, eu não me sentia descendente de portugueses e nem via os portugueses como estrangeiros, mas via os sírios como estrangeiros. Eu era menina. É essa questão da exterioridade. A língua era diferente. Embora o português tivesse sotaque, a língua era a mesma, você sentia proximidade.

A que se deve o antilusitanismo, apesar de toda essa proximidade e dessa suposta invisibilidade? Isso teria a ver com a expressão numérica dos portugueses no mercado de trabalho?
Em primeiro lugar, havia a questão relacionada ao mercado de trabalho mesmo. Tinha uma reposição de mão de obra continuada pela imigração. Toda hora chegava força de trabalho nova e obviamente havia uma concorrência grande nesse mercado de trabalho. Havia, desde os tempos de independência, também a necessidade de afirmação nacional. Além disso, a situação se acirrava com determinados fatos. Então existia um antilusitanismo latente, que explodia em determinados momentos. Eu acho que aqueles que migraram no início do

século XX eram muito sujeitos a isso e reforçaram, como eu já disse, a brasilidade dos filhos. O meu pai era brasileiro e ponto final, não era filho de português, nem a minha mãe. Quer dizer, eu ouvia histórias sobre Portugal, mas muito poucas.

Mas você há pouco tempo foi procurar as origens.
Fui procurar as origens. E não foi fácil, e confirmei a tese que eu estou defendendo: firmar a brasilidade fez com que eu não escutasse histórias de Portugal. Pelo menos eu não me lembro. Minha mãe por vezes falava alguma coisa, meu pai, muito pouco. Minha mãe contava algumas histórias do pai. Para você ter uma ideia, tanto o meu avô por parte de pai quanto de mãe eram portugueses. Eu nunca soube, nem ninguém na família sabia de onde eles tinham vindo. Isso me deu um trabalho louco para procurar nos jornais. Eu tive até a colaboração de um grande amigo do Porto, que é o Paulo Amorim, do Cepese,[11] que me ajudou, muito interessado em tentar descobrir de onde vinha a minha família. E foi pelos jornais que eu consegui ir desenrolando os fios. Como? Inicialmente, por um aviso da missa de sétimo dia de uma tia sobre a qual eu nem sabia. No aviso, o nome do meu avô constava como irmão dela. Ela morreu antes de eu nascer e eu não tinha referências sobre ela, a não ser um vago "tia Mariquinhas" mencionado pelo meu pai. A partir do que descobri no aviso, comecei a relacionar nomes e mais nomes. Tive a sorte de o marido da referida tia ser um grande comerciante, de descobrir que o meu avô também foi, depois faliu e ficou pobre. Fui desenrolando esse novelo até encontrar a informação de que o meu avô vinha dos Açores e eu fui até a ilha Terceira[12] buscar sua certidão de batismo. Rodei bastante por lá. Agora, do meu avô materno só sei que ele nasceu em algum lugar de Trás-os-Montes. Fui ao Arquivo de Bragança, aí a moça me perguntou: "A senhora sabe

[11] Centro de Estudos da População, Economia e Sociedade, é uma Instituição de pesquisa, vinculada à Universidade do Porto.
[12] A Terceira é uma das nove ilhas dos Açores, que compõem o chamado "Grupo Central".

a vila?", e eu disse: "Não faço a mínima ideia". "Ah, então a senhora tem não sei quantos mil livros para consultar." A quarta parte do meu livro sobre portugueses no Rio de Janeiro chama-se "Uma escrita afetiva" e eu conto toda essa história do meu avô, das lembranças e dos dados que levantei na pesquisa documental. Quando eu coloquei esse capítulo sobre o meu avô, no qual eu conto a história da pesquisa, isso me permitiu mergulhar de uma maneira profunda nos meandros dos deslocamentos, como eu não conseguiria mergulhar se eu estivesse trabalhando outra família que não a minha. Normalmente, criou-se um mito de que o português era aquele que chegava na terra, se envolvia com uma negra, com uma mulata, com uma indígena, e rapidamente havia um processo de miscigenação. É um mito. Muitos efetivamente fizeram isso, mas, em geral, eles tendiam a se casar dentro da comunidade, principalmente os açorianos. Por exemplo, vou citar novamente meu caso particular. Eu sou neta de avôs, por parte de mãe e pai, portugueses. Neta de avós, por parte de mãe e pai, filhas de portugueses. Meu pai casou-se com a minha mãe, ambos eram filhos de portugueses. Havia uma teia familiar, de vizinhança e negocial, porque os negócios também aproximavam. Eu consegui objetivar essa teia de negócios. Por exemplo, o marido da minha tia era empreiteiro e o tutor da minha avó também era empreiteiro. Havia essas teias formadas e a questão da miscigenação deve ser relativizada.

Imagino que as casas também tiveram algum papel nisso, nesses casamentos.
Sim. Os clubes, lógico. As associações, evidente.

Qual é o papel da presença feminina nessas famílias portuguesas?
Eu e a Maria Izilda temos um livro em conjunto sobre mulheres portuguesas.[13] Elas estão presentes em todo processo imigratório, desde a

---

[13] MENEZES, Lená Medeiros de; MATOS, Maria Izilda Santos de. *Gênero e imigração*: mulheres portuguesas em foco (Rio de Janeiro e São Paulo — XIX e XX). São Paulo: e-Manuscrito, 2017.

decisão de migrar. Algumas realmente estavam à frente dessa decisão. Não todas, mas muitas. Havia os preparativos da viagem, a feitura da mala, quando elas ficavam em Portugal. Depois, no gerenciamento da pequena terra, da pequena taberna. A taberna de vila em Portugal era, regra geral, administrada por mulheres.

E as remessas de quem vinha para cá e mandava para lá? São elas que possivelmente administravam?
Sim, inclusive eram elas que sustentavam essas relações financeiras. Quando elas vinham, também elas eram invisibilizadas e muitas vezes elas estavam trabalhando no lar e nos pequenos negócios, que eram familiares. Quando você entrevista um português bem-sucedido e pergunta: "Sua esposa ajudava nos seus negócios?", a resposta é: "Não, nunca trabalhou". No depoimento da neta do Manoel Sendas, dono dos Supermercados Sendas, porém ela diz que, quando o avô tinha um pequeno armazém em São João de Meriti, chamado Armazém Transmontano, a esposa dele, dona Biloca, ficava no balcão ao lado do cercadinho onde estavam os filhos. Essa foi a história de numerosas outras mulheres. Então elas trabalhavam e trabalhavam muito, mas são invisibilizadas na história da imigração.

Uma vez você comentou que havia certa concentração dos portugueses em determinadas áreas geográficas do Rio de Janeiro, pelo menos inicialmente.
Eles acompanharam expressivamente a expansão da malha urbana. Você vai encontrar portugueses nas chácaras em Jacarepaguá, em Santa Cruz, em Campo Grande. Isso ocorreu desde o século XIX. Eles estavam e estão espalhados pela cidade. Com a questão da empregabilidade e com as redes que se formaram, houve um fluxo que se dirigiu para determinadas regiões e a Tijuca, como você citou, é um exemplo disso. No início, é óbvio que eles estão concentrados no centro, mas, à medida que a malha urbana se expandiu, eles tenderam a acompanhar o processo. Até porque aquele que quer criar um pequeno negócio vai para a periferia, onde a terra e o aluguel são mais baratos. São vários donos atuais de supermercados — eu entrevistei alguns — que começaram na Baixada Fluminense

e de lá conseguiram formar um grande império. Existe esse processo de espraiamento, mas, à medida que a empregabilidade se concentrou em determinadas regiões, os fluxos começaram a ter esse direcionamento. Se nós pensarmos no pós-Segunda Guerra, houve a reativação de cadeias que haviam ficado latentes durante a guerra e que depois ressurgiram. Sempre tem alguém já estabelecido e o pretendente a migrar trava contato com ele e indaga sobre as condições na terra de chegada. Existe uma concentração de portugueses também em São Cristóvão, em Maria da Graça, também ligada a fábricas como de fiação e de filtros. Tem várias fábricas ali que também vão atrair novos migrantes.

Alex Costa e Silva, pesquisador do Centro de Memória e mestrando, pergunta sobre o papel dos imigrantes portugueses jovens nas questões de direito dos trabalhadores e político. Eu imagino que isso tenha a ver com o sindicalismo ou formação de partidos, dentro das colônias ou das casas. O que você teria a dizer sobre isso?

Eu não consegui detectar nenhuma atuação política, no caso dos clubes e casas portuguesas, como teve o Centro Galego, no caso espanhol, onde convidavam José Oiticica para fazer palestra, onde tinha reuniões sindicais, onde era cantada a Internacional. Eu não encontrei nada disso nessas casas ou associações portuguesas. Que os portugueses eram a base do movimento operário e anarquista no início do século, isso está claro. Nem todos eram recém-chegados. Alguns já tinham uma longa fixação na terra. Não é verdade que eram aves de arribação, que um vento trazia e outro levava. Também não é verdade que todos migraram já anarquistas ou militantes, embora o anarquismo português tenha sido bem atuante na virada do século XIX para o XX. Depois foi enterrado pelo Salazar nas gavetas. Mas aos poucos estão sendo desenvolvidas pesquisas que mostram como esse movimento era grande por lá. Alguns migrantes vinham já militantes, mas outros tornaram-se anarquistas por aqui. Quando eu trabalhei com expulsão de estrangeiros, eu encontrei vários imigrantes que chegaram com seis anos, oito anos. Então foi nos círculos anarquistas e operários daqui que eles se tornaram militantes.

Isso é outra coisa que também estava para baixo do tapete. Eu me surpreendi quando comecei a ver nos processos de expulsão a quantidade de portugueses, que devia ser bem maior do que mostram os processos, porque uma grande parte deles era expulsa sem processo mesmo, ao arrepio da lei. Até porque o Rio de Janeiro, na década de 1920, vivia em permanente estado de sítio, a tal ponto que Lima Barreto chegou a dizer que era o estado que melhor cabia à República. Havia decretação do estado de sítio para todo o Brasil, mas, principalmente, ele afetava a capital. Isso é alguma coisa que eu queria reforçar bem. A base dos movimentos operário e anarquista foi portuguesa no Rio de Janeiro e eu fui a primeira a demonstrar, objetivamente, tal fato.

É importante realçar a pertinência e a participação efetivamente de estrangeiros portugueses aqui no Rio de Janeiro, porque a historiografia do movimento sindical sempre realçou muito São Paulo.
É. Essa história da imigração com foco no Rio de Janeiro ficou, digamos assim, sempre acanhada. Nesse ponto, eu credito ao Cepese, ao projeto proposto pelo Fernando de Souza,[14] o grande avanço que nós tivemos em termos de pesquisas com relação aos portugueses. Eu mesma me debrucei sobre isso a partir da minha integração no projeto, embora já tivesse trabalhado com a relação entre imigração e movimento sindical em minha tese de doutorado, quando analisei mais de 1.000 processos de expulsão, transformada no livro *Os indesejáveis: desclassificados da modernidade. Protesto, crime e expulsão na Capital Federal (1890-1930)*, que se tornou referência sobre o tema da expulsão.

Professora Lená, muito obrigado mais uma vez.
Obrigada, Luís!

---

[14] Diretor do Cepese que organizou convênios com universidades brasileiras para a organização de seminários luso-brasileiros sobre a história da Imigração.

8. Imigração francesa no Rio de Janeiro[1]

Giselle Pereira Nicolau
Rui Aniceto Nascimento Fernandes

A professora Giselle é doutora em história pela UFF, onde defendeu a tese Hasteando a bandeira tricolor em outros cantos: a imigração francesa no Rio de Janeiro (1850-1914), *orientada pela professora Ismênia Martins. Além de professora da educação básica, atualmente é professora do Instituto de Aplicação Fernando Rodrigues da Silveira (CAp-Uerj). É minha colega de universidade. Durante o seu doutorado, a professora Giselle fez também um período de estágio na École des Hautes Études en Sciences Sociales na França, trabalhando com esse tema. Giselle, muito obrigado! Vou te passar a palavra para começar a nossa conversa.*

Como o professor disse, eu pesquiso imigração francesa e é um tema que remonta aos tempos de graduação. Eu fui bolsista da professora Lená Medeiros de Menezes em um projeto que tinha por objetivo pesquisar a presença das mulheres francesas na cidade do Rio de Janeiro. Entre 2005 e 2008, eu participei desse projeto e retomei o tema no doutorado, buscando estender um pouco o campo de análise, saindo da questão de gênero na imigração francesa e buscando também responder às inúmeras perguntas que se levantavam naquele momento para mim. Nós costumamos falar que o tema da França é muito recorrente no século XIX aqui no Brasil. Muito se fala sobre a influência da moda francesa, sobre a missão artística francesa, mas eu observava que se recorria muito pouco ao tema da imigração francesa, salvo os trabalhos das professoras Lená Medeiros e Vanessa Bivar, entre outros poucos autores que recorriam a esse tema. E aí eu

---

[1] Conversa realizada em 4 de maio de 2021. Transcrição: Marianna Carolina Oliveira Costa Reis. Edição: Carolina da Costa de Carvalho e Luís Reznik.

quis fazer uma série de perguntas. Por que a imigração francesa? Por que é um tema que ainda é bastante lacunar na historiografia brasileira? E isso fez com que eu tivesse esse desejo aumentado a partir do momento em que eu iniciei as minhas aulas lá na UFF e eu fui muito questionada, a ponto de ouvir do saudoso professor Théo Loubarinhas Piñeiro a seguinte provocação: "Nunca existiu imigração francesa, isso não existe". Naquele momento eu refleti: "Não existe a imigração francesa?". Existe sim. Eu fui bolsista na graduação e eu trabalhei com as francesas modistas, as francesas atrizes de teatro. Elas existiram. "Não, eram pessoas afrancesadas. Elas não existiram." Eu fiquei com aquilo na cabeça e foi o ponto de partida para a minha pesquisa. O que vem a ser o conceito de imigração? Quando o conceito de imigração surge nos dicionários? Em que momento a imigração é associada às grandes levas migratórias? Qual é o papel da França no envio e o encaminhamento de imigrantes para o Novo Mundo? Eu fui recorrer à historiografia francesa e eu vi que era mais desafiante ainda, porque o tema da imigração entrou tardiamente na escrita da história francesa. Nós percebemos que esse assunto passa a despertar o interesse da França, de um modo geral, na década de 1940, especificamente após a Segunda Guerra Mundial, quando os Estados Unidos emergem como potência. Nesse momento, a França decide se voltar para a América e buscar saber se ela teve ou não influência na formação do continente americano. A partir desse momento é que eles começam a buscar saber sobre a imigração. Paralelamente a essa preocupação com a América, também se observa que na França, de um modo geral, a imigração passa a ser incorporada no momento da descolonização, quando a França se vê como uma nação multiétnica. Então, isso iniciou-se por uma preocupação dos sociólogos para depois os historiadores se voltarem para essa questão. Se nós observarmos isso na escrita da história, do ponto de vista das fontes primárias, já na primeira década do século XIX existiram preocupações com os fluxos migratórios. A instituição obrigatória do uso do passaporte e o aumento das fiscalizações nas embarcações passaram a ser uma regra nesse momento. Eu me deparei com o autor Gustave Lagneau,[2] que era presidente da Sociedade de Antropologia no século XIX e me abriu um horizonte muito amplo de análises sobre o problema da imigração francesa, especificamente em relação aos dados quantitativos.

Há alguns livros que buscaram fazer um inventário das relações Brasil e França ao longo do tempo, então essa historiografia normalmente remete inicialmente ao episódio da França Antártida no século XVI e pensa alguns momentos desse processo que vai construir cinco séculos de relações entre o território brasileiro, entre essa parte da América e a França. Mas no caso dos estudos sobre imigração, esse tema é pouco explorado, nesse sentido, internamente. Você considera que essa característica tem a ver com o quê? Por que se estuda pouco? Por que os estudiosos de imigração privilegiam outros grupos étnicos e não os grupos franceses?

Acredito que, justamente, pela questão das cifras. Os números que a imigração francesa apresenta, quando comparada com os grandes grupos étnicos, como os portugueses, os espanhóis e os italianos, demonstram que é um grupo, numericamente falando, inferior. Mas, como diz Frédéric Mauro, a imigração francesa é muito mais qualitativa do que quantitativa. Segundo esse autor, a França sempre esteve no horizonte das nações latino-americanas que se voltavam para a Europa como um modelo de civilização e de progresso. Então a questão da imigração francesa passa por esse aspecto numericamente inferior, segundo alguns estudiosos sobre o tema. Já na França, podemos perceber desde a constituição da história enquanto disciplina, a própria noção de uma história voltada a serviço do Estado-nação, isso a gente observa desde o cerne da historiografia francesa. Nesse momento de importância de um discurso nacionalista, o historicismo francês reforça a supremacia francesa frente à perda da Alsácia e da Lorena e era importante reforçar os laços nacionalistas. Com a Escola dos Annales, emigrar significava romper com o contrato social. Por

[2] Antropólogo francês, autor do livro *L'émigration de France*. Paris: 1884.

essa razão, o tema da imigração também não foi incorporado logo de cara pela historiografia francesa. Aqui no Brasil, um olhar privilegiado para os portugueses, espanhóis e italianos, devido aos grandes números que eles apresentam, fez com que os franceses fossem deixados de lado. Por isso que eu fui questionada logo na primeira semana de aula, porque se acreditava que o número era muito inferior. Nós não temos certeza se essas pessoas do jornal eram ou não eram francesas. Eu fui pesquisar o porquê desses números tão pequenos, mas também descobrir o lugar da América para a França nesse momento também de imigração, que não é um lugar menor, mas um lugar de muita importância. O tema da emigração, da partida da França, era um tabu. Como eu disse, após a Segunda Guerra Mundial, deixou de ser um tabu. Eles passaram a estudar, passaram a reconhecer e pensar que os franceses saíam da França não apenas para as colônias na África e na Ásia, mas sobretudo para a América: Estados Unidos, Canadá, Argentina, Brasil, Uruguai, Venezuela. Foram nessas áreas que os franceses se enraizaram. Dessa maneira, nós percebemos que agora são muito recorrentes na França estudos como os de François Weil,[3] que foi meu orientador, Annick Foucrier,[4] Nicole Fouché,[5] que vão estudar o caso da imigração francesa para essas áreas da América, especificamente para os Estados Unidos, Argentina e Canadá. Durante um encontro sobre a imigração francesa nas Américas que aconteceu em 2002 lá na École, Rolande Bonnain questionou: por que só esses três países eram locais de grande interesse da presença francesa no Novo Mundo? Ele convidou os historiadores a se debruçarem sobre outros temas, como a presença dos franceses. Presença não, imigração

---

[3] WEIL, François (Org). Les migrations de France aux Amériques: histoire et mémoire. *Migrance*, n. 26, 2005.

[4] FOUCRIER, Annick. La fin du voyage: les immigrants français à San Francisco et la mort, 1916-1930. *Annales de Démographie Historique*, v. 1: Les français d'Amerique, p. 11-26, 2000.

[5] FOUCHÉ, Nicole. *Émigration alsacienne aux États-Unis (1815-1870)*. Paris: Publications de la Sorbonne, 1992.

mesmo. Quando eu apresentei pela primeira vez o meu tema na sala de aula da universidade, sugeriram que eu usasse o termo "presença" ao invés de "imigração". Eu vi que não é presença, é imigração mesmo e ao longo da tese defendi que houve uma imigração sim no Brasil, mas também na Venezuela e, sobretudo, na Argentina, que foi o lugar onde mais se recebeu francês depois dos Estados Unidos. Sem sombra de dúvidas, os Estados Unidos foram o local da América que mais recebeu imigrantes franceses, seguidos, portanto, da Argentina, do Brasil e depois do Canadá. O Canadá não vem a receber muito mais do que a gente. Ao contrário, é um pouco menos, cerca de 29 mil imigrantes, entre 1820 e 1920. O Brasil recebeu pouco mais de 33 mil imigrantes durante esse momento. Voltar para o Brasil foi de suma importância para mostrar que essa presença francesa foi muito mais do que aquilo que a nossa historiografia apontava.

Tem um fluxo relativamente pequeno, menor, entre o século XIX e o século XX. Você disse um pouco mais de 33 mil franceses chegando aqui. São vindas episódicas ou tem um movimento contínuo de vinda ao longo do tempo? E aonde esses franceses estão se fixando?

Como Frédéric Mauro[6] pontuou, a imigração francesa ocorre em alguns momentos, algumas ondas, que remetem especificamente ao ano de 1846. É uma questão climática, questões ligadas à terra, lembrando que eu estou falando de uma França essencialmente agrária. No final do século XIX, por exemplo, 42% da economia francesa ainda era de base agrária. Então, a gente vê já em 1846 problemas associados à questão agrária, às más colheitas, ao clima, ao problema da filoxera que vai afetar a plantação de batatas. Em seguida, já em 1848, ocorre a instituição da Segunda República Francesa e, portanto, há um aspecto de ordem política. Com a subida de Luís Bonaparte e a instituição desse

---

6 MAURO, Frédéric. La emigración francesa a la America Latina: fuentes y estado de la investigación. In: REUNIÓN DE HISTORIADORES LATINOAMERICANISTAS EUROPEOS, IV, 1-3 de outubro de 1975, Universidade de Colonia, RFA.

império, os franceses republicanos ligados ao proletariado, os *quarante-huitards*, vão se exilar em diversos países, como a Grã-Bretanha e os Estados Unidos, conforme indicou Sylvie Aprile.[7] Nós vamos contar com a presença desses dissidentes políticos, que vão vir para o Brasil munidos com ideias socialistas, com um repertório de ideias políticas bastante aguçado. Para além dessa questão, na década de 1850, também ocorre no campo uma crise agrária na videira. A filoxera, as pragas atacam a produção de videiras na França. Isso também vai ser uma motivação para cruzar as fronteiras da França e se aventurar em novas possibilidades, em novos locais.

Isso gera uma certa especificidade desse grupo de franceses porque eles não vêm em massa. Eles migram em alguns momentos por conta do contexto francês, então tem ao longo do século, como você estava apontando para a gente, momentos em que há uma saída maior.

Rui, eu percebi essa característica nos franceses que se estabeleceram na província do Rio de Janeiro. Lembrando que existem questões pessoais muito particulares que também vão motivar um fluxo considerável. Por exemplo, em 1850, na corrida do ouro para a Califórnia, nós percebemos uma forte presença francesa na região da Califórnia e de São Francisco nos Estados Unidos, acompanhando esse fluxo de extração do ouro. Outro aspecto que não é menos relevante, que é justamente a lei militar, aprovada em 1872, logo após a Guerra Franco-Prussiana (1870/71) e a Comuna de Paris (1871), que tem por objetivo primordial reorganizar a França após esse período marcado por conflitos externos e internos. Assim, toda uma preocupação com o exército francês passou a fazer parte da política da III República, com Adolphe Thiers. A Assembleia Nacional Francesa defendia o serviço militar com duração de sete anos, mas tal proposta foi diminuída para cinco anos, por determinação desse mesmo órgão. Com a queda de Thiers,

---

[7] APRILE, Sylvie. Exil et exilés français sous le Second Empire. In: *Hommes et Migrations*. n. 1.253, Jan-Fev. 2005. Trajectoires d'exils. p. 88-97.

essa legislação foi revogada, por meio de uma eleição que privilegiou a reorganização do exército. Cria-se, a partir de então, a artilharia, mas, principalmente, a *École* de Guerre. Tanto a corrida do ouro para a Califórnia quanto o alistamento militar têm um papel fundamental nesses fluxos emigratórios rumo à América. Então, essa imigração, como apontou o próprio François Weil, através da leitura de Frank Thistlethwaite (1960), a importância de a gente poder também analisar mais de perto esses imigrantes porque nós temos uma tendência, houve na escrita da história uma tendência, à questão dos grandes números. A impressão que se tem, como Weil aponta, é que toda a imigração passa pela questão do fluxo, isto é, uma massa de camponeses que vão para o Novo Mundo. Por essa razão, faz-se necessária uma análise mais aproximada. Através da redução de escalas, é possível observar para onde esses franceses queriam ir, quais as razões da imigração. Eu pude observar que alguns deles tinham essa relação de fuga do alistamento militar e esse desejo de ir para a Califórnia, como foi algo que eu pude observar através da leitura da obra do Hernán Otero,[8] que estuda a imigração francesa para a Argentina. Ele toca nesse ponto, que coincidentemente eu também encontrei ao reduzir a escala. Através da redução de escala, eu vi duas narrativas sobre o alistamento militar. Houve, por exemplo, um imigrante que teve a experiência de vir para o Brasil e depois para a Califórnia e, em seguida, fugiu do alistamento militar. Como eu falei antes, houve uma imigração francesa de pouco mais de 33 mil que vieram entre 1820 e 1920. Eles se estabeleceram no Rio de Janeiro, que foi capital federal, e também em São Paulo, Rio Grande do Sul, Pernambuco, Paraná e Bahia. Estes foram os locais de maior imigração francesa. Aqui na província do Rio de Janeiro, especialmente, eu pude observar que se tratava de imigrantes que vieram de diversas partes da França. Durante certo tempo, a historiografia da imigração francesa acreditava que a imigração francesa era periférica, isto é, era uma imigração que mobilizava as fronteiras.

---

[8] OTERO, Hernán. *Historia de los franceses en la Argentina*. Buenos Aires: Biblos, 2012.

Que mobilizava, por exemplo, as fronteiras da Espanha, ali na região do país basco, as fronteiras dos Alpes, muito próxima da Itália, e as fronteiras com a Alemanha, na região do leste francês. Mas ao buscar maiores detalhes dessa imigração, eu observei que os franceses vão para além dessas fronteiras. Aqui no Brasil, eles são imigrantes que saem do departamento do Sena, dos Baixos Pirineus, da Mosela, da Gironda, dentre outros locais de partida.

Há certa pluralidade de situações que levaram esses imigrantes a sair da França e de regiões de origem. Esse é um dado muito legal, porque é uma imigração um pouco diferente de outros grupos étnicos, em que há fluxos migratórios de um mesmo lugar. Aldeias que vão imigrando com o passar do tempo, continuamente, para uma certa localidade por conta de redes já estabelecidas. Você percebe nesse fluxo, ao longo do século XIX, o estabelecimento de alguma rede de acolhimento desses imigrantes franceses que chegam por parte de outros que já estão estabelecidos aqui no Rio de Janeiro?

Eu observo importantes redes de sociabilidade desses imigrantes. Na cidade do Rio de Janeiro se estabeleceu uma grande afluência de imigrantes do departamento do Sena, que é justamente onde está a cidade de Paris e os seus arredores. É uma imigração muito especializada que vem para o meio urbano carioca e que tem apoio dessas redes de sociabilidade. Até mesmo pela atuação das associações, que são inúmeras e que dão nota de um enraizamento de uma colônia francesa aqui no Rio de Janeiro. A exemplo da Sociedade da Beneficência Francesa (SBF), que foi criada aqui no Brasil em 1836, pelo chanceler Théodore Taunay. Em seguida, essa sociedade vai criar o Asilo São Vicente de Paulo, instituição que se ocupava da educação de órfãs francesas no Rio de Janeiro. Com o passar dos anos, especialmente entre os anos de 1852 e 1853, segundo a documentação que se refere à prestação de contas da SBF, a associação passou a enfrentar alguns desafios, do ponto de vista financeiro, chegando, inclusive, a enviar uma petição para Napoleão III, para obtenção de subsídios para a beneficência. Foi neste momento, que se pensou em transferir a responsabilidade para com o asilo para uma esfera autônoma, com vistas a amortizar os gastos da associação, sem que se perdesse a dimensão da moral e da caridade, conforme se observou nos relatórios. Assim, esta ideia se tornou realidade em 1855, quando as irmãs Filhas da Caridade de Paris chegam ao Rio de Janeiro, para assumirem a administração do asilo. Certamente, a aproximação com a Igreja Católica serviu de motivação para uma cisão na comunidade francesa no Rio, conforme apontou Letícia Canelas.[9] Em junho de 1856, por exemplo, Adolphe Hubert, que era um exilado político francês que vivia em terras cariocas, publicou um artigo no *Courrier du Brésil*, semanário em que era editor-chefe, denunciando esse estreitamento da Société com a Igreja. Esse fato não foi aceito por alguns imigrantes franceses, sobretudo aqueles que possuíam uma cultura política sólida e crítica. É a partir daí que, meses depois, esse grupo vai criar uma outra sociedade, a Sociedade de Socorros Mútuos, que, em sua origem, tem por objetivo seguir à risca os princípios do mutualismo, atendendo primeiramente os doentes e inválidos e, em seguida, os impossibilitados de trabalhar. Em seguida, nós observamos uma grande cadeia de relações sociais que vão motivar a vinda de outros franceses. Quando eu falei de uma mão de obra especializada, eu estou falando especificamente daquilo que eu pude observar, não apenas no *Almanaque Laemmert* que me dá uma panorâmica dessa mão de obra, mas sobretudo também das posturas, que são uma fonte documental bastante importante que se encontra no Arquivo Geral da Cidade do Rio de Janeiro. Através dessas posturas, eu vejo pedidos de licenças para o estabelecimento desses franceses na cidade do Rio de Janeiro. Não bastava apenas ser francês. Era necessário mostrar os objetivos do seu estabelecimento na cidade do Rio de Janeiro, sua formação e se submeter a exames bastante criteriosos, como foi o caso das professoras de francês que

---

[9] CANELAS, Letícia Gregório. *Franceses "quarante-huitards" no Império dos Trópicos (1848-1862)*. Dissertação (mestrado em história) — Instituto de Filosofia e Ciências Humanas, Universidade de Campinas, Campinas, 2007.

vieram para cá e tinham, inclusive, que se submeter a apresentações dos seus trabalhos, mostrar mesmo que estavam interessadas em dar aulas e que eram de boa moral e boa reputação. Precisavam de cartas de indicação também aqui no Brasil. Há exemplo de imigrantes francesas que precisavam recorrer às paróquias onde elas habitavam, recorrer aos seus párocos com cartas de indicação para que pudessem lecionar aqui no Brasil.

Como você está dizendo, é uma imigração especializada.
Muito especializada.

É uma imigração que eminentemente vem para a cidade do Rio de Janeiro. Além das professoras, quais outras atividades eram ambiente de atuação desses franceses imigrantes que chegavam aqui?
Esses imigrantes vão também atuar na área de saúde, como médicos, dentistas, boticários. São muitos que vão atuar como boticários. Além disso, é necessário destacar o lugar das mulheres francesas, especificamente as parteiras, que são mulheres especializadas. Lembrando que elas estão saindo da França no momento em que são criadas as escolas voltadas para a arte do parto. Elas vão vir para o Rio de Janeiro já na primeira metade do XIX e vão buscar se inserir nesse mercado de trabalho. Efetivamente, elas vão tornar essa profissão um campo verdadeiramente profissional. Nós podemos dizer que essas parteiras são precursoras daquilo que hoje nós chamamos de enfermeiras. Elas vão se incorporar à sociedade escravista da época, interagindo com proprietários de escravos, a fim de obterem mulheres escravizadas lactantes, que se tornavam amas de leite, serviço oferecido nos estabelecimentos onde essas parteiras atuavam. Observo também a presença desses franceses atuando na moda, setor que aparece na historiografia, quando imaginamos as modistas da rua do Ouvidor imortalizadas na obra *Memórias da rua do Ouvidor*, de Joaquim Manuel de Macedo. Sem sombra de dúvida, a presença das modistas na região do centro do Rio é bastante expressiva. Além disso, não devemos nos esquecer

da atuação dos comerciantes. São inúmeros os franceses que vão se envolver no comércio. Uns vão atuar como segeiros,[10] como é o caso de Jean Baptist Isnard. Eu encontrei muitos documentos sobre esse imigrante e a redução de escala me levou para lugares inimagináveis a respeito dele. Também há uma presença desses franceses ligados ao ramo de importação, muitos deles vão trabalhar com a venda de produtos importados aqui no Brasil. O universo da moda francesa é bastante expressivo no século XIX e não passa apenas pela questão da vestimenta, mas se estende aos acessórios e ao cabelo. São muitos os cabeleireiros que vão anunciar nos jornais de grande circulação do Rio de Janeiro. Como eu sei que eles são franceses? Porque eu cruzava com outras fontes como as posturas, as licenças que eu apontei. São franceses inseridos no mercado da cidade do Rio de Janeiro. Nesse comércio, há uma participação expressiva de imigrantes franceses que vão atuar no ramo de joias, de ourivesaria. Os franceses que vão vender ouro e prata são provenientes da região da Alsácia e da Lorena. Franceses judeus que ganharam espaço na pesquisa da Fania Fridman.[11]

Você indicou que, até o final do século XIX, pelo menos 40% da economia francesa era agrícola. Você percebeu a vinda desses franceses campesinos para o estabelecimento na lavoura aqui na província do Rio, depois estado do Rio de Janeiro? Porque você ressaltou, no seu trabalho, essa imigração urbana. Mas havia um fluxo para a zona rural também, ou não?

Através da leitura de outros trabalhos, como o livro *Franceses no Brasil: séculos XIX-XX*, de Tania de Luca e Laurent Vidal, eu vejo que lá há dois artigos que tratam da imigração francesa para as terras do Saí, em Santa Catarina, na região Sul do Brasil.[12] Aqui no Rio de Janeiro aparecem

---

10 Fabricante de carruagens.

11 FRIDMAN, Fania. *Judeus franceses no Rio de Janeiro do século XIX*. In: VIDAL, Laurent; LUCA, Tania Regina de (Org.). *Franceses no Brasil, séculos XIX e XX*. São Paulo: Unesp, 2009, p. 175-190.

12 GALLO, Ivone. O Brasil e o socialismo do século XIX: fourieristas no Saí. In: VIDAL, Laurent; DE LUCA, Tania Regina. *Franceses no Brasil*: séculos XIX-XX. São Paulo:

poucos franceses como agricultores. Isso eu cheguei a encontrar nas listagens do Arquivo Nacional. Aqui no estado do Rio de Janeiro, nas áreas do Vale do Paraíba e do Noroeste Fluminense, eles se dirigiram para as colônias de Santa Rosa, da Fazenda das Coroas, de Sapucaia, da Independência, de Santa Justa, de Passa-Três, de Valão dos Veados, apenas para citar algumas que receberam famílias francesas. Mas sei que esse aspecto dos franceses que vão atuar nos meios rurais é muito mais diminuto do que os franceses nos meios urbanos. Mas houve essa presença de franceses nos meios rurais no Brasil, para além do estado do Rio, em demais localidades da região Sudeste, assim como nas regiões Norte e Sul.

Há vínculos firmados entre esses imigrantes que estavam aqui, no Rio, e suas famílias, nas regiões de origem?
Sim, por meio de iniciativas e obras que visavam alcançar os franceses afetados pelos conflitos europeus, como a Guerra Franco-prussiana (1870), por exemplo. Houve uma iniciativa protagonizada por G.Taizon e demais franceses como Sébastien Auguste Sisson para a criação da Société Alsace-Lorraine, visando arrecadar fundos para encaminhar para a França, em especial para a região da Alsácia e da Lorena, como observei em documentação localizada no Centre des Archives Diplomatiques du Ministère des Affaires Étrangères. Além disso, durante a Primeira Guerra Mundial (1914-1918) não faltaram iniciativas para o envio de auxílio para os órfãos e demais indivíduos em situação de vulnerabilidade provocada pela guerra, algo que constatei na *Revue Franco-Brésilienne*.

Esse é um tema clássico nos estudos imigratórios. No caso dos portugueses, por exemplo, a professora Lená Menezes destacou que tinha o envio de re-

---

Editora UNESP, 2009, p. 147-160; FLORES, Maria Bernardete Ramos et al. Rastros da presença francesa nas terras do Saí: o caso da família Ledoux. In: VIDAL, Laurent; DE LUCA, Tania Regina. *Franceses no Brasil*: séculos XIX-XX. São Paulo: Editora UNESP, 2009, p. 439-456.

messas, que era um importante capital que movimentava a economia de vários lugares em Portugal. É interessante porque, se, por um lado, tinham os vínculos mantidos entre os de lá e os de cá, isso tinha interferências nos dois lados e permitia alimentar esse fluxo migratório. As notícias de êxito ou, pelo contrário, de fracasso que mostravam que a imigração era um equívoco, o que poderia impedir a vinda de franceses. Na sua pesquisa, você encontrou alguma iniciativa, mesmo que estatal, de frear o fluxo de vinda dos súditos, dos cidadãos franceses para o Brasil, especialmente para o Rio de Janeiro?

Sim. Especialmente no ano de 1875, quando é publicada uma lei de proibição da imigração francesa para a América do Sul. O próprio Gustave Lagneau,[13] autor do século XIX, um dos primeiros a se debruçar sobre a temática da imigração francesa, aponta que isso se dava ao fato de que naquele momento existiram grandes levas para a Venezuela e para o Brasil. Ele reconhece que esse encaminhamento de indivíduos para esses países preocupava as autoridades francesas. Essa circular que foi emitida em 1875 vigorou até 1908, e a proibição da emigração para o Brasil também vai se refletir na cidade do Rio de Janeiro. Embora tenha existido essa lei de proibição da imigração francesa, ela nunca foi uma regra, porque isso não impediu as iniciativas particulares. Os franceses emigravam mesmo assim. Na minha pesquisa eu mostro que esses franceses, uma vez de posse dessa informação, vão emigrar por outros portos não necessariamente franceses, mas também de outros países. Ocorrem deslocamentos internos até a chegada de outros portos, como os de Bremen, Antuérpia, Liverpool, Lisboa e Vigo, até que eles venham para a América do Sul. Eu observei que, em relação à América do Sul, um dos portos que mais recebeu franceses foi o porto de Buenos Aires. A despeito dessa proibição em 1875, eu observei que esse fluxo migratório se intensifica para o Brasil, mesmo com a lei em vigor. É claro que ele não se intensifica a ponto de virem milhares e milhares. É um fluxo, como eu apontei, muito particular e com um perfil direcionado. Se

---

[13] LAGNEAU, Gustave. *L'émigration de France*. Paris: 1884, p. 34.

eles não saíam tanto assim da França, como essa lei tenta sugerir, eu percebi através da base de dados de estrangeiros no Arquivo Nacional que eles vinham de outros portos e de outros países, mas também do porto de Buenos Aires. Lembrando que Buenos Aires é um destino de muitos franceses no século XIX, por conta justamente da oferta de terras que a Argentina oferecia para a imigração. A Argentina é um país em que a narrativa da imigração é bastante forte. É um país multiétnico, com grande presença de bascos, de italianos, mas também de descendentes de franceses. Então eu observo que muitos desses franceses vêm também pela Argentina.

Como é que você percebe na documentação esse fluxo da Argentina para o Brasil? Quando você envereda nas trajetórias individuais, você vai para um estudo micro, ali de um personagem, isso abre um mundo de possibilidades.
Pela documentação da base de dados do Arquivo Nacional, em que eu observei uma grande afluência de franceses para o Brasil, especialmente para o Rio de Janeiro. E também a afluência desses imigrantes pelos portos que eu apontei para você, de Vigo, Lisboa, Bremen, Antuérpia, Liverpool, entre outros. Quando eu reduzi a escala, eu me deparei com uma trajetória que foi a do Émile Lambert. Ele saiu da França, teve uma estadia no Chile, do Chile ele foi para a Argentina e da Argentina veio para o Brasil, justamente na segunda metade do século XIX. É uma imigração que também passa, no caso dele, por países da América do Sul.

E você percebeu caminhos inversos de imigrantes que vieram para o Rio de Janeiro e depois foram para outros países na América do Sul ou na América do Norte?
Isso as fontes consultadas não me mostraram. Elas me mostraram que alguns dos franceses que se estabeleceram aqui buscaram retornar para a França. Deixaram estabelecimento aos cuidados dos seus funcionários, buscando conciliar a gerência de uma loja no Brasil através da França. Foi o caso do Jean Baptiste Isnard, como foi também o caso de

outras lojas, que eu observei não só nos jornais de grande circulação, mas nos documentos consulares. A partir do momento em que eles trilham caminhos de sucesso aqui no Brasil, eles montam filiais em São Paulo e até mesmo na França, por exemplo. Não os vejo se estabelecendo em outros locais. As fontes que eu consultei não me mostraram isso, somente o deslocamento para o território nacional deles.

Esse retorno é bem similar, quando comparamos, a outros grupos. Tem grupos que retornam a partir do seu êxito econômico, que mantêm ou não os vínculos com as suas atividades estabelecidas no lugar da imigração, aqui no Brasil, no Rio de Janeiro. Isso é bastante interessante porque a imagem que nós normalmente construímos desse grupo mais técnico francês é daquele que fica. Tem essa imagem que identifica os grupos franceses como aqueles que atuaram no setor da moda, atuaram no campo da educação, fortemente, e que se enraizaram. Você identificou como se deu esse enraizamento? Se esses grupos tinham estratégias interétnicas, apadrinhamento, casamentos entre o grupo. Se eles eram abertos. O que você percebeu na sua pesquisa do século XIX ao início do século XX?

Sim, Rui. Alguns dos que se estabelecem no Rio de Janeiro vão criar famílias, bastante numerosas inclusive, de franceses. Ao observar a formação dessas famílias, eu vejo que tem os apadrinhamentos que se estendem para a colônia francesa. O casamento entre franceses é muito forte. Também percebo uma relação com outros imigrantes de língua francesa, a exemplo dos belgas e dos suíços, que vão se relacionar com franceses. A documentação me mostra esse enraizamento. Ainda existem descendentes dessa leva de imigrantes franceses do século XIX com que eu me deparei nas pesquisas. Por exemplo, a família Isnard é uma família que ainda vive aqui no Brasil, inclusive é a família de uma atriz da Globo, Letícia Isnard. Eu pude tomar conhecimento dessa família e estreitar relações através da pesquisa histórica. A família do Lambert também vive até hoje. Os herdeiros do Sebastião Augusto Sisson, que foi estudado pela professora Marcia Gonçalves, ainda vivem aqui no Brasil. A presença dessas famílias reflete o êxito desses franceses aqui no Brasil. Nós percebemos que esses franceses inicialmente se estabelecem nas imediações do centro do Rio: freguesia de Sacramento, freguesia de São José, freguesia de Santo Antônio e por aí vai. Com o passar dos anos, com o enriquecimento desses franceses, eles vão para a Glória e outros bairros durante a expansão da malha urbana da cidade do Rio de Janeiro. Os bairros da zona sul foram também locais de afluência desses franceses que, uma vez ascendendo socialmente, se deslocaram para essas regiões da zona sul. Os descendentes de franceses estão nesses bairros da zona sul do Rio de Janeiro: Jardim Botânico, como a família dos Isnard, além de Ipanema, Copacabana, Botafogo. Esses lugares da zona sul refletem essa questão da ascensão social dos franceses que fizeram seu lugar ao sol aqui no Brasil, seja na área de moda, seja na área do comércio.

Giselle, eu te agradeço muito novamente. Você trouxe questões interessantes, descortinou uma série de temas e de questões sobre a imigração francesa que são muito produtivos para pensar a diversidade de grupos étnicos que vão se fixar aqui no Rio de Janeiro.

Rui, eu quero agradecer o convite de poder apresentar a pesquisa. É um tema que apresenta uma série de lacunas, por isso nós falamos que ele é lacunar. Essas lacunas vão sendo respondidas na medida em que nós nos deparamos com as fontes. Essas fontes são interessantes, elas nos convidam ao mergulho dessa imigração. Eu agradeço muito essa oportunidade de retomar o tema, de apresentar para as pessoas, de estimular cada vez mais os estudos sobre esse tema que é um tema, sem sombra de dúvida, bastante convidativo e que ainda precisa de maiores, de mais reflexões.

9. Imigração alemã no Rio de Janeiro[1]

Luís Edmundo de Souza Moraes
Luís Reznik

O tema de hoje é imigração alemã no Rio de Janeiro e o nosso convidado é Luís Edmundo Moraes, professor da Universidade Federal Rural do Rio de Janeiro (UFRRJ). Luís é historiador, mestre em antropologia social, onde foi orientado pela saudosa professora Giralda Seyferth. No mestrado, ele discutiu a seção brasileira do Partido Nazista e depois fez doutorado em história na Universidade Técnica de Berlim, Alemanha. O tema da tese foi o Partido Nazista em Blumenau e no Rio de Janeiro. Atualmente, Luís Edmundo é professor da UFRRJ e tem vários trabalhos sobre migração alemã, não apenas no que diz respeito ao contexto do nazismo, mas que discutem também questões ligadas aos séculos XIX e XX. Eu quero saudá-lo em primeiro lugar e gostaria de ouvir suas palavras iniciais.

Obrigado pela apresentação gentil. Eu estou um bocado feliz de participar das "Terças na Hospedaria", visitar a Hospedaria é sempre um prazer, uma satisfação. Há algum tempo eu não transitava pelo tema da imigração, eu fui navegando por outras águas e é sempre muito animador retomar as coisas em algum momento da vida. Minha monografia de graduação foi sobre imigrantes em Petrópolis e eu fui seguindo por isso, caminhos curiosos.

Nós vamos fazer um circuito narrativo sobre a imigração, como em nossas outras conversas. É pensar: por que aqueles imigrantes efetivamente chegaram no Brasil e por que em algum momento eles se tornaram emigrantes? Como é que se dá essa chegada? E que tipo de política o Estado brasileiro ou mes-

[1] Conversa realizada em 8 de junho de 2021. Transcrição: Marianna Carolina Oliveira Costa Reis. Edição: Carolina da Costa de Carvalho e Luís Reznik.

mo intelectuais e dirigentes brasileiros pensaram para de alguma maneira acolher ou recusar determinados grupos de imigrantes? Como é que se deu o enraizamento desse grupo? Essa é uma narrativa tradicional, clássica, de uma discussão sobre imigrantes. Sobre os alemães, talvez existam algumas particularidades. E eu quero começar pela pergunta que pode definir os rumos de nossa conversa: nós falamos de alemães, mas a Alemanha efetivamente unificada só existe no final do XIX. O que significa falar de imigração alemã em meados do século XIX?

Não é um tema simples. Hoje convivem e disputam espaço percepções distintas do que é a nacionalidade alemã, do que é a "nação alemã" ou do que é o "povo alemão". Pensando especificamente no tema da imigração, a construção de uma identidade nacional que se chama de identidade alemã ou de nação alemã é um problema que atravessa todo o século XIX. Eu diria que as primeiras manifestações mais vigorosas disso são do século XVIII, mas o que é importante para nós é pensar que os dois termos geram problema. O primeiro é o termo "imigração". Quando nós falamos em imigração de alemães ou imigração alemã, nós construímos uma imagem do que isso significa e é uma imagem produzida, por um lado, pela memorialística, por pessoas que escrevem sobre a história dessas localidades e, por outro lado, também pela historiografia da imigração. Esse conceito de imigração acaba amarrando um tipo específico de movimento migratório e um tipo específico de pessoas e não outro. Na ideia de "imigração alemã", em geral, aparecem agricultores que vão para regiões coloniais, que são trazidos para núcleos coloniais com algum grau de homogeneidade. E, curiosamente, muito pouco, se falou, por exemplo, em imigração urbana levada a efeito por indivíduos que vêm para ficar definitivamente no Brasil ou mesmo imigrantes que vêm trabalhar e acabam se casando e ficando aqui, ou vêm individualmente também. Essa é uma primeira questão. A segunda é que o conceito de alemão é um nó. E a ideia da "terra dos alemães" ou "terra da língua alemã" (*Deutschland*) não é coincidente com o Estado alemão, que é chamado pelo mesmo nome. Significa que grupos que são, em geral, classificados ou classificáveis como alemães estão em regiões muito diversas, que vão da Rússia até a fronteira com a França, que vão da região do Tirol, das montanhas até o norte e em outros lugares que não são de ocupação contínua. Tem pessoas que vêm de muitos lugares diferentes, que falam línguas diferentes, apesar de todos eles falarem línguas do chamado tronco linguístico alemão. E muitas delas não se entendem entre si. E alguns dos que são classificados como alemães ou que se pensam como alemães vêm de regiões que quase não falam ou não falam alemão, casos que têm relação com movimentos migratórios anteriores como é o caso dos alemães do Volga que ocupam parte do sul do Brasil e parte do norte da Argentina.

E que língua que eles falavam?
Muitas comunidades falam russo, principalmente, ainda que o alemão seja uma língua, por assim dizer, da memória.

São aqueles russos-alemães que saíram da Alemanha no século XVIII em direção da Rússia, é isso?
Exatamente. Por conta do serviço militar obrigatório. São menonitas que, por razões religiosas, não faziam serviço militar.

A Hospedaria da Ilha das Flores recebeu em 1930 um grupo de menonitas. Foi a primeira vez que eu escutei falar desses russos-alemães.
Isso significa que tem gente que vem de lugares muito diferentes que não coincidem com aquilo que vai se tornar a Alemanha. Em segundo lugar, pessoas que se identificam de formas diferentes porque vêm de países diferentes. Antes da construção da Alemanha, as pessoas vinham de Württenberg, vinham de Baden, vinham da Baviera, enfim, e elas chegavam aqui e perguntavam: "Qual a sua nacionalidade?", e elas se registram "Eu sou de Hessen", "Eu sou de Württenberg", "Eu sou bávaro". Essas coisas todas acabam por conduzir, eu diria, a um nó classificatório em que eles se dizem uma coisa, mas são registrados de outra forma em alguns documentos. Em alguns casos, os agentes

de imigração produzem registros pelo lugar de origem, em outros, produzem registros pela língua. Agentes de migração diferentes, às vezes, classificam pessoas que vêm do mesmo lugar e falam a mesma língua de formas diferentes. Então pessoas que vêm da Áustria são chamadas de alemães e outras vezes são chamadas de austríacos, o que impacta nas estatísticas. As estatísticas têm diferenças surpreendentes. Entre estatísticas oficiais que, por assim dizer, expressariam o número de "alemães" que entraram no Brasil, tem uma citada pelo Emílio Willems,[2] que é curiosa e tal, pois são três estatísticas diferentes para o mesmo período, meados dos anos 1880 até 1939, se eu não estou enganado. A estatística que registra o menor número de entradas é de 65 mil "alemães" e a de maior número de entrada eu acho que foi alguma coisa em torno de 130 e tantos mil "alemães".

A diferença é gritante. É de duas vezes.

Gritante. Claro, tem estatísticas feitas por historiadores que consideram a língua por meio de recenseamentos e que apontam que até 1959 chegaram no Brasil em torno de 350 mil pessoas. Outro faz o mesmo cômputo e chega em torno de 240 mil ou 250 mil, não tenho o número preciso. Ou seja, as definições do que é ser alemão produzem um impacto grande para o registro de entrada e movimentação dessas pessoas e para a pesquisa. Se você me permite só pensar em uma última coisa, elas também produzem efeito na forma como nós lidamos com o material primário. Nós que somos educados no mundo nacional, somos formados a pensar nacionalmente, por assim dizer. Ao longo do tempo em que fui mexendo com o material primário produzido no século XIX, antes da construção do Estado, eu fui me deparando com cartas e diários que não usam o termo alemão ou que o usam em circunstâncias muito particulares, relativas a grupos linguísticos, latinos e alemães. Eu comecei a observar que essas identidades de países Hessen, Bavária,

---

[2] WILLEMS, Emílio. *A aculturação dos alemães no Brasil*: estudo antropológico dos imigrantes alemães e seus descendentes no Brasil. São Paulo: Ed. Nacional; INL, 1980.

Württenberg e por aí vai, tinham impacto sociológico, ou seja, produziam efeitos na vida cotidiana das pessoas separando ou juntando o que o conceito de alemão permitiria. Durante muito tempo, a historiografia deixou de lado ou deixou de ver essas particularidades, talvez porque não tenha procurado. A ideia de que todo mundo era alemão estava tão bem armada e fixada que, de uma forma ou de outra, ela pode ter direcionado a atenção de memorialistas e historiadores para não se preocupar em buscar as diferenças internas ao grupo.

Eu acho que é comparável, por exemplo, de formas muito distintas com outras duas experiências. Uma é a dos italianos. Também exatamente pela constituição tardia do Estado nacional italiano. Parece que tem o mesmo imbróglio em relação aos estudos da imigração italiana. O pessoal que estuda imigração italiana também comenta que, mesmo após o Estado nacional unificado no caso da Itália, as pessoas que aqui chegavam vinham com identidades locais, regionais, identidade do Vêneto, identidade do Friuli, identidade da Sardenha. Eu imagino que no caso alemão, mesmo no final do século XIX, quando eles já chegam talvez com o passaporte alemão, eles também chegam com identidades particularizadas, de tal maneira que nós aprendemos que a identidade italiana para muitos que chegaram no século XIX se constitui aqui no Brasil e não na Itália. Imagino que no caso alemão deve ser semelhante. Isso é o primeiro comentário. O segundo comentário é em relação às estatísticas que você falou e aí eu queria comentar sobre os árabes. Nós também temos conversado com o pessoal da imigração árabe e, de forma muito distinta dos alemães, é uma tremenda confusão porque eles chegam como turcos, como sírios, como libaneses, como árabes. Até porque os passaportes são distintos porque era Império Turco. Então tem o registro do sujeito, tem a origem legal do passaporte de onde ele vem e tem o olhar externo, quer dizer, o olhar do agente imigratório em relação a isso. É claro que é irresolvível, digamos assim. O que precisa ser feito é isso que você talvez esteja fazendo, que é um olhar para problematizar essas questões ligadas à identidade.

Tem muita gente que circula pelas áreas coloniais e deixa registro e nós vemos que isso produz efeito ainda um tempo depois de as pessoas chegarem. Ou seja, isso é longevo. Essas identidades que nós chamamos de nacionais — em função desse universo nacionalista no qual somos formados e, eu diria, por certa prudência, porque identidade nacional é de Estado-nação — são objetivamente identidades nacionais que não se fizeram valer como identidade de Estado. Então, assim, os suábios falam suábio, que não é necessariamente compreendido pelos pomeranos ou pelos frísios no norte. E essas identidades que eles trazem vão se desfazendo com o tempo. Isso que você aponta eu acho que é justíssimo. As pessoas se tornam alemãs aqui porque são classificadas como alemãs por um conjunto de instituições oficiais e privadas. Ainda que não se identifiquem assim no início, têm experiências de vida em comum com pessoas "menos diferentes" do que os brasileiros, vão construindo referências de identidade que, antes, não estavam lá e vão se acostumando a pensar dessa forma. E há também uma política de produção destas identidades, de demarcação de fronteiras do grupo dentro desses espaços. São políticas de construção do grupo que se realizam por meio de escolas, de clubes, de outros espaços de socialização.

Como é que se faz a unificação da língua, nesse caso?
A escola é um elemento decisivo.

E aí vai ser o alemão oficial.
O alemão padrão. Até onde eu sei, desde 1850 existem associações que são de suporte aos núcleos de emigrados que se constituem no Brasil. A primeira delas foi feita com o suporte e a iniciativa do Hermann Blumenau[3] na fundação da colônia de Blumenau, em 1850. E isso se torna um tipo de associação estável na Alemanha, em especial entre finais do século XIX e a primeira metade do século XX. São associações muito

[3] Químico e farmacêutico alemão responsável pela fundação da colônia São Paulo de Blumenau, na província de Santa Catarina. Atualmente, a colônia corresponde ao município de Blumenau.

importantes e muito poderosas que enviam livros, financiamentos, professores para o Brasil. São associações privadas.

O Estado não interfere?
Pouquíssimo. O Estado até interfere, mas as iniciativas de financiamento e do estabelecimento de conexão com os grupos de migrantes são privadas. A associação que é talvez a mais importante no fluxo de informações, materiais, professores e financiamento de escolas é uma associação privada que tem núcleos em diversos lugares na Alemanha e uma central que coordena as atividades. Isso se torna uma entidade paraestatal, não propriamente estatal, só nos anos 1930. Antes disso, havia conexões com o Estado e essas conexões são de natureza diversa. Não só membros do Estado fazem parte dessas associações, como também as embaixadas, o serviço diplomático funciona como um meio, um instrumento de estabelecimento de pontes, mas são associações fundamentalmente privadas.

Mas com o Terceiro Reich isso vem mais para o Estado?
O Terceiro Reich tem uma particularidade, que é o fato de que lá as mesmas funções são desempenhadas por diversas agências estatais e não estatais. Uma mesma função é desempenhada por entidades de tipo e natureza diferente e, em geral, em concorrência. A mesma função de assistência aos alemães do exterior é cumprida por entidades privadas e por entidade do Estado e também pelo Ministério das Relações Exteriores e pelo partido nazista. Há brigas, com o partido nazista, inclusive, mas a entidade privada permanece desempenhando estas funções, ainda que com o controle estrito do Estado.

Você consegue identificar essas relações em comunidades, colônias agrícolas ou urbanas no Estado e na cidade do Rio de Janeiro?
Um dos lugares onde eu colhi o maior volume de matèrial primário sobre vida associativa e em espaços urbanos e rurais foi em um instituto que se chama hoje de Institut für Auslandesbezieungen

(Instituto de Relações Internacionais). É uma instituição privada constituída logo depois da Primeira Guerra Mundial e que mantinha correspondência regular com todos os núcleos coloniais e com instituições desses núcleos coloniais urbanos e rurais. Então tem relatórios regulares, tem representantes dessas pessoas em diversos lugares do Brasil, inclusive no Rio de Janeiro. As escolas alemãs têm suporte dessa instituição, é uma instituição um bocado importante para diversos núcleos coloniais no mundo, inclusive no Brasil e certamente no Rio de Janeiro.

Vamos voltar à nossa narrativa clássica. Por que esse pessoal emigrou da Europa Central no século XIX?

Os ditos alemães ou os imigrantes de língua alemã, do tronco linguístico alemão, saem de lugares diferentes por razões distintas. Por exemplo, no caso dos menonitas no século XX, de que nós falamos anteriormente, eles saem por conta do serviço militar obrigatório, alguns saem por conta da Revolução Russa. No século XIX, a Alemanha passa por um processo de reestruturação do campo que é muito importante e vigoroso. É um país fundamentalmente agrário que chega até os anos 1880 com grandes cidades industrializadas, com núcleos urbanos que crescem brutalmente. Se alguém dormisse no início do século XIX em Berlim e acordasse no final do século não reconheceria a cidade. É uma mudança muito brutal, um crescimento muito vigoroso. O processo de industrialização, que transforma esse mundo que até então era fundamentalmente agrário e onde os produtos industrializados eram produzidos por artesãos, impacta no empobrecimento de um setor importante, que são os setores médios, autônomos, de produção de bens industriais fora do mundo da indústria. Ao mesmo tempo, o campo alemão passa por uma transformação enorme por queda de vínculos feudais em alguns países. Existem Estados da parte oriental do Sacro Império Romano-Germânico, por exemplo, que ainda têm laços feudais muito vigorosos e ativos até princípios do século XIX. Em alguns outros Estados, os laços feudais já tinham se desfeito um pouco, em especial no Ocidente com a invasão napoleônica. Mas o campo, de uma forma geral, é impactado por isso de duas formas: por um lado, propriedades crescem à custa de pequenas e médias propriedades, e isto produz êxodo rural e empobrecimento. A legislação de herança, por outro lado, produz uma fragmentação muito grande no campo. Só fechar esse parêntese para não esticar muito a corda: significa que são processos diferentes, mas que todos eles culminam numa mesma coisa. Primeiro, êxodo rural maciço que começa na primeira metade do século XIX e se manifesta de forma muito vigorosa até os anos 1860 e 1870. Uma segunda variável é um crescimento urbano muito grande que não absorve de forma digna essa população que sai do campo. Então são camponeses deslocados, pauperizados, junto com artesãos de setores médios urbanos pauperizados por conta do problema da industrialização, vivendo em espaços urbanos muito insalubres em alguns casos. E há um número grande de trabalhadores migrantes, de pessoas que perdem a terra e que passam a buscar trabalho. Isso faz com que esse seja um terreno muito propício para que as pessoas queiram sair. E muitas pessoas saem para lugares diferentes. A Argentina e os Estados Unidos receberam muita gente, o Brasil recebeu uma parcela relativamente pequena. Mas o ímpeto de saída tem a ver em grande medida com esses fenômenos de natureza econômica e social e, em alguns casos pontuais, problemas de natureza política. Logo depois da revolução de 1848 e 1849, por exemplo, a repressão foi relativamente vigorosa e muitos liberais — militares ou civis — saíram em busca de alternativas de onde ficar em segurança. Muitos foram para os Estados Unidos, alguns foram para a Argentina e para o Brasil, mas essa é uma fatia pequena das pessoas que saíram.

No século XX isso deve ter ocorrido no entreguerras, principalmente com a ascensão do nazismo?

O período do entreguerras tem essa particularidade. A situação de crise econômica da República de Weimar derivada de hiperinflação e do pagamento de reparações é um contexto muito particular em que a Alemanha, já enquanto país, foi colocada em uma situação de insolvência. Isso produziu um altíssimo índice inflacionário, com uma enorme queda no valor da moeda, gerando uma perda brutal no valor de salários e uma pauperização muito generalizada em espaços urbanos e rurais. Muita gente saiu da Alemanha em princípio dos anos 1920 por conta desses efeitos da guerra e da crise. Na primeira metade dos anos 1920, antes do início da recuperação econômica em 1925 e 1926, tem um movimento muito grande de saída de alemães.

É um momento em que tem um forte registro de entrada na Ilha das Flores. Não que os imigrantes tenham todos chegado na Ilha das Flores, muito pelo contrário, mas esse é um momento importante de registro de alemães na Ilha das Flores.

Eu diria que é o momento de maior concentração de chegada de imigrantes individuais na história do que nós chamamos de imigração alemã no país. E os imigrantes tem um perfil sociológico muito diferente. Se antes parte significativa era direcionada para colônias agrícolas e muitos deles eram camponeses ou com uma história familiar de serem camponeses migrados para a cidade, essa imigração que chega nos anos 1920 é fundamentalmente urbana. E isso gera um estranhamento nos núcleos coloniais para onde essas pessoas vão. Essa é outra dimensão do debate do que é ser alemão. Esses novos imigrantes que chegam nos anos 1920 com um perfil diferente, mais educados e de profissões urbanas, eles são chamados em alguns núcleos coloniais de "alemães novos". Não são "gente como a gente". É um pessoal meio diferente, falam um alemão esquisito. Obviamente, nos núcleos coloniais havia uma tendência a manter padrões de fala e de uso alemão ainda do século XIX, enquanto esse novo fluxo de imigrantes do século XX é urbanizado, vinham com referências um pouco diferentes. Em cidades grandes isso impacta menos, mas em núcleos coloniais isso é muito sensível. E um conjunto de relatos enorme fala desse estranhamento.

Gostaria que comentasse sobre a política do Estado brasileiro e mesmo o pensamento social brasileiro dos séculos XIX e XX que, regra geral, via positivamente a migração alemã.

Os alemães, dito nesse singular coletivo, eles deixaram de ser uma coisa e se tornaram outra ao longo do tempo. Na primeira metade do século XIX, os alemães eram, lembrando o livro do Fábio Koifman,[4] o "imigrante ideal", pensado como camponeses, europeus, brancos, bem-comportados, religiosos.

Trabalhadores.

Trabalhadores. Eles se tornam em finais do século XIX e ao longo do século XX, em especial por conta de um fenômeno de natureza estritamente política, um grupo indesejado por parte do pensamento nacionalista, o que nós podemos chamar de pensamento social ancorado a uma ideia de uma nação homogênea e tal. No início eles são desejados porque tem essa imagem de que os alemães são ótimos trabalhadores, camponeses natos e bem-comportados, e que seria um ótimo material humano para ajudar o Brasil a dar conta de dois tipos de problemas. Por um lado, a ocupação do território. Nós tínhamos vazios demográficos que nos colocavam em uma situação delicada de fragilidade do ponto de vista da defesa. Em segundo lugar, nós precisávamos nos civilizar. E nada melhor para fazer as duas coisas do que ocupar a terra com camponeses em experiência de ocupação, sem o uso de trabalho escravo, com produção familiar para abastecimento interno e camponeses brancos. E aí vem o veio racista desse pensamento que se torna erudito no final do século XIX com as ideias de branqueamento. Mas já se manifesta bem cedo a ideia de que os então chamados de

---

[4] KOIFMAN, Fábio. *Imigrante ideal*: o Ministério da Justiça e a entrada de estrangeiros no Brasil (1941-1945). Rio de Janeiro: Civilização Brasileira, 2012.

"trabalhadores nacionais" não seriam propriamente adequados a esses projetos de colonização e de ocupação de território porque, afinal de contas, não nos ajudariam a ir muito longe no caminho do progresso. O ideal é esse: progresso e civilização estão mais associados de acordo com essa raiz de pensamento racista a grupos brancos europeus e não a quaisquer outros grupos.

Como é que se opera a transformação de desejável para indesejável?
Até os anos 1930, as políticas imigratórias previram a vinda de pessoas, uma das duas dimensões das políticas de imigração. Mas a segunda dimensão dessas políticas, que dizia respeito aos processos de assimilação dos estrangeiros, de miscigenação, de integração e de branqueamento foi deixada de lado. Deram conta de uma das partes dessa política que é definir quem é que a gente traz e como que a gente arregimenta, mas não trataram da forma como o Estado interviria para produzir um ambiente em que a assimilação, a miscigenação ou o caldeamento, como se chamava, pudesse ser possível. Isso significa que imigrantes diversos foram trazidos para projetos de colonização rural, foram colocados de forma precária nos locais de destino. Não são poucos os casos em que promessas de subsídios do governo imperial e, depois, da república, não foram cumpridas. Isso gerou muito descontentamento, muito abandono de lotes. Mas quaisquer outros tipos de intervenção do Estado nesses núcleos ficaram fora de qualquer política, ou de qualquer desenho de política imigratória. O que significa isso? Significa que os núcleos de imigrantes, diversos núcleos, às vezes mistos, às vezes não, construíram as suas próprias instituições e se estabeleceram de forma autônoma, montando fronteiras, por assim dizer, de natureza étnica.

O que, no linguajar nacionalista, chamariam de "quistos".
Quisto. Perfeito. Isso. Os nativistas começaram a chamar isso de "quistos étnicos" ainda no século XIX, em especial os republicanos porque a política do Império brasileiro trouxe essas populações, mas não as integrou. E agora caberia integrar. Nem a República fez isso. O

Estado Novo é que vai intervir neste terreno com aquilo que chamou de "campanha de nacionalização". É o Estado Novo que promove a primeira intervenção de fato, que é muito brutal, com a proibição do uso de língua estrangeira e o esforço de acabar com as instituições, com escolas entre outras. Essa ideia do enquistamento étnico era justificada pelo argumento de que os imigrantes alemães, que se mostraram "inassimiláveis", seriam um problema para a nossa segurança porque geram um risco, a separação de territórios por meio de movimentos irredentistas, que reivindicam a ligação com a "Pátria Mãe" etc.

Com o germanismo e coisas do gênero, não é?
Perfeito. Isso em relação aos alemães foi muito forte com a entrada em cena a partir dos anos 1890 da Liga Pangermânica, que fazia uma política muito vigorosa junto ao Estado alemão para que os alemães no exterior não só mantivessem a conexão, digamos, "espiritual" ou "cultural" com a "Pátria Mãe", mas também que essa conexão fosse de natureza política. A Liga Pangermânica fazia isso, mas não significa que esses projetos fossem absorvidos ou fossem absorvidos da mesma forma em núcleos coloniais. Esse é um dos problemas que, em geral, atravessa parte da historiografia sobre política em regiões coloniais. Às vezes, toma-se a produção discursiva de entidades, como a Liga Pangermânica, como tendo sido recebida e reproduzida da mesma forma nas chamadas "regiões coloniais" assim em grande medida. Com o nazismo, isso se agrava muito. A presença do Partido Nazista a partir do início dos anos 1930. Antes disto houve a experiência de construção de um núcleo em Porto Alegre em metade dos anos 1920 e depois, a partir de 1928, também em Santa Catarina. Mas em especial a partir do início dos anos 1930, começa a ter núcleos estáveis, em grandes cidades e ter mais visibilidade.

Teve no Rio de Janeiro?
Tem um núcleo importante no Rio. A organização do Partido Nazista com visibilidade dá, eu diria, um reforço muito grande para essa ideia de

que os alemães foram deixados à sua própria conta. Os italianos foram deixados à sua própria conta, os fascistas conseguiram se enraizar entre os italianos, os nazistas se enraizaram entre os alemães e está aí o risco de separatismo, o risco de nós perdermos território. Nesse sentido, o Partido Nazista foi considerado uma Quinta Coluna.[5] Isso é um mito que teve vida longa na historiografia sobre a presença de alemães no Brasil.

O que você está dizendo é que é uma generalização indevida, mas ainda assim teve repercussão forte nos meios intelectuais e políticos brasileiros.

Não tenha dúvida! Mais do que simplesmente isso, a ideia de que Liga Pangermânica e Partido Nazista são um perigo à unidade nacional é uma percepção dos contemporâneos desse fenômeno. Em alguma medida, é uma percepção, por assim dizer, interessada. Como expressão do tensionamento internacional, é produzida uma propaganda antinazista por parte de países que depois vão se aliar na Segunda Guerra Mundial, mas já existe desde os anos 1930, em especial na Inglaterra, a ideia de que os nazistas no mundo são um risco. Nos Estados Unidos essa ideia de que a presença do partido nazista na América do Sul, nas Américas, é um risco também é comprada, ganhando expressão nas reuniões panamericanas. A imagem que se estabelece é a de que partido nazista entre nós é grande, bem organizado e bem preparado para produzir, sob o comando de Hitler, um movimento separatista ou mesmo uma invasão militar. Só que isso é um elemento de propaganda muito importante, e nós conseguimos entender que pessoas pensassem assim naquele contexto, mas não tem ancoragem empírica. O partido nem era tão grande assim e nem pensava muito nisso. E os colonos alemães que todo mundo achava que eram todos nazistas, objetivamente, não eram.

---

[5] Durante a Segunda Guerra Mundial, foi utilizado para referir-se àqueles que agiam sub-repticiamente num país em guerra, ou em vias de entrar na guerra, preparando ajuda em caso de invasão ou fazendo espionagem e propaganda em favor do Eixo. Na Europa esses indivíduos também eram chamados de colaboracionistas. Disponível em: https://cpdoc.fgv.br/producao/dossies/AEraVargas1/glossario/quinta_coluna.

Vamos pensar o Rio de Janeiro, cidade e estado? Qual é a dimensão da imigração alemã brasileira para o Rio de Janeiro? E do ponto de vista associativo, do ponto de vista das articulações, em quais localidades do estado eles estão mais presentes? Como é que eles se organizam?
Tem duas coisas importantes aí. A primeira instituição que nós podemos chamar de uma instituição étnica ligada a essa identidade alemã ou germânica ou alguma coisa assim foi uma instituição constituída em 1821, antes daquilo que é formalmente tido como o início da colonização alemã no Brasil.

Formalmente é 1824. Tem até as comemorações do bicentenário da imigração.
Exatamente. 1824, com a fundação da colônia em São Leopoldo. A curiosidade é que, antes do início da imigração, já havia uma entidade étnica, chamemos assim. Eu uso esse conceito ainda com algum cuidado, mas, de qualquer forma, o Clube Germânia do Rio de Janeiro, chamado Sociedade Germânia, foi fundado em 1821. Se ele foi fundado em 1821, é porque tinha núcleo de pessoas de língua alemã que tinham algum tipo de identificação com esse grande campo de identidades e vêm, em especial, a partir da abertura dos portos com a chegada de comerciantes na cidade do Rio de Janeiro. A abertura dos portos em 1808 abre a possibilidade de casas de comércio serem instaladas e alguns "alemães", sempre entre aspas, vêm para cá, constituem casas de comércio e em 1821 montam a Sociedade Germânia, que era uma sociedade mais "internacional" do que propriamente "alemã", ainda que levasse esse nome. Tinha muita gente de língua alemã, mas tinha franceses e ingleses. Em 1830, se eu não estou enganado, tem uma primeira mexida no estatuto em que se exige que dois terços dos sócios sejam de língua alemã. Isso nos indica uma experiência de constituição de espaço associativo. Tem um trabalho da Marina Michahelles[6] muito

---

[6] MICHAHELLES, Marina. *A colônia alemã do Rio de Janeiro*: a Sociedade Germânia e a construção de uma identidade teuto-brasileira. Dissertação (mestrado) — Universidade Federal Fluminense, Niterói, 2003; MICHAHELLES, Marina. A "colônia alemã" do Rio de Janeiro pelas lentes do Clube Germania. *Travessia*, n. 42-50, p. 35-39, 2002.

legal sobre a Sociedade Germânia. Experiências de construção de núcleos urbanos são muito pouco consideradas pela historiografia e isso é um bocado importante. A data da imigração é tomada como a data da fundação de São Leopoldo. Antes disso, tem a construção da colônia Leopoldina na Bahia, em 1818. Em 1819, tem a criação de Friburgo, no Rio de Janeiro, com os suíços de língua francesa que experimentam uma situação trágica. Mais da metade dos imigrantes que vem para cá morre ou na viagem ou nos primeiros seis meses e muita gente abandona os lotes. A situação e a infraestrutura são muito precárias. Pouco depois, alemães foram dirigidos para Friburgo, alemães que vieram para cá um pouco pelo serviço militar e foram dirigidos para Friburgo para reocupar esses lotes que foram deixados vagos. Essas experiências da Sociedade Germânia e da vinda de imigrantes para o núcleo no Rio de Janeiro antecedem o próprio início dos grandes fluxos de migração dirigida e subsidiada que tem em São Leopoldo e isso é um marco. E nesse sentido é aquilo que a gente falava no início, o conceito de imigração tendeu a ser usado em um sentido particular, abarcando alguns tipos desse fenômeno, mas deixando alguns outros na sombra. Dentro desse quadro, esse núcleo associativo se constrói no Rio de Janeiro ainda em 1821. Nós temos pouca informação sobre isso, a não ser por meio de um livro comemorativo feito em 1921 por uma das figuras que foi designada para escrever a história da sociedade, chamado Heinrich Hinden.[7] A questão é: nós temos pouco material organizado sobre a vida associativa e cotidiana desses alemães que vivem no centro urbano e que vivem de forma estável. Alguns deles vêm para trabalhar em comércio, mas constroem família, nascem filhos e vão ficando. Um pouco mais documentada é a experiência da construção de Petrópolis, que é o primeiro núcleo de colonização dirigida para o Rio de Janeiro. Até 1850, mais ou menos, tem a lei de

[7] HINDEN, Heinrich. *Deutsche und Deutscher Handel in Rio de Janeiro*. Ein hundertjähriges Kulturbild: Zur Zentenar Feier der Gesellschaft "Germania". Rio de Janeiro, 1921.

terras e o Império era o ator impulsionador dos processos de ocupação de território por meio de imigração. O governo central era o responsável e quem dava os instrumentos para que o fenômeno imigratório tivesse se estabelecido e para que pessoas fossem instaladas em terras. E fazia isso, em especial, por meio de agenciadores. Até os anos de 1820, essas primeiras experiências, creio que foram nove colônias, em especial no sul do Brasil, que funcionaram, como a de São Leopoldo. Outras não funcionaram. Só outro parêntese importante: os agenciadores recrutavam colonos agrícolas para ocupação de território, mas também soldados para compor batalhões de estrangeiros para o Exército Imperial. Nesse momento, o Brasil era recém-independente e a opção foi constituir um exército ou força militar por meio da incorporação de militares estrangeiros com alguma experiência e batalhões com um grau de homogeneidade com oficialato falando a mesma língua. Obviamente isso não se deu em quase nenhum caso. Mas havia batalhões muito homogêneos. E muitos alemães foram arregimentados especificamente para serviço militar e outros colonos foram arregimentados para ocupar terras, para vir como agricultores, como camponeses, mas, ao chegarem, alguns foram incluídos em batalhões como condição para serem, posteriormente, encaminhados para a colonização. Em 1828, o Rio de Janeiro experimentou uma revolta importante dos batalhões estrangeiros por conta de condições ruins, por conta de imprecisão de quanto tempo as pessoas deveriam servir nos batalhões estrangeiros e por aquilo que muitos deles falaram que foi uma quebra de contrato porque foram, afinal de contas, trazidos para cá para serem agricultores. Essa revolta levou ao fim dos batalhões estrangeiros em 1830. A minha questão é que isso gerou um balde de água fria em projetos de colonização que ficaram interrompidos por algum tempo e foram retomados nos anos 1840.

Petrópolis foi um desses casos.

É a retomada com a expectativa de fazer um projeto de colonização modelo que pudesse impulsionar outras pessoas a seguirem o exemplo do imperador, porque foi um projeto de colonização feito em terras privadas, e isso é muito diferente do que acontece em outros casos em que os colonos não teriam a propriedade da terra. O imperador cedeu parte da Fazenda do Córrego Seco para fazer os lotes, para construir a colônia de Petrópolis, e junto disso seria construído um Palácio, uma área em que a família imperial passaria um tempo e, no final das contas, foi isso: o governo se mudava sazonalmente para Petrópolis. É uma iniciativa única, no sentido em que o imperador estava lá, ele tinha todo interesse em que o negócio desse certo. Mas, ao mesmo tempo que é singular, repete um conjunto de experiências comuns a outras experiências coloniais. Quando alguns colonos chegaram, não tinha muita demarcação pronta ainda, o problema de financiamento e o fato de que algumas parcelas de terras em Petrópolis eram em regiões em que as pessoas não tinham como plantar muito. Petrópolis não é um lugar propício a um tipo de agricultura a que muitos dos colonos estavam acostumados, e parte dessas terras não são propriamente férteis para um tipo de cultura que pudesse manter a colônia viva, ativa e economicamente potente. Então, muitos colonos em Petrópolis foram deixando a agricultura e começaram a trabalhar em obras públicas, justamente na construção da cidade e do Palácio. O projeto de colonização foi isso, muitas famílias permaneceram, mas não mais como agricultores ou dentro da expectativa de fazer disso uma colônia agrícola modelo. Por conta da proximidade com a Corte, muitos "trabalhadores nacionais" foram levados para lá também para construir Petrópolis. Houve um processo muito acelerado de adoção da língua portuguesa, aquilo que se chama de forma genérica de "assimilação". E a reconstituição de uma política nacionalista alemã de preservação da língua, de constituição de instituições, se deu mais para o final do século XIX. Então Petrópolis tem um hiato. Em jornais alemães das décadas de 1860 e 1870, já existia a reclamação de que muita gente não falava mais alemão, não queria falar alemão em casa. Eu trabalhei com jornais que tiveram interrupção, jornais que vão até mais ou menos os anos 1860 e jornais que pegam a Primeira Guerra Mundial, as duas primeiras décadas do século XX. Tem a reclamação, por um lado, de que pouca gente preservava a língua, a cultura e os vínculos com o país natal; e, por outro, um incentivo muito grande de intelectuais da colônia de retomada disso. "Reaprendamos a língua", "refaçamos os laços perdidos". Sem a menor dúvida, isso não se expressou na ausência de estruturas associativas, mas elas se tornaram mais marcadamente étnicas a partir do finalzinho do século XIX, em especial, e no início do século XX.

A quais instituições você está se referindo? Julianna, pesquisadora do Centro de Memória, pergunta se a Igreja Luterana tem algum papel nisso. Quando você fala que certamente instituições associativas tiveram papel importante nessa definição, redefinição de um pertencimento de identidades, quer dizer, ela quer saber se a Igreja é fundamental nesse processo.

A particularidade de Petrópolis de ser esse tipo de colônia privada, ao cuidado do imperador, com expectativa de ser modelo, fez com que o Império relaxasse na relação que tinha com os não católicos. Constitucionalmente, os não católicos poderiam ter culto privado, mas não igreja nem culto público, mas em Petrópolis isso foi relaxado. As primeiras levas de migrantes tiveram não só assistência de um pastor evangélico, mas puderam também construir igreja. Isso no início da colonização. Veio padre católico para dar assistência também aos imigrantes católicos de Petrópolis. Esse padre católico é envolvido em uma disputa de espaço com o pároco brasileiro, sobre quem é que deveria dar assistência religiosa e que tipo de assistência religiosa se daria aos católicos de Petrópolis. O padre acabou por ser expulso da colônia e do país por apostar em um tipo de papel da Igreja que era o papel também de preservação da língua, de manutenção de identidade particular dos alemães de Petrópolis que os diferenciaria dos brasileiros. A questão das religiões é muito importante, porque as religiões são um aspecto importante de como que se redesenhou a fronteira étnica desses imigrantes em meados do século XIX. A história é muito comprida, mas objetivamente entre luteranos e católicos as relações eram muito tensas e muito distantes na Europa Central. E aqui, grupos de uma mesma região, católicos e luteranos, tenderam a se aproximar superando as fronteiras religiosas em nome de identidade de origem, chamemos assim, nacional. Grupos que vinham de uma mesma região, ainda que de religiões diferentes, se aproximaram. Eu não sei dizer qual o impacto, ou do quanto esses espaços religiosos produzem efeito nas fronteiras étnicas ao longo do século XIX. Eu não tenho registro disso a longo prazo, eu estudei até os anos 1860. O que é importante mais para o final do século XIX é o papel dos intelectuais por meio da imprensa, de estruturas associativas que nunca deixaram de existir, indo de grupos de canto às escolas. O papel desses intelectuais é importante no sentido de que eles intervêm no espaço público com um projeto de retomada de uma identidade supostamente perdida. Isso produziu efeito no espaço público e pode ser visto só por meio da imprensa até agora. Eu não conheço outra documentação que dê acesso a isso a não ser a imprensa em língua alemã, que é uma imprensa nacionalista que tinha um papel importante no agenciamento da reconstituição étnica do grupo.

Luís, quando nós estávamos falando sobre Petrópolis, você ia começar a falar sobre o Rio de Janeiro, em especial sobre os alemães na cidade do Rio.
Ao contrário das áreas coloniais, nós não temos como fazer o mapeamento geográfico dos alemães no Rio. Nós temos como fazer o mapeamento institucional. Ao longo do século XIX, os alemães que nós conseguimos observar no Rio de Janeiro são fundamentalmente comerciantes e pessoas ligadas à elite de comerciantes. Nós sabemos por tabela que existiam também cocheiros e outras pessoas que não eram da elite e que eram consideradas alemães. Isso se torna mais visível depois da Primeira Guerra Mundial, com a imigração em massa que vem na primeira metade dos anos 1920. Nesse período, nós vemos por meio do recenseamento brasileiro a presença de indivíduos de ci-

dadania alemã, ou seja, recentemente migrados que moram por toda a cidade do Rio de Janeiro, em bairros pobres ou em bairros ricos. A maior parte dos cidadãos alemães mora nos bairros mais elegantes que vão de Santa Teresa, Gávea, Copacabana. Mais de 50% dos alemães estão nesses bairros mais ricos, mas tem a distribuição de cidadãos alemães por toda a cidade. Aqueles que não são cidadãos alemães nós não conseguimos ver como grupo, nós só conseguimos ver em alguns casos perseguindo histórias individuais, o que obviamente não é suficiente para ter algum mapa.

Mas nem pela via associativa se consegue verificar a existência de instituições com muitos registros?
Claro que tem. A Sociedade Germânia, por exemplo. Na realidade, as associações e as igrejas evangélicas nos permitem ter acesso a esses grupos de pessoas. Até onde sei, não foi feito ainda um estudo sociológico por meio desses materiais sobre a presença de alemães ou dos ditos alemães que não são cidadãos no Rio de Janeiro. É difícil saber, inclusive. Algumas instituições têm isso preservado referente aos anos 1920 e 1930, outras não. De qualquer forma, o que é possível saber sobre o perfil sociológico e a distribuição dos alemães no Rio de Janeiro é visível por meio das associações. Ou seja, existem escolas na Baixada Fluminense, em Nilópolis, em Niterói... Estou falando dos anos 1920 e 1930, pós-Primeira Guerra. Existem clubes também espalhados pela cidade, há uma instituição de ajuda a necessitados, incluindo emigrados. Nós sabemos por isso que existem também alemães necessitados na cidade do Rio de Janeiro que vão mensalmente atrás de assistência. Mas, até onde sei, essa informação é recolhida por meio de um importante jornal alemão do Rio chamado *Deutsche-Rio Zeitung*. Esse jornal permite ver pontualmente não só a distribuição como também a diferença de estratificação daqueles que são chamados alemães no Rio de Janeiro. Não tem como saber a significação disso em termos quantitativos. Quantas pessoas são pobres, por exemplo? Nós não sabemos disso. O cruzamento pela

língua alemã como língua-mãe pelos recenseamentos também não nos dá a resposta. A única informação objetivamente segura em termos quantitativos é a de presença de cidadãos alemães, não muito mais do que isso. E a vida associativa no Rio é muito vigorosa nesse período. Não só escola, igreja, clube de ginástica e clube de canto. É constituída uma associação de firmas alemãs da cidade do Rio de Janeiro. Nos anos 1920, em torno da guerra, é construída uma associação central das associações alemãs do Rio de Janeiro. Isso se tentou reconstituir nos anos 1930 e teve vida relativamente curta. Tem um jornal importante de circulação diária.

Esses registros que você tem dessas variadas associações, são todas via jornal ou essas associações também deixaram registros?
Essas informações derivam do trabalho no arquivo sobre o qual eu falei no início, um arquivo alemão que observava como funcionava a vida associativa fora da Alemanha e tinha lá uma pasta enorme com materiais do Rio de Janeiro.

E esse arquivo está na Alemanha?
O nome é Institut für Auslandsbeziehungen, que tem um arquivo superimportante que reúne cartas e relatórios de pessoas que são contatadas para serem representantes e relatores deles, de pessoas que escrevem para lá pedindo ajuda ou pessoas que escrevem pedindo suporte para uma iniciativa de construir uma escola, construir um clube, ou pedindo informação. É um material, eu diria, muito rico. Isso está na minha tese de doutorado. Aquilo que diz respeito à reconstrução de vida associativa que eu pude fazer da cidade do Rio de Janeiro e de Blumenau foi realizado com base nesse material e nos jornais das cidades. Eu tentei, em alguma medida, algum exercício de prosopografia, mas não funcionou, então eu deixei isso fora, mas percorri casos de pessoas que imigraram. O interesse da tese era discutir o Partido Nazista e, nesse sentido, o olhar para o espaço público de língua alemã foi muito particular.

O nosso tempo acabou e nem de longe Luís Edmundo tocou em um objeto muito caro a ele, relativo aos alemães nos anos 1930 e 1940, no Brasil.[8] *Creio que essa conversa cumpriu bem o nosso objetivo, que foi refletir sobre a imigração alemã para o Brasil e em particular no Rio de Janeiro. Ela nos trouxe alguns elementos importantes para pensar conceitualmente imigração, os alemães como grupo étnico, como estudar esse grupo coletivo. Muito obrigado.*

Só queria terminar sobre esse tema dizendo o seguinte: a presença do nazismo no Brasil e a história da imigração não são sinônimos. Isso é muito importante. A presença do Partido Nazista não é sinônimo de imigração alemã no Brasil e nem de regiões coloniais. Em muitas regiões coloniais, o partido foi recusado. Isso é muito importante ser esclarecido porque existe uma conexão que é muito direta que se faz e, em alguma medida, é natural que se faça em função de como isso foi operado durante muito tempo. Eu queria agradecer muito a possibilidade mais uma vez, a gentileza pelo convite. Obrigado, Luís.

---

8 MORAES, Luís Edmundo de Souza. Imigrantes em construção: o uso de conceitos de identidade nacional na pesquisa sobre imigrantes "alemães" no Brasil. In: SEYFERTH, Giralda et al. (Org.). *Mundos em movimento*: ensaios sobre migrações. Santa Maria: Editora UFSM, 2007, p. 313-335; MORAES, Luís Edmundo de Souza. Cultura como Política: espaços públicos de língua alemã e as lutas pela definição de "ser alemão" no Brasil". In: FERREIRA, Ademir Paceli et al. (Org.). *A experiência migrante*: entre deslocamentos e reconstruções. Rio de Janeiro: Garamond, 2010, p. 123-162; MORAES, Luís Edmundo de Souza. O problema da etnicidade nos estudos históricos sobre imigração alemã no Brasil. In: PÓVOA NETO, Helion et al. (Org.). *Migrações*: rumos, desafios e tendências. Rio de Janeiro: PoloBooks, 2016, p. 19-40.

10. Imigração espanhola no Rio de Janeiro[1]

Érica Sarmiento
Rui Aniceto Nascimento Fernandes

Érica Sarmiento é professora no Departamento de História da Universidade do Estado do Rio de Janeiro (Uerj), nossa colega da instituição. É doutora pela Universidade de Santiago de Compostela e atualmente é coordenadora do Laboratório de Estudos de Imigração (Labimi) e da Cátedra Sérgio Vieira de Mello, da Uerj, sobre os refugiados, em parceria com a Acnur. Está desenvolvendo um belíssimo trabalho na Cátedra com algumas ações representativas importantes e debates muito pertinentes. Eu agradeço novamente, Érica, a sua participação conosco para conversar sobre a imigração dos espanhóis, especialmente dos galegos. Essa é uma primeira questão que vale a pena você já esclarecer para o pessoal. Galegos e espanhóis.

Eu queria agradecer muito aos colegas da Uerj de São Gonçalo, ao grupo do Centro de Memória da Imigração da Ilha das Flores que realiza um belíssimo trabalho. Eu conheço esse trabalho desde os seus inícios e sei o quão é importante manter esse diálogo trabalhando essas perspectivas migratórias sempre conscientes de que, como eu costumo dizer, somos todos migrantes muito mais além do nosso quintal, da nossa casa. Nós estamos sempre nos deparando com o outro, com aqueles que não conhecemos. Somos um país receptor de imigração. Posteriormente, passamos a "expulsar" muitos migrantes. De alguns anos para cá, começamos a receber fluxos de novos lugares. Às vezes, por causas e fatores não tão agradáveis, infelizmente, as pessoas são obrigadas a se mover e a se deslocar, e nós, como seres humanos, e respeitando isso, somos também chamados não só a estudar como a

[1] Conversa realizada em 6 de julho de 2021. Transcrição: Marianna Carolina Oliveira Costa Reis. Edição: Carolina da Costa de Carvalho e Luís Reznik.

acolher essa população que nos necessita. Em relação a essas migrações históricas que nós vamos trabalhar um pouco aqui, que é a minha pesquisa pioneira, que vem sendo desenvolvida desde o meu doutorado quando eu iniciei no ano 1999-2000 na Universidade de Santiago de Compostela, quer dizer, isso já tem mais de 20 anos.[2] Foi quando eu comecei a trabalhar migração galega no Rio de Janeiro, já com aquela proposta de que o Brasil foi um grande receptor de migração espanhola e o terceiro país da América Latina a receber fluxos de migrantes espanhóis durante o período da Grande Migração, que abrange, mais ou menos, de 1880 a 1930. O Brasil está entre os três primeiros nesse período, atrás apenas de Argentina e Cuba. Aqui no Rio de Janeiro, nós temos um contingente importantíssimo de imigração galega. Dentro desse Estado espanhol nem toda região da Espanha migrou para o Brasil e para o Rio de Janeiro. Os fluxos migratórios têm preferências, eles têm opções. Nós temos um perfil de imigração muito mais masculina pelas condições adversas da viagem, as mulheres não tinham autorização também para imigrar. Nós sabemos que a condição feminina era muito diferente. Se nós ainda estamos conquistando espaços nos dias de hoje, imagina no século XIX, começo do século XX, em que a mulher era completamente uma propriedade; então ela precisava de uma autorização. Muitas vezes casava-se por procuração para poder migrar, então as famílias preservavam essas mulheres porque as viagens eram muito duras, eram ambientes não adequados para as mulheres. Vinham muitos homens jovens porque essa migração se deslocava para a cidade com aquela intenção de uma inserção profissional planejada durante um longo período. Segundo os estudos de imigração espanhola e galega, pelo menos três décadas para que ele conseguisse adquirir um negócio ou uma cota de uma sociedade que era algo muito comum entre os ibéricos, isto é, os portugueses e

---

[2] A tese foi publicada em livro: SARMIENTO, Érica. *Galegos nos trópicos*: Invisibilidade e presença da imigração galega no Rio de Janeiro (1880-1930). Porto Alegre: EdiPUCRS, 2017.

os galegos. E majoritariamente, no Rio, essa imigração era oriunda do norte da Península Ibérica, tanto de Portugal como da Espanha, que era a Galícia. Isso não foi realmente contabilizado, mas, por exemplo, nos arquivos em que eu trabalhei, como o Consulado Espanhol ou as matrículas do Hospital Espanhol, que é uma associação fundada no século XIX, nós percebemos uma presença majoritária de imigrantes galegos em comparação com outras regiões da Espanha. Isso tudo faz com que essa migração tenha uma característica muito específica e que nós possamos dizer, sem dúvida nenhuma, que a imigração do Estado espanhol para o Rio de Janeiro é uma migração galega.

Nesse fluxo de espanhóis para as Américas, você tem conhecimento de outra corrente migratória da Galícia que tenha ido para outro lugar de forma tão significativa quanto o Rio de Janeiro?

Sim. Buenos Aires. Eles são maioria em número, mas não proporcionalmente em relação aos outros espanhóis. Aqui no Rio é muito mais quantitativo em relação aos outros espanhóis. Em Buenos Aires eles são mais de 50% em relação aos outros espanhóis, aqui no Rio chega a 80%. Mas em Buenos Aires eles também são maioria, ou seja, na grande parte das cidades. Na Cidade do México, não. Segundo os estudos de uma grande amiga, da Alicia Gil, que estuda o associativismo espanhol para o caso mexicano, os galegos não são a maioria. Mas na minha pesquisa sobre os casos do Rio e Buenos Aires, que é o estudo comparado que eu faço, eles são maioria sim. A migração para Cuba foi unicamente durante a Grande Migração e tem um grande centro galego de Havana que é o teatro e que demonstra quão poderosa foi a colônia galega na cidade de Havana. Eu conheci, eles têm um arquivo maravilhoso, que eles disponibilizam. Você percebe o quanto eles estão organizados, o patrimônio que eles têm e que infelizmente não é realidade em todos os acervos e os lugares. Por exemplo, o centro galego de Buenos Aires, que ocupa um quarteirão, está caindo. Ele ocupa todo um quarteirão, e o centro teve mais de 100 mil sócios. Isso faz parte da história da cidade, não diz respeito só ao grupo migratório.

Assim como os espanhóis no Rio de Janeiro fazem parte da história da nossa cidade. Não é uma questão somente dos espanhóis ou dos filhos dos espanhóis. Todos os grupos migratórios que estão aqui são nossa herança, nossa cultura, nossa identidade. Fazem parte desse nosso processo de construção, de desenvolvimento da cidade. Então não é simplesmente "ah, só interessa aos espanhóis" não, me interessa tudo. Eu estudo os espanhóis, mas eu quero conhecer a história dos sírios, eu quero conhecer a história dos alemães que estiveram aqui, de todos os grupos porque eles fazem parte desse processo de tudo que somos hoje.

O Rio é cosmopolita nesse sentido. Ele está atraindo esses grupos diversos e essas pessoas estão se inteirando, se fixando, se estabelecendo, então têm experiências muito próximas. Esse contato entre as comunidades imigrantes também está acontecendo aqui e estão transformando essa cidade também. A imigração galega é uma imigração iminentemente urbana? É uma imigração que vem para a cidade do Rio de Janeiro?

É. Isso não significa que eles não tenham se deslocado para o campo, em outras regiões do país ou ainda de outros países, como a Argentina. Mas segundo a historiografia, de uma forma geral, eles se deslocam para as cidades e isso tem a ver mesmo com uma mudança de postura e de mentalidade em relação a esse planejamento, ao que se quer em relação à projeção futura desse planejamento familiar. O campo demandava muito tempo, demandava permanecer no lugar de migração, e o galego mantinha muitas das posses da sua cultura de minifúndio, das suas propriedades na sua aldeia, no seu lugar de origem. A migração para o campo requeria um enraizamento naquele espaço, sem contar que o Brasil tinha muita dificuldade de compra de propriedade pela própria mentalidade escravista, pelo próprio encarecimento das terras. Então foi difícil para muitos imigrantes adquirirem propriedades privadas no campo em um país que até hoje mantém muitos latifúndios. Os imigrantes fizeram parte da colonização, receberam doações de terras, que não foram os galegos, mas foram outros grupos anteriormente. Essas imigrações no período das Grandes Migrações já não fizeram parte desse processo. Ir para o campo não dava possibilidades de ascensão econômica a médio prazo, os imigrantes não tinham dinheiro para adquirir uma terra e eles já sabiam das dificuldades do campo porque eles eram do campo. Então eles iam para a cidade trabalhar, economizar, o que não significava de nenhuma maneira que eles conseguiriam alcançar esse objetivo. A gente sabe que era um bilhete de loteria. Vir para as Américas não representava conseguir êxito, sucesso ou alavancar nada. Simplesmente podia ficar a vida toda aqui e ter uma vida muito modesta. Na verdade, isso aconteceu com a maioria dos imigrantes. Podia se tornar um pequeno proprietário, ter um negócio pequenino, conseguir ter uma vida para dar um conforto para os seus filhos ou comprar uma casinha no subúrbio. Era basicamente isso. Essa é a história da migração. Alcançar o objetivo implica muitas vezes o sujeito conseguir uma propriedade e os meios de sobrevivência. E isso já significa que ele conseguiu fazer a América. Nós temos muito aquela ideia do imigrante que enriqueceu. A proposta foi: chega sem absolutamente nada e, dentro daquele contexto, o que representa para aqueles indivíduos adquirir um bem ou uma propriedade? Significa muito. O que significa para aqueles indivíduos que a segunda geração consiga estudar e ter um curso superior? A maioria dos netos tem curso superior. Normalmente, as migrações são assim, a terceira geração colhe os frutos da primeira. A primeira trabalha muito, quase como um sistema de servidão, para a terceira geração conseguir estudar e ganhar os benefícios daquela sociedade que aquele imigrante não teve.

Érica, esse é um ponto interessante que nós temos verificado em todas as experiências de imigração discutidas nas "Terças na Hospedaria". Existe certa imagem do imigrante que é aquele que obteve um grande êxito. Aquele que veio "fazer a América" e se tornou, por exemplo, um Matarazzo em São Paulo. Você traz essa experiência que é a experiência mais comum, a daquele que sai da sua terra, vem para cá, luta para se reconstruir, para se refazer aqui nas Américas, no Rio de Janeiro. Muitas vezes o "fazer a América" é isso: conseguir se estabelecer e dar uma dignidade para a sua vida, para sua família, e construir ali uma base que muitas vezes na sua terra de origem ele não estava conseguindo por diversos motivos. Uma coisa que você falou antes é que essa migração já vinha sendo planejada. Tem redes estabelecidas, em alguns casos de três gerações, já construindo fluxos. Eu queria que você falasse sobre esse fluxo. Você conseguiu mapear essa fixação desses espanhóis pré-Grande Imigração que foi montando nessa rede aqui no Rio de Janeiro?

Sim. Nós temos aí o que eu chamei de pioneiros, que foram aqueles imigrantes que chegaram aqui no Rio de Janeiro antes, digamos, de 1870-80. Foram imigrantes que chegaram no Rio de Janeiro, buscaram esse nicho laboral e a partir daí eles construíram cadeias migratórias com outros elementos, chamando outros indivíduos originários da sua aldeia, de espaços muito pequenos. O que me possibilitou conhecer efetivamente essa imigração galega e compreender as nuances foi trabalhar a partir dessa perspectiva da escala, até mesmo de história de vida e história de família, obviamente não entrevistando porque o sujeito é lá do século XIX. Então o que nós fazemos? Nós dialogamos com as fontes, buscamos fontes dos dois lados do Atlântico, lá da Galícia, aqui do Rio de Janeiro. Vai encontrando e tecendo como uma colcha de retalhos. Vai encontrando esse indivíduo em vários documentos espalhados em vários arquivos e vai entendendo a história de toda essa imigração a partir de um indivíduo que inicia a sua trajetória precocemente no Rio de Janeiro. Tem vários casos. Por exemplo, os que fundaram o Hospital Espanhol em 1859, que é uma instituição fundada antes da Grande Migração e da chegada de grande parte dos imigrantes no Rio de Janeiro. Tem alguns homens que começam a circular em algumas documentações. É possível encontrá-los em listas de censo na Galícia, nos municípios, em listas de cartórios também na Galícia. Nos testamentos por regiões, por municípios ou por partidos judiciais, ou seja, tem que compreender como aquela região era dividida geograficamente ou administrativamente, que é diferente da divisão político-administrativa daqui. E aí você começa a buscar os arquivos depois de descobrir de quais regiões esses galegos saíram. Quando nós trabalhamos nessa perspectiva mais micro, primeiro temos que saber de onde saíram esses galegos, quais foram as regiões da Galícia que vieram para o Rio de Janeiro. Começamos a descobrir que alguns municípios deram preferência para o Rio de Janeiro. A grande pergunta da imigração às vezes é: por que determinados locais não vieram e outros sim? Fazer essa pergunta é importante, porque é tão interessante que o município que está do lado não emigrou para lugar nenhum e esse município migrou para a Argentina, para o Brasil, para o Uruguai. Quando nós pegamos os livros do censo e os recenseamentos no lugar de origem e contabilizamos, começamos a perceber essa questão da escala e desses pequenos focos que existem em determinadas localidades. Existe realmente uma corrente, laços de vizinhança que movem essas pessoas a se deslocarem para determinados lugares.

Você falou do estabelecimento das cadeias migratórias, mas também dos processos de saída, que é uma das interpretações dos processos imigratórios. A ideia do push-pull, *isto é, os elementos de saída e os de atração. Tanto a ideia das cadeias migratórias quanto a teoria do* push-pull *se complementam. No período da Grande Imigração, quais os elementos na Galícia que ensejaram a saída desses imigrantes para o Rio de Janeiro? O que estava acontecendo nesse momento lá?*

É uma confluência de fatores causais, como você mesmo acabou de explicar. Por exemplo, os fatores macro, essas teorias de atração e expulsão (*push-pull*) realmente não podem ser desprezadas, mas elas não conseguem explicar todos os elementos de um percurso ou de um fluxo migratório. Tem a crise da filoxera, a praga da uva, tem a crise dos cereais. Tem várias questões que envolviam o campo europeu nesse momento, que afeta as migrações mediterrâneas, em Portugal, Itália e Espanha. Só que, se eu compreender as particularidades da Galícia, eu vou começar a pensar na problemática que envolve, por exemplo, a questão da terra, a demografia, como é que estavam organizadas aquelas famílias. Tem ainda o serviço militar, levando em consideração que a Espanha, no final do século XIX, já era um império em decadência. Ela perdeu Cuba, Filipinas, Porto Rico, enfim, existia um problema gravíssimo do serviço militar. Eu tenho, por exemplo, na minha pesquisa, mais de 50% de prófugos, de desertores. É uma quantidade absurda de jovens, varões que emigravam antes do serviço militar ou desertavam não só para fugir do serviço militar, mas porque o serviço militar rompia com a expectativa da migração. É interessante porque a emigração muda a demografia das aldeias e das cidades, digamos assim, das paróquias, das freguesias galegas, e, de alguma maneira, a própria mudança que ela gera vai provocar mais emigração. Por exemplo, tem uma fuga massiva de varões que emigram nesse momento, então passa a ter uma presença majoritária de mulheres. Consequentemente, aumenta o número de mães solteiras e aumenta a taxa de celibato. Isso vai mudando toda a configuração daqueles espaços. Também tem uma porcentagem enorme de filhos de mães solteiras, que são exatamente essa geração de homens já das primeiras décadas do século XX. Elas engravidam, os homens emigram e elas ficam ali. Essa é uma realidade do norte da Península Ibérica. Muitas vezes, esses filhos de mães solteiras também emigravam pela falta de oportunidade, porque nessas famílias as mulheres não eram expulsas de casa porque as famílias precisavam de braços para trabalhar na lavoura. Existe uma discussão antropológica em relação à própria mulher galega porque, por exemplo, no caso da Irlanda, a mãe solteira era posta para fora de casa. Não é que a mãe solteira fosse aceita, mas ela permanecia ali marcada para sempre, continuava no espaço doméstico como uma forma de ajudar porque realmente as pessoas saíam para emigrar e o campo precisava de mão de obra para trabalhar. Era assim que funcionava. O filho dessa mãe solteira acabava também não tendo oportunidade dentro daquela economia de subsistência e também precisava emigrar. Existia ainda outra causa de emigração que era o problema da própria terra. Havia o morgadio. Na Galícia existiam várias formas de dividir a herança. Normalmente, o filho que se casava em casa herdava a maior parte ou o filho que cuidava dos pais. Esse imigrante pioneiro que chegou no Rio em 1868, de que eu conto a história, ele aparece em um testamento de um arquivo histórico da Universidade de Santiago de Compostela. Eu achei o testamento do pai dele, onde ele aparece como um dos filhos que não recebeu a casa e a parte da terra. Um filho recebeu a casa e a maior parte. A outra filha, mulher, recebeu uma parte da terra e teve que pagar ao pai por ter essa terra, sob a forma de colheitas. Os velhos se muniam de todas as maneiras para que a sua velhice estivesse coberta, então uma filha ficava com uma parcela de terra, mas tinha que dar uma parte do alimento para o pai. O outro filho ficava com a casa paterna e uma parte da terra, mas cuidava do pai. E os outros filhos não tinham nada, trabalhavam para os outros que tinham terra. Esse imigrante que eu pesquisei era desses que não estavam incluídos. Como muitos, ele acabou migrando. Ele enriqueceu no Rio de Janeiro e aqui se tornou um homem de muitas posses. Então, são vários fatores causais. Tem uma coisa que vários historiadores trabalharam, que é essa expectativa de ingressos criada pela imigração, através do retorno e das remessas. Ou seja, o indivíduo que ficava no meio rural passava a ter um imaginário das cidades americanas que ficava impregnado dentro do campo galego. Por mais que a imigração fosse dura, que a pessoa estivesse morrendo de fome lá nas Américas, isso não era contado. O camponês que ficava lá no meio agrícola se via privado de bens de consumo que o imigrante da cidade tinha. Esse sentimento de privação também fazia com que, muitas vezes, as pessoas se deslocassem. Às vezes, o imigrante da cidade estava passando por muito mais privações do que aquele que estava no campo. Mas o imaginário que se construía dentro dessa cadeia migratória fez com que muitos arriscassem e cruzassem o oceano, imaginando que conseguiriam, em um período curto, alcançar esses bens materiais. Por exemplo, nos relatos da época havia a figura dos "brasileiros", isto é, dos retornados que chegavam na Galícia com bens materiais, que hoje são simples, mas que na época eram espetaculares: relógio de pulso, charutos, uma roupa, um traje de alfaiataria. Chegavam lá e os camponeses estavam com roupas, trapos, não sabiam o que é um relógio, enfim. Tudo isso criava uma ideia de bonança, uma idealização da imigração que quase nunca é verdade. As fotografias, por exemplo. A maioria das fotos que os imigrantes mandavam para as famílias era tirada em estúdios fotográficos, com roupas emprestadas. Na verdade, estavam passando muitas privações. Então, construiu-se um imaginário dessa imigração que, como nós falamos aqui, não correspondia ao que aconteceu na maioria dos casos. Os imigrantes que vieram na segunda imigração, na década de 1950 ainda, encontraram bens aqui, modernidades nas nossas cidades que lá não tinha. Elevadores, edifícios. A América continuava sendo um lugar de modernidade, quando comparado às aldeias europeias. Eu posso dizer pela minha própria família, pelos meus avós e pelos imigrantes que eu entrevistei. Eram aldeãos, camponeses, chegavam aqui e nunca tinham visto um elevador, edifícios, todo tipo de tecnologia. Dessa forma, as cidades americanas, como Buenos Aires e Rio de Janeiro, eram cidades enormes, avançadas, modernas. Tudo isso enchia os olhos das pessoas, mas na verdade a rotina não era bem isso.

Você mencionou um aspecto que conhecemos um pouco mais no caso da imigração portuguesa, que são as remessas e o retorno. Em Portugal, as remessas eram fundamentais para alguns povoados. Tem estudos sobre como essa comunidade galega carioca influenciou nas dinâmicas dos lugares de origem na Galícia, por exemplo, do ponto de vista econômico e social?

O valor das remessas é muito complicado de calcular porque as remessas vão por bancos. São fontes difíceis de manusear, mas como é que a historiografia trabalhou isso muito bem? Inclusive, foi meu orientador no doutorado, o Xosé Manoel Núnez Seixas, através do associativismo migrante. Eu acho que os galegos foram fantásticos nisso. Foi uma das imigrações com maior investimento no lugar de origem nesse período. Talvez eu me atreva a dizer que foi a maior. Eles investiram nas escolas. Existem estudos sobre isso, as escolas de instrução feitas pelos americanos, se chamavam indianos também os que vinham da Índia, os retornados. Eram grandes investidores. Normalmente, eram escolas chamadas escolas progressistas, muito avançadas para a época com uma tendência mais republicana, de esquerda. Por exemplo, tem uma escola no sul da Galícia, na região do Baixo Minho, fronteira com Portugal, que foi construída com remessas de uma sociedade daqui do Rio, chamada Aurora del Porvenir. Pelo nome já dá para ver a posição ideológica. Infelizmente, não sei o que aconteceu no Rio, a documentação desapareceu. São as chamadas associações microterritoriais e são uma característica da imigração galega. Além das associações nacionais como o Hospital Espanhol, e das regionais, como o Centro Galego, havia as associações micro, voltadas para unidades muito pequenas, que poderiam ser as freguesias e as aldeias. A Aurora del Porvenir era de Tominho, um município muito bonito dessa região. A escola foi fundada com o dinheiro desses imigrantes. Essa associação foi criada em 1912 e o registro dela está no Arquivo Nacional. Eu tenho apenas o estatuto dela. É uma escola onde trabalhou um grande intelectual, Alonso Rios. As meninas estudavam junto com os meninos, o que era um grande avanço para a época. Nós estamos falando de uma Espanha rural, conservadora, uma sociedade agrícola, altamente católica. Esses homens começaram a levar ideias muito avançadas das Américas, a ensinar história das Américas nas escolas. Eles começaram a levar outras disciplinas para essas crianças, propostas novas de ensino, de pedagogia. É fantástico! Não só isso. Eles levaram tecnologia e mecanização para o campo galego. Esse intercâmbio, essa interlocução, esse aprendizado que nós tivemos com os imigrantes e que os imigrantes tiveram com as Américas e a maneira como eles reverteram, como eles levaram o que eles aprenderam aqui, de luta, de consciência política com seu dia a dia, com outras culturas. Como eles levaram isso para o seu lugar de origem, como algo muito positivo. Eu vejo isso como um florescer, como um ganho para a sociedade galega. Atualmente, no norte da Galícia, na província de Lugo, por exemplo, tem várias estátuas de imigrantes, porque foi uma região onde tem várias escolas fundadas por imigrantes, casas de imigrantes, como tem em Portugal também. Esse investimento na sociedade de origem é uma parte da história que eu acho maravilhosa, porque eles vieram fazer as Américas e eles também foram feitos pelas Américas. Dentro da política imigrantista brasileira do Império e da República, o imigrante é esse elemento de progresso e de civilização, quando, na verdade, muitos que vieram para cá aprenderam aqui também.

O progresso e a civilização foram encontrados aqui, na verdade.
Foi uma confluência, um encontro. Por exemplo, eu estudei a história de um padeiro que foi expulso do Brasil, que saiu em todos os jornais. Ele era anarquista, do começo do século XX. Eu achei o processo crime dele, quando ele tinha 14 anos. Ele era um adolescente e já trabalhava como padeiro. Então, veja, os padeiros foram a classe mais combativa porque eles sofriam muito. Eram fornadas quentes, não tinha feriado, não tinha dia livre. Nenhum trabalhador tinha, mas os padeiros acordavam às três da manhã. Eles tinham que fazer tudo. Faziam pão, levavam o pão na cabeça pelas ruas, se queimavam. Era uma vida muito sacrificada. Então eles foram muito radicais porque eram muito maltratados. Esse imigrante era um jovenzinho quando chegou aqui. No processo, consta que ele tinha 14 anos. Ele foi preso e logo foi liberado porque era menor. Anos depois, eu o encontro em um processo de expulsão, preso com os anarquistas perigosos. Quer dizer, onde ele aprendeu a ser trabalhador? Onde ele aprendeu a luta? Aqui. A consciência de classe, como classe trabalhadora, foi aqui no Brasil. Ele não trouxe o anarquismo da Espanha, da Europa. Assim como ele, muitos aprenderam aqui. É claro que as ideias — o socialismo, o anarquismo — vieram de fora. Ninguém discute isso. Mas elas foram ressignificadas. Nós tivemos nossas próprias dinâmicas e esses imigrantes se tornaram homens trabalhadores aqui. Essas práticas do cotidiano se deram aqui, nesse mundo do pós-abolição, nesse Rio de Janeiro, com essa população negra. O Rio de Janeiro, como Buenos Aires, não é uma cidade segregada, não é uma cidade com bairros

étnicos, como São Paulo e outras. Os imigrantes estavam junto com essa população mestiça e negra, batalhando, sendo presos, lutando, pelejando, brigando, amando, dando as mãos. A população negra era majoritária na padaria, então os trabalhadores galegos estavam junto com os trabalhadores negros, ambos lutando pela sua liberdade da mesma maneira.

Você conseguiu mapear outras atividades laborais em que eles estavam envolvidos?
Sim, isso eu mapeei bem através das fontes espanholas do Consulado e do Hospital Espanhol, onde constava o item profissão. Eles majoritariamente eram do comércio, mas é muito problemático trabalhar com essa questão do comércio porque não dá para identificar exatamente. Ele poderia ser balconista ou poderia ser proprietário. Às vezes, dá para descobrir em outras fontes. Quando era um imigrante que conseguia alcançar um *status*, é possível encontrá-lo no *Almanaque Laemmert*, até no jornal. "Comércio de mala de fulano, cafeteria, restaurante." Quando não, ficava apenas a informação "comércio" e não dá para saber qual é o tipo do comércio. Mas majoritariamente é hotelaria e restaurante. A maioria deles era lavador de prato. Começavam como lavadores de prato, garçons, e depois iam comprando pequenas propriedades, normalmente eram vários sócios. Até hoje tem uma quantidade importante de galegos espanhóis donos de restaurantes, de hotéis e motéis, que é uma coisa que já teve sua época de mais auge. Bastante proprietários de motéis de luxo e casas noturnas. Eu fiz um mapeamento na Lapa, eles tinham vários comércios lá. Na Freguesia de Santo Antônio, tinha uma quantidade muito representativa de imigrantes galegos durante a Grande Migração. Ali teve aquela casa famosa, Asa Branca, que era de um imigrante galego. Então é possível ver que eles estavam espalhados e isso já vinha de longa data. Algumas pessoas falam que a segunda imigração, que é no período do pós-guerra, não está ligada à Grande Migração. Eu ainda não estudei a segunda imigração detalhadamente, mas eu tenho uma teoria de que existe

uma continuidade sim, porque vários imigrantes que eu entrevistei continuaram trabalhando nesse mesmo ramo de hotéis e restaurantes. Existe uma continuidade dessas cadeias migratórias, mesmo que uma parte dessa imigração tenha ido para a área técnica ou para empresas, que caracterizou esse período imigratório, mas continua ainda essa característica migratória para os galegos.

Érica, você trouxe novos dados, novas ideias, novas questões. Então eu quero te agradecer muito novamente. Vou te passar a palavra para você poder fazer as suas considerações finais. Obrigado pela nossa conversa!
Eu que agradeço. Agradeço muito a todos os colegas do Centro de Memória da Imigração da Ilha das Flores. Aos professores Luís Reznik e Rui Fernandes, por esse maravilhoso projeto e pelo convite. Estou sempre à disposição. E somos todos migrantes. A alma não tem fronteira. Nenhuma vida é estrangeira.

11. Imigração finlandesa no Rio de Janeiro[1]

Sergio Moraes Rego Fagerlande

Luís Reznik

Sergio Moraes Rego Fagerlande é arquiteto e urbanista, doutor em urbanismo pela Universidade Federal do Rio de Janeiro (UFRJ) e professor na Faculdade de Arquitetura e Urbanismo (FAU) e do Programa de Pós-graduação em Urbanismo (Prourb), na mesma universidade. Sergio pesquisou sobre imigração finlandesa no seu Curso de Mestrado, no Prourb, defendendo em 2007 a dissertação A utopia e a formação urbana de Penedo: a criação em 1929 e o desenvolvimento de uma colônia utópica finlandesa no estado do Rio de Janeiro, *posteriormente publicada em livro.*[2] *Sergio também é autor do livro* Penedo 90 anos: histórias da colônia finlandesa, *organizado junto com Timo Aaltonen e outros.*[3] *A minha primeira pergunta é uma curiosidade em saber por que um arquiteto e urbanista foi se dedicar à história dos finlandeses no Brasil?*

É um prazer enorme estar aqui. Esse tema é muito particular para mim e extremamente importante para todos os finlandeses que vieram para Penedo, porque nós estamos falando aqui em imigração finlandesa, mas é especificamente imigração para Penedo, quer dizer, foi uma colônia. É o título da minha dissertação que depois virou livro com o título *Utopia finlandesa*, que tem a ver com a questão da utopia. Mas nós vamos falar um pouquinho sobre isso depois. Por que eu fui parar nessa área? Eu sou arquiteto urbanista e sempre gostei de história.

---

1 Conversa realizada em 22 de junho de 2021. Transcrição: Marianna Carolina Oliveira Costa Reis. Edição: Carolina da Costa de Carvalho e Luís Reznik.

2 FAGERLANDE, Sergio. *Penedo*: uma utopia finlandesa. Rio de Janeiro: Editora Baluarte, 2013.

3 FAGERLANDE, Sergio et al. (Org.). *Penedo 90 anos*: histórias da colônia finlandesa. São Paulo: Edicon, 2018.

Fiz história da arte e arquitetura do Brasil na PUC, que é uma especialização muito boa, há muitos anos. Então eu sempre me interessei por história. E, na realidade, meus avós fizeram parte da fundação de Penedo. O meu avô veio em 1927, com o primeiro grupo que chegou. O meu pai, Alva Athos Francisco Fagerlande, foi o primeiro a nascer na colônia, era arquiteto também.

Alva é um nome corriqueiro na Finlândia?
Pois é. Na realidade, o nome de família era para ser Fagerlund, mas registraram o meu pai errado. Ele nasceu em 1931, no Casarão da Colônia Penedo, que atualmente é propriedade do Mika Peltola. E meu pai sempre se interessou por história, em conhecer as pessoas de lá da Finlândia. Ele sempre pesquisou e se interessou muito sobre a história de Penedo. Na época em que ele se aposentou, ele começou a fazer muita pesquisa, ouvir as pessoas que estavam vivas ainda. O que é muito bom para quem gosta de história, quem trabalha com história, quer dizer, as fontes ainda estavam vivas. Então ele começou a coletar material, fotografias, álbuns e mais álbuns dos anos 1920 e 1930. Ele fez uma pesquisa no Arquivo Nacional com todos os vapores que chegaram e, então, ele começou a escrever e nunca publicou. Mas o material está todo lá no Clube Finlândia, aonde estão o museu e a biblioteca que, inclusive, leva o nome dele. Quando ele ficou doente, eu comecei a lhe perguntar sobre as histórias. Eu perguntava: "Mas como era a cidade? Como é que surgiu a cidade? Como é que eram as casas da cidade? Como é que era a forma urbana da cidade?". O meu livro, que foi desdobramento da dissertação, é muito em cima da história das pessoas, em como essa cidade foi construída e a própria questão do traçado urbano. Daí vem a utopia, porque uma das questões da utopia nos leva ao urbanismo. Isso também é um caminho que a história nos traz. A minha orientadora falava assim: "Você chegou com a tese pronta", porque eu tinha uma pesquisa enorme do meu pai. Eu ficava assim: "Ah, mas eu vou escrever isso?", e alguém falou: "Se você não escrever isso ninguém vai escrever". Então eu tinha todo o material, eu

tinha um enorme material fotográfico e isso me gerou a possibilidade de escrever a história do lugar. Outras pessoas já tinham escrito, mas foi uma história mais aprofundada, com esse viés acadêmico e uma teorização em cima do porquê eles vieram para o Brasil. Esse era um dos interesses que eu tinha também, em pesquisar quais os ideais que mobilizaram a imigração.

Nós, historiadores, aprendemos muito com a sua dissertação, que me parece ser uma das publicações mais importantes sobre esse tema, pelo menos que eu tenha conhecimento. O meu grupo de pesquisa fez um amplo levantamento dos registros de entrada na antiga Hospedaria de Imigrantes da Ilha das Flores, que foi criada em 1883. Apesar de ela ter funcionado até 1966, nós só temos os livros de registros até 1931. Estão todos no Arquivo Nacional e disponibilizados online. E nós verificamos o seguinte: os finlandeses eram raros nos livros de registro. Não somente raros, mas concentrados fundamentalmente entre 1910 e 1930. Nem todo imigrante que chegava ao Brasil passava pela Hospedaria da Ilha das Flores, evidentemente. Mas na década de 1910 entraram cerca de 385 finlandeses, o que é pouco em comparação com portugueses, italianos e espanhóis. É muito interessante porque dos 356 que passaram pela Ilha das Flores, 345 foram para o sul do país, então praticamente ninguém ficou no estado do Rio. Pode ser que, depois do sul, tenham voltado. Na década de 1920, nós temos o registro de 147 finlandeses na Ilha das Flores, 119 deles com informações sobre o destino. Dos 119 finlandeses, 118 ficaram no Rio de Janeiro. Entre os anos de 1927 a 1929, desembarcaram 140 finlandeses na hospedaria, só em 1929 chegaram 95. Isso despertou nossa atenção. Regra geral, os cariocas e fluminenses já ouviram falar de Penedo como cidade turística e, conforme a publicidade oficial da localidade, como a "Pequena Finlândia". Nós associamos esses imigrantes finlandeses da Hospedaria da Ilha das Flores com o grupo de Penedo. E nos pareceu que a trajetória desses imigrantes diferia das narrativas corriqueiras dos outros grupos étnico-nacionais. É sobre isso que eu gostaria que você começasse a falar. Como é que essa ideia surge lá na Finlândia?

Esse que é o meu grande interesse nessa história: entender essas pessoas que estavam em volta de mim. Existia um líder messiânico, Toivo

Uuskallio, que era alguém ligado à agricultura, agrônomo de certa forma, que tinha estudado na Alemanha. Ele volta para a Finlândia e lá se junta ao movimento vegetariano internacional, que já existia. Para você ter uma ideia, Tolstói era vegetariano. É importante lembrar o ambiente cultural da Finlândia. A Finlândia fez parte da Suécia durante 800 anos e no século XIX passou a ser Grão-Ducado da Rússia. Sempre permaneceu nessa fronteira da Rússia com o Ocidente e as ideias são muito ligadas à Alemanha. Esse grupo vegetariano tinha uma ligação com as questões naturalistas. Eu tenho muitas fotos sobre essa ideia do vegetarianismo e das questões naturais que foram retiradas do álbum do meu avô e que estão no meu livro. Junto a isso, pelo fato de a Finlândia ter uma população luterana, existia um movimento que se chamava igreja livre (*Vapaa Kirkko*), que era uma leitura bastante livre do Evangelho cristão, principalmente sobre a relação do homem com a natureza. Esse caldo cultural fez surgir esse grupo de que Toivo Uuskallio fazia parte. Resumidamente, ele teve um chamado divino para vir para os trópicos. Ele escreveu um livro sobre isso que o meu pai traduziu. Foi uma daquelas coisas que o meu pai traduziu que facilitou muito o meu trabalho porque infelizmente finlandês não é muito fácil e eu não leio finlandês.

Você está dizendo que essa liderança tinha a ver com ideias de uma utopia, de uma comunidade vegetariana.
Exato. Toivo Uuskallio. Toivo significa esperança em finlandês. Olha que engraçado. Ele dizia que a Finlândia era um país para lobos e ursos e ele queria viver ao Sol porque tinha a ideia do nudismo e isso era impossível em um país como a Finlândia. Então tinha a ideia de vir para um lugar de sol.

Entre meados do século XIX e início do XX, surgiram muitas dessas ideias que circularam lá fora.
Sim. Nesse estudo que eu fiz, por exemplo, teve duas colônias importantes em que eu me baseio, que é Sointula, no Canadá, e a Colônia

Finlandesa, na Argentina. Sointula é na costa perto de Vancouver, que foi uma colônia também, mas era comunista. A questão do comunismo vai entrando também, apesar de que o grupo de Penedo era absolutamente contra o comunismo. A Finlândia se tornou independente em 1917, mas tem várias guerras. Teve essa colônia no Canadá e teve uma colônia na Argentina. Esses grupos de que você falou que vieram para cá para o sul, alguns talvez tenham ido para o Paraguai ou para a própria Argentina porque tem duas colônias. Uma é a Colônia Finlandesa mesmo nas Misiones na Argentina, que existe até hoje. E uma outra colônia que também é por ali no Paraguai.

Pode ser que esse grupo, que chegou na década de 1910, tenha ido para o sul do Brasil e depois para lá.
Pode. Eu não sabia que eram tantos assim, mas podem ter vindo pelo Brasil. Isso eu não estudei, essa colônia existiu e existe até hoje. Teve várias colônias assim pelo mundo nessa época. Tem uma na República Dominicana também e uma em Cuba. Nenhuma foi adiante. Um diretor do Instituto de Imigração que esteve conosco, algumas vezes, dizia que Penedo era a que tinha feito mais sucesso, talvez por causa do turismo.

Então, Toivo veio ao Brasil em 1927.
Ele veio para pesquisar. Nunca soube ao certo por que escolheu o Brasil. Pelo que eu pesquisei, ele achava que tinha que ser um lugar grande também. Quando ele veio em 1927, para o Rio de Janeiro, como eles falavam alemão, se conectaram com a colônia alemã e começaram a pesquisar para comprar uma fazenda. Foram primeiro trabalhar em uma fazenda no interior do Vale do Paraíba e depois acabaram indo para Itatiaia, que tinha um núcleo de colonização alemã. Lá havia a pensão Walter, que era de um alemão, onde se hospedaram. Após muita pesquisa, finalmente acham essa Fazenda Penedo, que era dos Monges Beneditinos, uma antiga fazenda de café arruinada que tinha virado de gado, mas estava abandonada. Eles compram essa fazenda que tinha

um casarão, que funcionou como um falanstério de Fourier. Isto é, a ideia de um grande casarão em que as pessoas vão morar e constituir uma vida coletiva. A ideia era viver coletivamente e cada um que fosse trabalhar e viver sem pressões, na utopia de um trabalho igualitário.

Por isso tem associação com a ideia do kibutz *também nessa época.*
O grupo inicial era de cinco, mas dois foram embora logo. Então, na realidade, ficou só o casal que era Toivo Uuskallio com sua mulher, Liisa Uuskallio, e o meu avô Frans Fagerlund. No começo de 1929, finalizam a compra da fazenda. Neste ano, chega o grupo em que está a minha avó. Meus avós não se conheciam e aqui se casaram.

Como foi a organização dessa fazenda que era uma proposta efetivamente utópica? Você indica que essa proposta teve uma duração que vai de 1929 até mais ou menos o início dos anos 1940.
Quando eles vieram, a ideia era viver do que plantassem, mas, na realidade, eles não eram agricultores. As pessoas não vieram porque estavam fugindo de uma guerra ou da pobreza. Eventualmente, tinham algumas brigas políticas e havia certa pobreza, pois era o entreguerras e a Finlândia havia ficado independente há pouco tempo. Não era um país próspero naquele momento. Mas também não era um grupo miserável que estava vindo. Eles pagavam a passagem deles e traziam alguma coisa.

E conseguiram reunir verbas para comprar uma fazenda. E para instalar a fazenda.
Exatamente. Eles pagaram. Havia uma ideia de se coletar dinheiro para comprar a fazenda. Toivo Uuskallio era uma pessoa que tinha um poder de convencimento incrível sobre as pessoas e na realidade a fazenda ficou em nome dele, ele não loteou, porque ele dizia que a terra era de Deus. Ele realmente era um líder messiânico. Ele cria um projeto habitacional, com divisão em lotes, preservação da natureza, preservação do rio, e as pessoas iam viver e plantar os seus lotes. A ideia

era construir casas iguais para todo mundo. Até hoje tem duas casas que ainda são daquela época. Uma casa delas é um hotel hoje em dia. Não à toa, eram quadrados com quatro partes iguais, quer dizer, tem essa ideia repetida. Havia um formato urbano singular: uma grande estrada que era um eixo que teoricamente ligava o casarão à estação de trem. A questão dos eixos, vias retas, também está muito conectada com essa ideia da utopia. Uma utopia em que todos vão viver coletivamente, se alimentando do que plantassem, com trabalhos iguais.

A alimentação era coletiva? O refeitório era no casarão? Tinha um refeitório no casarão?
Pois é. Exatamente. Tudo era coletivo. Eles iam, plantavam, colhiam e depois todo mundo comia junto. E a terra era ruim. Eles moraram primeiro no casarão. Depois começaram a construir as suas casas, mas as casas eram construídas de acordo com esse modelo, eram todas iguais e isso requeria dinheiro também. Não era fácil. Eles começaram a construir quatro casas e depois cada um começou a construir a sua casa do seu jeito e aí foi indo mais solto. Eu calculo que havia umas 120 pessoas. Algumas iam e voltavam.

Tinha projeto de educação para crianças ou elas estudavam em escolas formais?
Não. Ele também era contra a educação formal. A escola só surgiu depois que acabou esse projeto utópico. Durante esse projeto utópico, não havia escola formal.

O seu pai, que nasceu em 1931, não estudou inicialmente?
Ele estudou porque as pessoas também não obedeciam. Também tem isso quando a coisa é muito rígida. Há umas histórias ótimas. Realmente não podia comer carne, não podia comer peixe, nem ovo podia no começo, e os finlandeses adoram peixe. Há uma história em que uma vez eles foram para Resende, que era a cidade próxima, e viram e compraram uma lata que tinha o desenho de um peixe.

Foram para o mato de noite comer escondido e quando abriram era Goiabada Peixe. Outro exemplo. Ainda tinha plantas de café no meio do mato porque ali tinha sido uma plantação de café. Eles colhiam o café escondido. Estimulante não era permitido. Chegou uma hora que começou a desandar. A família do meu pai acabou conseguindo uma terra, mas fora de Penedo em si, junto do rio Paraíba, que era perto da estação de trem. O meu pai só foi aprender português com sete anos; até então ele aprendeu sueco, que é a língua da mãe, e depois finlandês porque era a língua da família e do grupo local. Só com sete anos ele aprendeu português com a filha do chefe da estação de trem que era próxima e era professora de uma escolinha.

Esse grupo veio com uma proposta utópica de comunidade, de gestão coletiva em uma fazenda agrícola, e o projeto durou cerca de 10 a 15 anos. Eles viveram da agricultura durante esse tempo?
Viveram. Eles começaram a plantar para subsistência, mas o que funcionou, e isso teve um papel econômico, foi a enxertia de mudas de laranja porque naquela época a Baixada Fluminense era um grande centro produtor de laranjas.

Tanto do lado de Nova Iguaçu como do outro lado da baía de Guanabara, em Itaboraí.
Eles acabaram fornecendo mudas para Nova Iguaçu, Engenheiro Pedreira, toda aquela região. Tinha um finlandês que vinha de caminhãozinho. Antes era só trem, mas nessa época já tinha uma estrada. Faziam os enxertos de mudas lá em Penedo, plantavam e vendiam essas mudas. Isso sustentou durante algum tempo a colônia. Mas desde o início, o que mais funcionou foi a hospedagem. Foi o turismo que sustentava porque o casarão era grande, remanescente de uma fazenda colonial do final do século XVIII e começo do século XIX. Eles moravam lá e começaram a construir suas casas. À medida que começou a esvaziar o casarão, principiaram a receber hóspedes. Penedo, até hoje, é um lugar central entre Rio e São Paulo. Os hóspedes vinham

de trem. Tinha a estação de Marechal Jardim, logo após Resende. Eles paravam na estação e um carro de boi levava os hóspedes até a sede da fazenda. Penedo era um lugar razoavelmente barato, tinha a facilidade do transporte pelo trem, e era um lugar onde estrangeiros moravam, como os finlandeses. E tinha a gastronomia. Então começou a atrair alemães, tchecos, austríacos, judeus de maneira geral do norte da Europa que começavam a vir para o Brasil. A partir dos anos 1930, na realidade desde 1932, começou a atrair esse movimento de hóspedes do Rio e aí virou uma tradição a hospedagem lá. O próprio cônsul da Finlândia passava temporada lá em Penedo.

Eu imagino também que a institucionalização do Parque Nacional de Itatiaia, em 1937, deve ter impulsionado o turismo daquela região. Até hoje o Parque de Itatiaia alavanca a região inteira.
Sim. Com certeza. Não só o Parque, mas a questão dessa região ser uma área que começou a atrair o interesse de pessoas em busca de natureza. Como eles eram vegetarianos, a primeira coisa que eles fizeram foi expulsar os bois e vacas. Eles eram naturalistas, antes do que se pensava sobre o que era ecologia. Quando expulsam o gado, começa a crescer a vegetação. Penedo é um dos lugares mais verdes da região. Se olharmos as fotos da época, veremos que os morros eram todos pelados e 20, 30 anos depois, já estavam todos reflorestados. Essa preocupação está no projeto habitacional, que é a ideia de proteção dos rios, de preservação da floresta, que é algo que vem dos finlandeses em geral. A Finlândia é um país que tem toda essa cultura de preservação da natureza, mas o fato de os imigrantes serem vegetarianos influenciou nisso também.

E eles passaram a viver basicamente do turismo já nos anos 1930 e 1940.
A partir de 1932. A Pousada Arboretum, por exemplo, é uma casa construída pelos finlandeses. Não a casa atual, mas a casa anterior foi construída em 1932 e pertencia a um casal que começou a construir quartos para receber hóspedes. Essa é a lógica atual de Penedo, são as

pequenas pousadas. A minha família mesmo tinha um hotel, que era o Hotel Bertell, que é o sobrenome original da minha avó. O Hotel Bertell existe desde os anos 1940. Era a casa dela e aí começou a aumentar, começou a fazer um puxadinho, mais um quarto, mais um chalé e tal. A maior parte dos hotéis é dos anos 1930. Naquela época, não se hospedava apenas por um fim de semana, mas para ficar 15 dias. Você recebia os hóspedes e tinha que dar comida. Tinha as tortas, os biscoitos, toda uma culinária diferente que começou a atrair visitantes para a região. O fato de eles falarem alemão também influenciava um pouco na busca desse público que vinha principalmente do Rio de Janeiro, que era a capital. Tinha alguns artistas plásticos que foram para Itatiaia também, como Emeric Marcier[4] e Alberto da Veiga Guignard, que foram para Penedo e pintaram lá. Havia interesse pelo lugar e até hoje é o que sustenta a economia.

Eles tinham algum culto lá na fazenda?
Eles eram religiosos e o líder, na Finlândia, era um pastor. Mas aqui, também por essa questão da liberdade religiosa, não era permitido construir igreja. Só teve igreja em Penedo depois que terminou esse período. Eles faziam cultos, mas no próprio casarão ou ao ar livre.

A ideia é sempre não institucionalizar. Não institucionalizar a educação e não institucionalizar a religião. Já a partir dos anos 1930 eles não vivem da agricultura, nem são autossuficientes e eles vão ter que viver das hospedagens para sobreviver. Imagino que a questão da hospedagem perde, inclusive, o sentido coletivista do projeto, já que cada família começa a viver por si mesmo. O interessante é que Penedo guarda as suas tradições, mais ou menos inventadas, mas guarda. Até hoje tem o Museu Finlandês, a festa finlandesa. E depois de um tempo, foram inventadas novas tradições, como a Casa do Papai Noel. Hoje tem uma culinária forte, muitos restaurantes com truta, a própria região favorece porque é fria. É muito

[4] Pintor e muralista romeno que se naturalizou brasileiro.

interessante porque é uma comunidade que chega em Penedo há quase 90 anos e estabelece uma tradição que foi se reinventando ao longo do tempo, mas ela estabelece uma linha de continuidade muito interessante até os dias de hoje. O que permaneceu desse grupo original? Quer dizer, em termos físicos mesmo, quem permaneceu? Como é que se deu a continuidade desses traços que remontam de hoje para ontem?
Até fico feliz de você ter esse olhar. Eu esqueci de te falar da sauna. Também a sauna é um hábito finlandês que eles trouxeram para o Brasil e que é a única palavra em finlandês no dicionário em português do Brasil, sauna. Sauna é uma palavra finlandesa e a primeira sauna do Brasil foi feita lá em Penedo. Sauna é um tipo de banho feito com vapor. Timo Aaltonen é o especialista da sauna. Ele tem um livro ótimo chamado *Sauna finlandesa: história, rituais e construção*, publicado pela editora Edicon. Mas voltando à sua pergunta. Quando o coletivo da fazenda Penedo, que se chamava Fazenda Penedo Empreendimento, faliu, foi criado o Clube Finlândia, que era a associação dos finlandeses. Eles sempre tiveram a perspectiva associativa e o clube continuou essa tradição. Meu pai foi presidente do clube e os brasileiros também entraram.

Mas essa primeira geração de finlandeses eu imagino que já deve ter falecido, não é?
Já faleceu até a segunda geração. Atualmente, tem finlandeses lá, mas os que vieram mais tarde. Teve algumas levas migratórias. Dessa primeira leva todos já faleceram, mas teve uma segunda leva na época da guerra. A família do Timo Aaltonen, por exemplo, veio em 1945 logo depois da guerra. Hoje em dia, o Clube realmente é o lugar de encontros. Também tem o Museu que foi criado pela dona Eva Hilden que mantém essa tradição. A Casa de Papai Noel é um projeto meu porque eu sou arquiteto, antes de tudo. Eu e meu pai fizemos esse projeto a pedidos de comerciantes de lá que queriam exatamente reforçar essa ideia da identidade finlandesa. E funcionou muito bem, gerou uma valorização do que é finlandês.

Fizeram um censo onde identificaram 170 finlandeses ou descendentes que moram em Penedo ou têm propriedades em Penedo e vêm com frequência em Penedo. Quer dizer, ainda é uma comunidade atuante. Ainda se fala finlandês por lá?
Tem gente que fala. Eu tinha uma prima que veio da Finlândia, morou uns 10 ou 15 anos em Penedo. Até falecer, ela nunca conseguiu falar português. Ela conseguia se comunicar com quem falava finlandês. Hoje em dia, com a dupla nacionalidade, muita gente vai morar na Finlândia e depois volta. Existe um intercâmbio. De qualquer forma, o que funciona é essa ideia de preservar a tradição, de que as pessoas tenham esse interesse porque isso vira um produto.

Você estuda isso: o turismo como produto. A elaboração das tradições também tem a ver com o mercado. Tem a ver com uma identidade local, tem a ver com a patrimonialização, mas essa patrimonialização tem fins de mercado, certamente.
Eu tenho um outro livro que é a minha tese de doutorado,[5] em que eu trabalho com essa questão do turismo, de como o processo de construção da imagem dessa cidade, como é que se usou da imigração finlandesa para o turismo. Isso é uma questão do mercado, mas por outro lado eu trago isso como uma coisa positiva, são processos que existem no mundo inteiro. A minha tese é sobre Gramado, Penedo e Holambra em São Paulo. Eu faço um estudo comparativo dos três lugares que têm tempos diferentes de imigração alemã, finlandesa e holandesa em momentos diferentes da história: Gramado no século XIX, Penedo nos anos 1920 e depois Holambra, que é anos 1940 e 1950. É um livro sobre urbanismo. São lugares importantes. Gramado é o lugar de turismo de inverno mais visitado do Brasil. Penedo tem um movimento muito forte, mas é um lugar pequeno. A vantagem de Penedo é que essa tradição dos hotéis serem pequenos, serem de família, isso se manteve. Então não tem hotéis de grandes grupos

---

5 FAGERLANDE, Sergio. *A construção da imagem em cidades turísticas*: tematização e cenarização em colônias estrangeiras no Brasil. Rio de Janeiro: 2AB, 2015.

empresariais, como em Gramado. Em Penedo, ainda é uma coisa meio familiar. Tem poucos hotéis de famílias finlandesas, mas em geral havia esse interesse, começava com a questão de "faz um bolo, faz um biscoito, faz um pãozinho".

E tem chocolate.

O chocolate tem alguma coisa a ver, mas sabe o que acontece? É aquela coisa assim: alguns produtos que são tradicionais para o turismo e para o comércio. Lugar de serra, de frio, é chocolate. Aí no verão faz sorvete porque essas coisas equilibram, enfim, são as coisas do turismo. Sobre a questão da truta que você comentou antes, houve um momento em que houve um interesse, inclusive políticas públicas de estimular atividades econômicas. O peixe é um produto muito consumido na Finlândia, então se associou muito à imagem do lugar. E volta e meia se faz festival de truta; já trouxemos chefes finlandeses para os restaurantes. Tem essa proposta associativa, que acho que ainda se mantém um pouco da tradição inicial. Por exemplo, o livro sobre os 90 anos da história de Penedo foi uma colaboração. Por isso que eu fiz questão que tivessem outras pessoas para escrever comigo e o Timo. Eu queria uma publicação que fosse o retrato da história do lugar, em que as pessoas participassem e escrevessem pequenas histórias, pequenos relatos. Nós fizemos um financiamento coletivo, juntou muita gente, incluindo o comércio local e a embaixada da Finlândia. A embaixada da Finlândia tem muito interesse e estimula muito essa presença cultural. A gente tenta buscar exposições e coisas assim que venham da Finlândia também. Basicamente o Clube é o eixo que mantém a tradição. Trata-se de um grupo de pessoas que são voluntárias e que trabalham em prol de manter essa ideia de que um lugar se mantém pela sua história.

Eu quero agradecer muito a sua disponibilidade, para essa conversa tão interessante.

Obrigado. Eu queria mais uma vez agradecer ao Luís pela conversa. Eu acho que Penedo é uma história realmente única no Brasil, essa presença dos finlandeses é uma coisa bastante estranha, na realidade, porque os finlandeses são tão poucos, vieram tão poucos e de certa forma marcaram o lugar. Existe o estereótipo de que os nórdicos são frios, mas os finlandeses não são. Eles adoram beber, tem muita cervejaria também lá em Penedo, muita cervejaria artesanal hoje em dia. É um lugar de alegria, natureza, cachoeiras, e próximo ao Parque Nacional de Itatiaia. Penedo preserva uma tradição que não é morta, que é viva e que eu acho que é isso que é a coisa mais interessante.

12. Imigração no Pará[1]

Maria de Nazaré Sarges
Guilherme dos Santos Cavotti Marques

Professora Maria Nazaré Sarges, gostaria de agradecer imensamente pelo aceite de estar aqui conosco para nós conversarmos sobre imigração, especificamente sobre imigração no Pará. Maria de Nazaré Sarges possui doutorado em história pela Universidade Estadual de Campinas (Unicamp) e pós-doutorado na Universidade de Barcelona, ambos com temas relacionados à história do estado do Pará. É professora titular da Universidade Federal do Pará (UFPA), participa do programa de Pós-Graduação em História Social da Amazônia da mesma instituição e coordena a Cátedra João Lucio de Azevedo, vinculada ao Instituto Camões em Portugal. Organizou alguns livros relacionados à Cátedra, como O imenso Portugal: estudos luso-amazônicos, *em conjunto com Aldrin Figueiredo e Maria Adelina Amorim.*[2] *Tem uma vasta gama de orientação de trabalhos na graduação, no mestrado e doutorado, muitos deles sobre imigração no Pará dos mais variados grupos étnicos: portugueses, espanhóis, franceses, japoneses. Também trabalhou com a temática das migrações e os deslocamentos internos. Orientou também pesquisas sobre epidemia, questões médicas e sanitárias em Belém. Gostaria, professora, que nós pudéssemos começar por sua trajetória pessoal. Quando o tema das migrações, das imigrações, dos deslocamentos, surgiu na sua trajetória acadêmica?*

Boa tarde, Guilherme, e a todos e todas que aqui se encontram virtualmente. Quero agradecer o convite feito pelo Luís Reznik para estar nessa

---

[1] Conversa realizada em 27 de julho de 2021. Transcrição: Marianna Carolina Oliveira Costa Reis. Edição: Carolina da Costa de Carvalho e Luís Reznik.

[2] SARGES, Maria de Nazaré; FIGUEIREDO, Aldrin Moura de; AMORIM, Maria Adelina (Org.). *O imenso Portugal*: estudos luso-amazônicos. Belém: UFPA, Cátedra João Lúcio de Azevedo, 2019.

live. Eu comecei a me dedicar ao estudo de imigração por volta dos anos 2000, quando houve um encontro do Centro de Estudo de Pesquisas do Porto chamado Cepese e deste grupo participam vários pesquisadores de Portugal e do Brasil. Entre essas pessoas, encontram-se as professoras Maria Izilda de Matos, Ismênia Martins, Lená Medeiros de Menezes, Érica Sarmiento e outros professores também do estado de São Paulo. Eu e a professora Magda Ricci fomos convidadas para apresentar algo sobre portugueses. Ora, sempre temos algo para falar dos portugueses, até porque nossa história é muito portuguesa. Belém é uma cidade muito portuguesa. E fomos até Santos apresentar nossos trabalhos. E lá nos engajamos e nos agregamos a essa rede do Cepese, que tem como coordenador Fernando de Sousa, que é da Universidade do Porto. Então, a partir desse momento, eu fui me dedicando a outras pesquisas, sempre com foco nos portugueses. Depois eu fui para os espanhóis porque eu fiquei encantada com os espanhóis. Hoje eu estou muito mais vinculada ao estudo dos portugueses porque sou a diretora da Cátedra João Lucio de Azevedo, que é vinculada ao Instituto Camões em Portugal. Então o imigrante português sempre aparece, desde quando eu escrevi a minha dissertação de mestrado. A minha dissertação de mestrado[3] é sobre o período da Belle Époque, a partir da década de 1890 até mais ou menos 1912, que é justamente o período da economia da borracha. E os portugueses estão lá transitando. Quando eu escrevi a minha dissertação de mestrado, eu tinha um olhar de soslaio para eles, mas agora o meu olhar está muito mais direcionado a esse grupo que veio para Belém do Pará com mais intensidade a partir da década de 1870. Sempre tivemos portugueses em nossa história e, como eu gosto de dizer, sempre tropeçamos com os lusitanos em nosso espaço. Também orientei muitos alunos na graduação e depois na pós-graduação sobre o tema, como a Ana Tereza Hidaka,[4] que escreveu sobre a Liga Portuguesa de Repatriação. Antes

---

[3] SARGES, Maria de Nazaré. *Riquezas produzindo a Belle Époque. Belém, 1897-1912*. Dissertação (mestrado em história) — Universidade Federal de Pernambuco, Recife, 1990.

[4] HIDAKA, Ana Tereza Tomiko Vicente. *Os infortúnios da imigração portuguesa*: a Benemérita Liga Portuguesa de Repatriação (1908-1949). Dissertação (mestrado em história social) — Universidade Federal do Pará, Belém, 2013.

disso, o meu foco era a cidade de Belém neste período da modernização que nós costumamos chamar de Belle Époque.

Professora, entrando já propriamente no tema da imigração no Pará. Se a gente pudesse, em linhas gerais, traçar um perfil dessa imigração, quais são os grupos étnicos que predominaram nas correntes que foram para o estado do Pará? Como é que se deu esse processo na história do Pará e mais especificamente, como a senhora citou, na capital Belém?

Com o desenvolvimento da economia da borracha, houve uma grande propaganda para a vinda de mão de obra estrangeira. Nós tínhamos precariedade de mão de obra nacional, a não ser contando com os migrantes nordestinos, e tinha aquela ideia de que o migrante europeu era muito laborioso. Então foi feita uma chamada para esses grupos. Belém já tinha imigrantes portugueses que vieram bem antes do apogeu da economia, mas a partir daí esse número cresceu. O maior grupo que nós encontramos na cidade é o de portugueses. Depois dos lusitanos, também se destaca um grande número de espanhóis porque houve muita propaganda na Galícia. Depois nós vamos encontrar italianos, sírio-libaneses, mas os grupos predominantes foram os portugueses e os espanhóis. Eles vinham para cá porque tinha o mito da terra prometida, como diziam os espanhóis, da "Nova Jerusalém". Os amigos e parentes mandavam chamá-los para cá porque esta era uma terra de progresso, era uma terra que prometia ganhos. Aquela famosa história que todo mundo já conhece: você ganha e depois você retorna. Então o lema deles era trabalhar e lucrar para retornar. Eles não vinham para cá para se fixar, mesmo que já existissem alguns amigos e parentes aqui no Brasil. O mais interessante é que, nesse momento em que começam as chamadas de grupos estrangeiros para o país, o que se dizia é que se precisava muito deles para a agricultura. Por quê? Já que os nordestinos seriam a mão de obra para os seringais, os portugueses seriam a mão de obra para a agricultura porque tinha que abastecer a cidade, tinha que abastecer os seringais, então tinha aquele mito de que todos os portugueses que vinham para o Brasil tinham essa atividade agrícola. É como se todos vivessem arando terra, mas nem todos eram agricultores. Nós vamos encontrar pessoas que tinham outras atividades, como pescadores e artesãos. Mas esse foi o mote da chamada para os imigrantes virem para o Pará: cultivar terras agrícolas porque precisava abastecer a cidade e, consequentemente, os seringais.

Professora, a senhora falou que geralmente vinha um conhecido ou um familiar que posteriormente chamava o outro, possivelmente através das cartas de chamada. Como aconteceu essa dinâmica? Minha pergunta caminha no seguinte sentido: nós poderíamos pensar que, em um primeiro momento, a imigração para Belém e o estado do Pará se deu de maneira dirigida e posteriormente criou-se uma cadeia imigratória para o estado?

Em um primeiro momento, essa imigração é espontânea. Ela começou antes do apogeu da economia da borracha, eles vieram espontaneamente com as notícias que recebiam. É muito importante falar isso porque as notícias que chegavam eram as mais promissoras possíveis. Em um segundo momento, quando a economia já estava mesmo no auge e precisando de braços para trabalho, é que a imigração começou a ser dirigida. Inclusive foi criado um programa do governo brasileiro para a vinda de imigrantes que estabelecia até diretrizes para a imigração. Mas, no primeiro momento, o que se observa é uma imigração espontânea. Também é importante frisar que nem sempre se falava das coisas boas da terra. Para os portugueses, não tinha problema porque era a mesma língua, era um país que não tinha um frio intenso, era um país onde eles iriam lucrar bastante. Para os espanhóis, eles também diziam: "Ah, a língua não é o espanhol, mas é parecida. É o português. O clima é maravilhoso, vocês não vão precisar cortar lenha para fazer lareira no frio intenso, não existe isso. E não tenham medo dos índios...", porque é como se eles dissessem que eram já civilizados. Paralelamente a isso, também havia muitas histórias fantasiosas que falavam da Amazônia como um território cheio de problemas. Cristina Donza Cancela[5] tem um capítulo no livro *O imenso Portugal* sobre isso. Falava-se, inclusive, que tinham mulheres que pariam filhos com corpo de cobra, enfim, metiam muito medo nessa população que migrava. Então os imigrantes também ficavam um pouco apavorados de que aqui pudesse ser uma terra de fantasmagoria. Como essa imigração espontânea não era suficiente para atender esse mercado de mão de obra, começaram as propagandas do estado. O governador paraense Lauro Sodré[6] foi um propagandista e seu sucessor José Paes de Carvalho[7] também fazia propaganda da terra. Eles prometiam terra, prometiam todos os equipamentos para arar a terra, prometiam habitação, prometiam auxílio, além do transporte a ser subsidiado. Faziam uma série de promessas e diziam que quem viesse para cá viria para uma terra prometida, uma terra boa onde iria progredir muito. Além dos governadores Lauro Sodré e Paes de Carvalho, também tinham propagandistas que faziam da Amazônia um verdadeiro paraíso. Um deles foi o barão de Santa-Anna Nery.[8] Ele escreveu um livro chamado *O país das Amazonas,* que foi publicado em Paris com o título *Le pays des Amazones*. Santa-Anna Nery fazia muita propaganda da Amazônia e contava maravilhas dessa região. Além dele, o barão de Marajó[9] também falava dessa região. Esses são os propagandistas oficiais, fora aqueles que eram agenciadores. Quando observamos a imigração espanhola, um agenciador chamado Francisco Cepeda elaborou um livro chamado *El Pará*, que tinha por volta de 137 páginas e falava tudo do Pará: o que o Pará era, o que poderia

---

5 CANCELA, Cristina Donza. O Pará nos jornais do Porto: entre anúncios, economia, exotismo e outras ambiguidades. In: SARGES, Maria de Nazaré; FIGUEIREDO, Aldrin Moura de; AMORIM, Maria Adelina (Org.). *O imenso Portugal*: estudos luso-amazônicos. Belém: UFPA, Cátedra João Lúcio de Azevedo, 2019, p. 269-292.

6 Lauro Sodré foi o primeiro governador do Pará. Ocupou o cargo entre os anos de 1891 e 1897.

7 Governador do Pará entre 1897 e 1899.

8 Frederico José de Santa-Anna Nery (1848-1901), também conhecido como barão de Santana Néri, foi um intelectual e historiador paraense.

9 José Coelho da Gama e Abreu (1832-1906) foi um intelectual e político.

apresentar, como essa terra poderia ser benéfica para eles. Juntavam os propagandistas oficiais do governo com esses outros propagandistas, que são os agenciadores, também chamados de "oficiais", mas entre aspas. A grande questão é que era uma oportunidade de a Amazônia ser inserida no palco da civilização, então nada melhor do que fazer uma divulgação da Amazônia enquanto uma terra civilizada onde se poderia trabalhar, morar, viver. Além disso, os europeus vindos para cá também davam um lustre de civilização para esse povo que morava aqui. Esse discurso civilizacional é muito forte. Por exemplo: por mais que o Santa-Anna Nery tivesse tido um contato muito grande com a França e morasse em Paris, ele queria ser olhado como um habitante originário de uma região civilizada. Isso é muito importante de observar. Usando alguns dados do recenseamento, só para nós termos uma ideia do quanto esse movimento foi intenso: em 1872, havia mais de 61 mil habitantes na cidade de Belém. Em 1900, foram registrados mais de 96 mil habitantes em Belém. De 1872 para 1900, a população saltou de 60 para 90 mil. Em 1920, a cidade passou a ter uma população de quase 240 mil habitantes. Quer dizer, foi uma expansão demográfica muito significativa. O professor Daniel Barroso e eu escrevemos em um artigo indicando que 70% da população era formada por portugueses.[10] Nós percebemos que a cidade de Belém realmente inchou nesse momento e não tinha infraestrutura para isso. É muito interessante, Guilherme, que no primeiro momento isso é considerado maravilhoso, e depois os próprios governantes começam a reclamar, dizendo: "Estão chamando gente demais para cá, não tem casa, não tem emprego para essa gente". Claro que sempre dizem que são os inimigos políticos que estão fazendo essa propaganda.

---

[10] SARGES, Maria de Nazaré; BARROSO, Daniel. Ao fim de uma bela época: migração ibérica, trabalho e redes sociais em Belém no limiar do século XX. In: ARRUDA, José Jobson de Andrade; FERLINI, Vera Lúcia Amaral; MATOS, Maria Izilda Santos de; SOUSA, Fernando de (Org.). *De colonos a imigrantes*: i(e)migração portuguesa para o Brasil. São Paulo: Alameda, 2013, p. 523-536.

Professora, eu gostaria de pegar um ponto da sua fala. A senhora falou que havia certa mitologia, um quê fantasmagórico que envolvia as ideias que se fazia da região do Amazonas e do Pará. Pensando um pouco nesse interesse que a senhora comentou dos governantes à época de fazer esse caráter civilizacional através da imigração, existem indícios de que essa mitologia impactou esses fluxos migratórios?

Sabemos que a Amazônia sempre foi povoada com esses relatos, até hoje nós ainda encontramos pessoas que perguntam coisas absurdas sobre a região. Por mais que esses relatos fantasmagóricos fossem disseminados, eles não chegaram a impactar os fluxos migratórios. Evidentemente que existiu quem pensasse: "Na dúvida, é melhor não ir", mas tinha relatos dos amigos, dos parentes, das pessoas que estavam aqui dizendo: "Olha, não é nada disso. Não existe isso. Venha que é promissor". Tem um livro de memórias do senhor Mendes, um português já falecido, em que ele conta que, quando migrou para o Brasil, já tinha um primo dele aqui. De início, ele ficou muito receoso de vir, primeiro porque tinha medo de que pudesse encontrar um índio na cidade e receber uma flechada; e depois ele tinha muito medo dessas mulheres "estranhas" que andavam na rua que podiam ser feiticeiras. Ele conta que ficou muito receoso, mas depois lembrou: "Ah, não! O meu primo está lá. Eu vou para lá". Então não é assim. Claro que existiam aqueles medrosos, mas isso não chegou a impactar o processo imigratório. Eu cheguei a conhecê-lo, porque ele morou na Cidade Velha, que era um bairro português. Ele veio de Aveiro. Inclusive, tem uma tese de doutorado da Anndrea Tavares sobre Aveiro, o trabalho dela é muito interessante.[11] Além disso, os governantes culpavam muito o povo do sul do país de inventar essas histórias para levar os imigrantes para lá. Não podemos esquecer que, nesse contexto histórico, o Brasil estava abolindo a escravidão e substituindo essa mão de obra por outro tipo

[11] TAVARES, Anndrea Caroliny da Costa. *"Partindo mais ou menos pobre, voltando mais ou menos rico?"*: a emigração de aveirenses ao Pará (1882-1918). Tese (doutorado em história social da Amazônia) — Universidade Federal do Pará, Belém, 2021.

de trabalho, o trabalho livre. O próprio Lauro Sodré dizia que os estados do sul queriam cooptar os imigrantes que vinham de Portugal, por isso inventavam coisas nebulosas acerca do Pará. Eu também quero lembrar que existe um livro chamado *Questões do Pará*, que foi publicado em Lisboa no ano de 1875 e escrito por um senhor chamado D. A. Gomes Percheiro.[12] Esse homem chegou ao Brasil como representante da Agencia Americana Telegraphica e, quando ele escreveu o livro, colocou uma epígrafe muito interessante. Ele escreveu assim: "Aos meus iludidos compatriotas que veem no Brasil uma nova terra da promissão". Ele dizia que alguns moços que migravam para o país eram inexperientes e que, quando chegavam aqui, se deparavam com um grande partido que odiava os portugueses. Mas não era só esse grande partido, era a imprensa, o clero, os políticos, a magistratura, o professorado... Na visão dele, todo mundo odiava os portugueses, tanto que eles eram chamados pejorativamente de "marinheiros", "bicudos", "pés de chumbo" e "galegos". Eu fui criada na Cidade Velha, onde tinha muitos portugueses, e eu lembro que às vezes se referiam a eles como galegos. Gomes Percheiro dizia que havia muitos assassinatos de portugueses em diversas regiões do Pará, não só na cidade de Belém, e que a justiça brasileira não fazia nada, então era muito perigoso vir para cá. A historiadora portuguesa Irene Vaquinhas[13] escreveu sobre os galegos portugueses aqui no Pará e ela pesquisou muito sobre essa questão dos maus-tratos aos portugueses, em que a população acusava: "Fora ladrão! Fora canalha!". Os portugueses, quando eram pobres, estavam disputando o espaço de trabalho, quando eram ricos, eles eram vistos como exploradores, porque geralmente eram donos de comércio, alugavam casas, essas coisas todas.

---

[12] PERCHEIRO, D. A. Gomes. *Questões do Pará*. Lisboa: Lallemant Frères, 1875.

[13] VAQUINHAS, Irene. "Fora galego!" Um caso de antilusitanismo no Pará na década de setenta do século XIX. *Revista Estudos Amazônicos*, v. X, n. 2, p. 216-235, 2013.

Alexandre Amaral comenta que "durante as epidemias no Pará, Belém era conhecida como a 'necrópole paraense' ou 'Tebas da morte'. A mortalidade de portugueses e espanhóis assustava muito as autoridades públicas". Eu acho que a questão da saúde, do sanitarismo das cidades, teve um impacto bastante importante não apenas na publicidade dessas localidades no exterior, mas para a própria atração e fixação desses imigrantes seja em Belém do Pará, seja aqui no Rio de Janeiro, que passou por intensas reformas na virada do século XX visando essa modernização e que também tem diálogo com essa questão civilizacional. De que maneira esses quadros epidêmicos impactaram essa presença estrangeira no Pará?

Alexandre escreveu uma dissertação muito bonita sobre a questão das epidemias, basicamente a varíola, e ele é um estudioso desse período.[14] Na minha análise, as epidemias impactaram porque nós observamos, por exemplo, que os próprios portugueses mobilizavam esse tema. Um historiador português, cujo nome eu não lembro, afirma que em 1900 houve uma apatia nesse processo imigratório porque nós já estávamos vivendo algumas epidemias. Apesar de as epidemias arrefecerem um pouco o processo imigratório já em 1900, na virada do século, por outro lado, havia um discurso de que os lusitanos não deveriam se preocupar muito porque existia uma estrutura de apoio àqueles que adoecessem. Em 1854, os portugueses começaram a construir um hospital, a Beneficente Portuguesa, que foi concluído em 1867. Em 1906, logo no início do século, o hospital foi transferido para o endereço onde está hoje, na avenida Generalíssimo Deodoro. Por mais que houvesse esse temor imenso que arrefece um pouco o processo imigratório em 1900, havia uma solidariedade muito grande entre os patrícios. Evidentemente, havia toda uma hierarquia dos portugueses que tinham posses e que eram os donos dos comércios, das casas aviadoras, das casas construtoras, e aqueles portugueses que

---

[14] AMARAL, Alexandre Souza. *Vamos à vacina?*: doenças, saúde e práticas médico-sanitárias em Belém (1904 a 1911). Dissertação (mestrado) — Centro de Filosofia e Ciências Humanas, Universidade Federal do Pará, Belém, 2006.

eram apenas os pobres coitados, como caixeiros-viajantes e vendedores ambulantes, mas eles sempre tinham essa retaguarda.

De que maneira que é possível observar o surgimento de associações e sociedades de ajuda mútua portuguesas em Belém do Pará? No Rio de Janeiro, há uma profusão de associações, elas são diversas e muito regionalizadas. Tem associação de Viseu, de Trás-os-Montes, do Porto... No Pará, também se desenvolve dessa maneira?

Sim. A primeira associação formada é o Grêmio Literário Português. Esse grêmio foi criado inicialmente não apenas para agregar os portugueses e manter a sua identidade, mas também com a finalidade de dar instrução a esses imigrantes porque eles diziam que muitos vinham de lá analfabetos. Tanto que criaram uma escola de gramática e de matemática, ensinavam a ler e a contar. À medida que foi crescendo, o seu acervo teve que mudar. O Grêmio Literário Português teve que ir para o endereço onde está localizado até hoje, na avenida Senador Manoel Barata, em Belém. Essa agremiação cresceu tanto que atualmente é uma das mais importantes bibliotecas que nós temos por aqui. Fabiano Cataldo, professor do Instituto de Ciência da Informação da Universidade Federal da Bahia (UFBA), é uma pessoa que conhece bem a biblioteca do Grêmio Português. Além da biblioteca, existe o Hospital da Beneficente Portuguesa na avenida Generalíssimo Deodoro e, ao lado dele, foi criado o Asilo Português da Infância Desvalida, que depois a própria Beneficente agregou. Em 1898, foi criada a Associação Vasco da Gama. Essa associação ainda existe, mas outro dia eu fui informada de que toda a sua biblioteca foi incorporada na biblioteca do Grêmio Português. É muito interessante você me perguntar isso porque a Anndrea Tavares afirma que tinha uma associação dos imigrantes de Murtosa, vila localizada no distrito de Aveiro. No Rio de Janeiro, se não me engano em Niterói, existe essa associação, mas não sabia dessa associação em Belém. Essas eram as principais associações. Depois foi criada a Liga de Repatriação, justamente para dar suporte aos imigrantes portugueses no momento em que a economia da borracha já estava entrando em declínio e muitos jovens queriam voltar para Portugal, mas não tinham dinheiro. Quando nós pegamos os jornais da cidade, encontramos relatos do tipo: "Aqui na porta da redação apareceram tantos moços portugueses com fome, pedindo comida e passagem para regressar a Portugal". Às vezes, a Beneficente também dava passagens para esses jovens retornarem. Essa característica da comunidade portuguesa de agregar os seus pares nós observamos até hoje. Tem a Beneficente Portuguesa no centro da cidade, tem a grande Biblioteca Fran Paxeco, tem o Grêmio Literário e Recreativo Português, cuja área recreativa é um pouco afastada da cidade. Tem também o Festival da Sardinha e outros eventos que eles comemoram sempre mantendo esse laço. No livro *O imenso Portugal*, eu escrevi um capítulo junto com o João Arnaldo Gomes em que nós apontamos que, em 1917, os portugueses construíram um bar em honra da implementação da República Portuguesa, mas diziam também que era para firmar a identidade portuguesa. Essa questão da identidade era muito forte aqui no Pará. Como eu comentei antes, eu morei no bairro Cidade Velha e lá, quando havia a festa de Santa Maria de Belém na Catedral Metropolitana, sempre tinha a noite portuguesa. Além das iguarias portuguesas, tinha a dança, o fado, justamente porque era um bairro onde os imigrantes se concentravam. Retomando a pesquisa da Anndrea Tavares, ela também aponta a criação da União Protetora dos Pescadores de Murtosa, porque a maioria dos portugueses dessa região do Aveiro era de pescadores e, quando a pesca entrou em crise, eles resolveram emigrar. Não eram só lavradores.[15] Essa presença lusitana na cidade de Belém era muito forte. Durante a virada do século XIX para o século XX, os brasileiros viam muito a questão de os imigrantes tomarem os lugares dos nacionais porque eles estavam na rua vendendo verdura, vendendo

---

[15] TAVARES, Anndrea Caroliny da Costa. Da ria ao rio: trabalhadores aveirenses nos rios do Pará (1882-1918). In: SARGES, Maria de Nazaré; FIGUEIREDO, Aldrin Moura de; AMORIM, Maria Adelina (Org.). *O imenso Portugal*: estudos luso-amazônicos. Belém: Universidade Federal do Pará, 2019, p. 119-141.

peixe, vendendo leite, carregando piano, lavando a casa dos ricos porque o assoalho era de madeira. Estavam no comércio porque eles eram caixeiros-viajantes. Eles estavam disputando com os nacionais esse mercado de trabalho, então era uma presença de aceitação e ao mesmo tempo de rejeição desses imigrantes. Essa disputa que eu acredito que também ocorreu no Rio de Janeiro e em outras cidades brasileiras com a presença portuguesa. É uma relação muito contraditória. Havia uma demanda por trabalhadores portugueses nesse período que eu estou falando, tanto que tinham muitos anúncios do tipo "preciso de trabalhadores portugueses", geralmente para o comércio. Ao mesmo tempo, também tinham anúncios falando de trabalhadoras portuguesas ou trabalhadores que se ofereceriam para certas atividades, alguém que sabia pintar, que sabia cuidar do jardim ou então que poderia ser ama de leite. Ou seja, também tinha a oferta desses serviços dos portugueses. Assim como as espanholas eram tidas como as melhores passadeiras, as portuguesas eram consideradas as melhores amas de leite. Outra coisa que gostaria de comentar é que as maiores confusões no espaço público contra o poder oficial, ou seja, contra a Intendência, foram promovidas pelos portugueses. Pelo menos no período em que eu estudo, durante o governo de Antônio Lemos,[16] que foi intendente de Belém entre os anos de 1897 a 1911. Não estou querendo dizer que eram só portugueses, mas eles eram os cabeças. Em 1905, eles brigaram com o poder municipal porque a Intendência tinha estabelecido que os caixeiros teriam que pagar um imposto de 10% sobre os seus vencimentos, o que eles acharam um absurdo. No mesmo ano, eles protestaram contra o governo por causa da obrigatoriedade do uso de uns carros da empresa americana de veículos. Eram carros chamados de verdureiros, que eram usados para vender hortaliças e verduras. Eles acharam um absurdo ter esse monopólio e o Antônio Lemos dizia: "Essas traquitanas que estão circulando pela

---

[16] Antônio José de Lemos (1843-1913) foi um político paraense. Foi intendente de Belém e é considerado um dos responsáveis pela modernização da capital paraense.

cidade são feias e horrorosas, então é obrigatório mudar". Só que era muito caro, então eles foram brigar com o poder público. Em 1907, teve o protesto dos carroceiros por causa de questões fiscais, como taxas e multas. Quando me deparei com essas informações, eu fiquei pensando: "Meu Deus, na gestão lemista sempre são os portugueses que lideram essas confusões lá contra o poder público", o que não deixava de ter razão, porque eram contra o monopólio e a exploração dos trabalhadores. É interessante que, muitas vezes, os portugueses eram objeto de chacota pelos nacionais; então às vezes queriam amizade, mas às vezes não queriam amizade com os brasileiros. Muitos nacionais achavam isso absurdo, então aprontavam todas. Tem um relato de que colocaram um Judas na frente da casa de um português que morava na rua dos Tamoios aqui em Belém, no bairro da Batista Campos. Esse português, de tanto ser aperreado na vida, não aguentou com esse Judas que colocaram na porta dele, pegou a espingarda e saiu atirando. Atingiu, inclusive, um dos engraçadinhos da peça, então às vezes também havia esse acirramento do conflito. Outro caso é o da vendedora brasileira que brigou com um desses verdureiros portugueses porque achava a verdura muito ruim e ele estava cobrando muito caro. Nós sempre vamos encontrar esses conflitos cotidianos em todas as histórias da imigração ou das imigrações para o Brasil.

Professora, essa fala é muito interessante, porque nos dá dimensão dessa multiplicidade e variedade que abarcam os processos migratórios. Belém certamente não seria diferente. Por mais que se desejassem imigrantes que se dedicassem à agricultura, muitos também vão para as cidades trabalhar como caixeiros, comerciantes, verdureiros, como a senhora exemplificou bem. Carolina Carvalho pergunta se, apesar de grande parte dos fluxos serem espontâneos, houve uma hospedaria no Pará para recepção e encaminhamento dos imigrantes. Qual foi o período de funcionamento dessa hospedaria e qual era exatamente a função dela dentro desse processo?

Tinha uma hospedaria dos imigrantes em Belém. Eu não sei te dizer quando ela terminou, mas era localizada no bairro do Telégrafo. Eu tenho memória de infância desta hospedaria porque, até mais ou menos seis anos de idade, eu e minha família morávamos no bairro do Telégrafo. Nessa hospedaria não tinha somente migrantes nordestinos, mas também tinha portugueses. Eles vinham para trabalhar na agricultura, mas eles desistiam de ir. Aqueles que não tinham onde ficar, que não tinham parentes nem amigos, eram encaminhados para a hospedaria e depois eram redirecionados para outras cidades. Mas muitos voltavam, não ficavam na hospedaria, porque eles alegavam que não tinham apoio do governo, aí voltavam para a cidade. Por isso que eles se tornaram verdureiros, vendedores de peixe, leiteiros nas cidades. O governador Paes de Carvalho tentou regulamentar a imigração no estado, porque existia um guia da imigração criado pelo governo brasileiro que estabelecia a concessão de lotes e implementos para os imigrantes. Aqui eles até davam os lotes, mas não davam o apoio. É como se eles jogassem o indivíduo lá, "Está aqui a terra, estão alguns implementos e te vira", mas aí eles voltavam para a cidade. Não tinham apoio.

Gustavo Dias, mestrando do Programa de Pós-Graduação da Uerj, comentou: "A imigração para o Sul e Sudeste são bem estudadas. Qual o estado dos estudos migratórios para o Norte e Nordeste?". A senhora poderia falar um pouco sobre qual é o estado da arte sobre os estudos imigratórios?

Não vem de longa data. A produção historiográfica sobre a história da imigração no Pará é muito mais recente, quando comparada, por exemplo, com o Rio de Janeiro. Sobre os portugueses, os estudos começaram mais fortes com a integração de alguns pesquisadores à rede do Cepese, como Magda Ricci, Aldrin Figueiredo, Cristina Cancela e eu, mas sobretudo a partir dos estudos do grupo de pesquisa Ruma — População, Família e Migração na Amazônia, vinculado ao Programa de Pós-Graduação de História Social da Amazônia da UFPA. A partir desse momento, nós tivemos um grande reforço no estudo sobre os portugueses. Sobre os italianos, aponto o livro *Os italianos na Amazônia: pioneirismo econômico e identidade (1870-1950)*, da

Marília Ferreira Emmi.[17] Sobre os espanhóis, tem a tese de doutorado do Francisco Pereira Smith Júnior que foi defendida no Núcleo de Altos Estudos Amazônicos (Naea),[18] e algumas publicações minhas, a exemplo da coletânea *Atlântico imaginado*.[19] Registro o livro *Migrações no Pará*, organizado por Cristina Cancela e Rafael Chambouleyron.[20] Tem ainda a pesquisa do Daniel Barroso sobre os comerciantes de grosso trato, o livro *De chegadas e partidas: migrações e trajetórias de vidas de portugueses no Pará (1800-1850)*, do Luís Antônio Valente Guimarães,[21] o capítulo da Anndrea Tavares, "Da ria ao rio: trabalhadores aveirenses nos rios do Pará (1882-1918)", que está no livro *O imenso Portugal*, a tese da Marília Imbiriba,[22] que inclusive foi defendida na Universidade de Lisboa. Por fim, o livro *O imenso Portugal*, em que todos os textos falam sobre os portugueses, não só no Pará, mas também em Manaus. São 17 artigos. Nós temos dois colegas lá do Amazonas que escreveram no livro e também a Franciane Gama Lacerda. Temos um bom grupo de pesquisadores e, com certeza, tem outros trabalhos que estão sendo

---

17 EMMI, Marília Ferreira. *Italianos na Amazônia (1870-1950)*: pioneirismo econômico e identidade. Belém: Editora Universitária UFPA, 2008.

18 SMITH JÚNIOR, Francisco Pereira. *Imigração espanhola na Amazônia*: as colônias agrícolas e o desenvolvimento socioeconômico do Nordeste paraense (1890-1920). Tese (doutorado) — Núcleo de Altos Estudos Amazônicos, Universidade Federal do Pará, Belém, 2012.

19 SARGES, Maria de Nazaré. Las corridas de toros y las asociaciones de migrantes gallegos: la construcción del imaginario ibérico en la Nueva Jerusalén. In: RUIZ-PEINADO, José Luis. (Org.). *Atlàntico imaginado*: fronteras, migraciones y encuentros. Madri: Ministerio de Trabajo e Inmigración — Subdirección General de información Administrativa y Publicaciones, 2010, p. 125-143; SARGES, Maria de Nazaré; GOMES, João Arnaldo. Os espanhóis na cidade de Belém: conflitos e solidariedade. *Fênix — Revista de História e Estudos Culturais*, v. 11, n. 1, p. 1-17, 2014.

20 CANCELA, Cristina Donza; CHAMBOULEYRON, Rafael (Org.). *Migrações na Amazônia*. Belém: Açaí/Centro de Memória da Amazônia/PPGA-UFPA, 2010.

21 GUIMARÃES, Luís Antônio Valente. *De chegadas e partidas*: migrações e trajetórias de vidas de portugueses no Pará (1800-1850). Jundiaí, SP: Paco Editorial, 2018.

22 SANTOS, Marília Cunha Imbiriba dos. *Família, trajetórias e inquisição*: mobilidade social na Amazônia colonial (c. 1672 — c. 1805). Tese (doutorado em história dos descobrimentos e da expansão portuguesa) — Universidade de Lisboa, Lisboa, 2020.

escritos e sendo publicados em revistas. Eu acho que nós demos um bom salto agora no estudo da imigração portuguesa. Eu fico muito feliz com isso, sobretudo porque eu dirijo uma cátedra e nós temos que incentivar esses estudos que estão saindo. Sem contar aqueles que ainda estão em desenvolvimento. Por exemplo, meu orientando Luís Augusto Barbosa Quaresma e eu estamos trabalhando em um projeto de pesquisa chamado "A nobreza da terra no Pará oitocentista: memória e política". É sobre os portugueses que chegavam aqui pobres e "de repente" ficavam ricos e recebiam um título de nobreza. Foi uma surpresa quando eu comecei a descobrir visconde de Monte Redondo, visconde de Nazaré, visconde não-sei-de-quê, um monte de portugueses... era uma aristocracia portuguesa. Eles enriqueciam e recebiam o título nobiliárquico em Portugal. Queria também falar no nome da Anna Carolina Abreu Coelho, que participa desse estudo. Claro que nem se compara com a produção do Sul e Sudeste. É uma produção imensa! Quando nós observamos os trabalhos da Lená Medeiros no Rio de Janeiro, da Maria Izilda de Matos em São Paulo, da Ivone Adelino, da Ismênia sobre a Santa Casa de Misericórdia de Niterói e sobre os portugueses também em Niterói, e tantas outras pessoas escrevendo. Realmente é uma grande produção.

Como se estabelecem as relações entre os distintos grupos étnico-nacionais?
É muito importante falar sobre isso e dizer o seguinte: mesmo com tudo que nós vimos de conflitos nessas relações sociais, em determinados momentos nós também vemos redes de solidariedade. Vamos encontrar um português defendendo o inglês que era acusado de estar apresentando uma falência fraudulenta, lá vai o português dizer que não era fraudulenta. Vamos encontrar um português defendendo o espanhol que foi acusado de curandeirismo porque aplicava hidroterapia, o português: "Aqui não, ele não está fazendo uma medicina ilegal" porque era só um remédio com ervas, banhos, enfim. Nós vamos ver esses traços. Por outro lado, para concluir, também eu quero dizer o seguinte: com o declínio da borracha, quem é que nós

vamos encontrar ainda com capital na cidade? São os portugueses. Por exemplo, em 1912 havia portugueses donos de casas construtoras, donos de fábricas de cordas e aniagem, donos de fábricas de cerveja paraense, donos de fábricas de doces, como a fábrica Palmeira. Por mais que tivesse tido um baque da economia da borracha, esses portugueses não sentiram. Por mais que se dissesse lá em Portugal que "a árvore das patacas secou", a árvore não secou para eles porque eles continuaram nesse ramo e continuaram lucrando.[23] Por quê? Porque, quando eu acho que eles perceberam que a borracha poderia entrar no processo de recessão, eles começaram a redirecionar o seu capital para essas fábricas. E também observamos que os maquinários são todos importados, geralmente da Alemanha ou da Inglaterra.

Eu fiquei com uma curiosidade sobre os industriais que a senhora comentou. Tem uma presença forte de imigrantes portugueses nesse ramo econômico?
Eles se dedicam mais à questão do comércio, vão para casas comerciais, casas de aviamento que serviam aos seringais. Nesse ramo industrial nós vamos encontrá-los justamente no período de 1908 em diante. São essas pessoas que vão construir casas, palacetes, fábricas. Uma dessas firmas, se eu não me engano foi a Manuel Pedro, construiu o Grande Hotel. Era um hotel belíssimo que foi destruído, isso já no momento de a borracha sair de cena. Se nós considerarmos isso como indústria, que são as fábricas — fábrica de corda, fábrica de cerveja, fábrica de doce —, realmente os portugueses têm esse grande peso. Tinha também a fábrica de refrigerante Guaraná Simões que ficava na Cidade Velha. Eles eram de Aveiro. Nós não vamos encontrar nacionais, pode até ter, mas como eu não fui adiante nessa pesquisa, o que eu encontrei foram esses portugueses nesse ramo da indústria.

---

23 SARGES, Maria de Nazaré. A árvore das patacas secou: o comércio português em Belém no primeiro quartel do século XX. In: Menezes, Lená Medeiros; SOUSA, Fernando de. (Org.). *Brasil-Portugal: Pontes sobre o Atlântico: múltiplos olhares sobre a e/imigração.* 1ª ed. Rio de Janeiro: EdUerj, 2017, p. 73-80.

Professora, eu queria novamente agradecer muito a sua disponibilidade, a sua simpatia, o conhecimento em compartilhar conosco tantas pesquisas, temas e informações trazendo um panorama sobre a imigração no Norte, especificamente no Pará. Em nome do Centro de Memória da Imigração da Ilha das Flores eu gostaria de novamente agradecer.

Eu que agradeço. Eu fico pensando: "O que eu posso extrair daí? Por onde eu posso pesquisar?". E quando eu falo, eu sempre penso que alguém pode aproveitar uma lacuna e enveredar pela pesquisa. Quero agradecer a você, Guilherme, e agradecer a Luís, meu colega que também encontro nos eventos de imigração.

13. Imigração no Mato Grosso[1]

Cristiane Thais do Amaral Cerzosimo Gomes
Julianna Carolina Oliveira Costa

Cristiane Cerzosimo é professora do Departamento de História do Instituto de Ciências Humanas e Sociais da Universidade Federal de Mato Grosso (UFMT). É doutora em história social pela Pontifícia Universidade Católica de São Paulo (PUC-SP) e com pós-doutorado em história da Pontifícia Universidade Católica de Goiás (PUC-Goiás) e pós-doutorado em ciência política e social pela Università della Calabria, Itália. Entre 2019 e 2020, foi professora visitante na Universidade da Calábria, na Itália. É autora dos livros Italianos em Mato Grosso: fronteiras de imigração no caminho das águas do Prata (1856 a 1914) *e* Viveres, fazeres e experiências dos italianos na cidade de Cuiabá (1870 a 1930). *Quando nós pensamos sobre imigração italiana, logo vem à mente São Paulo, Rio de Janeiro ou os estados da região Sul do Brasil. Sabemos muito pouco sobre outras regiões e estados do país. Nesse sentido, professora, o seu trabalho é riquíssimo e traz grandes contribuições para a historiografia da imigração. Nós podemos começar a conversa sobre essa especificidade do seu trabalho, falando sobre o percurso dos imigrantes que foram para o Mato Grosso, que vieram pelos caminhos do rio da Prata, o que é completamente diferente dos imigrantes que desembarcam nos portos de Santos e do Rio de Janeiro.*

Julianna, eu quero agradecer a você e ao professor Luís Reznik pelo convite de participar dessa entrevista sobre a imigração italiana não só para o Mato Grosso, mas também para o Brasil e para a América do Sul. Não temos como separar essas realidades de imigração no Brasil voltada para a América do Sul, para os países do Prata e para

[1] Conversa realizada em 10 de agosto de 2021. Transcrição: Marianna Carolina Oliveira Costa Reis. Edição: Carolina da Costa de Carvalho e Luís Reznik.

o Mato Grosso. Muito obrigada por esse momento aqui tão rico para compartilharmos um pouco das nossas pesquisas sobre a imigração italiana para o Brasil e as suas particularidades também. Antes de tudo, eu queria dizer que acabou de ser publicada a segunda edição do meu livro *Italianos em Mato Grosso: fronteiras de imigração no caminho das águas do Prata*, pela editora da Universidade Federal de Mato Grosso.[2] Eu vou falar um pouco dele também, que é o resultado da minha tese de doutorado realizada na PUC de São Paulo. A primeira edição do livro foi lançada em 2011, mas estava esgotada e agora saiu a segunda edição. A imigração italiana para o Mato Grosso é mais uma das particularidades do fluxo migratório de italianos para o Brasil. Para nós entendermos um pouco a chegada de imigrantes italianos em terras mato-grossenses, temos que fazer o mesmo percurso de navegação desses imigrantes italianos que saíram das regiões do Sul e do Centro da Itália para terras mato-grossenses. Não tem como discutir a imigração italiana para o Mato Grosso sem trabalhar também a imigração para os países do rio da Prata: Uruguai, Argentina e Paraguai. Essa particularidade já vem assim de muitos anos de pesquisa a respeito do fluxo imigratório para o Mato Grosso, desde meados do século XIX até a década de 1930, quando houve o maior fluxo de imigrantes italianos para a bacia do Prata e um processo de reimigração dos países do Prata para o Mato Grosso. Antes, eu gostaria de falar de uma particularidade familiar minha. Logo que eu concluí o curso de história na UFMT, eu fiz o curso de especialização da história de Mato Grosso e nesse período teve uma pesquisa sobre os italianos feita por Lenine Póvoas,[3] um historiador memorialista mato-grossense. Nessa pesquisa, ele visitou mais de 60 famílias de imigrantes italianos tanto no Mato

---

[2] GOMES, Cristiane Cerzosimo. *Italianos em Mato Grosso*: fronteiras de imigração no caminho das águas do Prata (1856-1914). Cuiabá: EdUFMT, 2021.

[3] Lenine de Campos Póvoas (1921-2003) foi membro do Instituto Histórico e Geográfico de Mato Grosso e da Academia Mato-grossense de Letras. Publicou diversos livros nas áreas de geografia, história, administração pública e cultura relativos ao estado de Mato Grosso.

Grosso do Sul como no Mato Grosso, principalmente nas cidades de Campo Grande, Cuiabá, Cáceres, Corumbá e outros municípios, porque até 1977 o Mato Grosso era único e depois veio a divisão em Mato Grosso do Sul e Mato Grosso. Eu trabalho com o território de Mato Grosso, mas podemos colocar nessa pesquisa tanto Mato Grosso do Sul como Mato Grosso porque foi antes da divisão do estado. Eu encontrei, em um dos capítulos de Lenine Póvoas, a trajetória que o meu bisavô fez da Itália para o Mato Grosso. Meu pai e as minhas tias, todos descendentes de italianos, sempre contavam a história da vinda dos meus bisavós para o Mato Grosso. Só que isso passou e eu fui reencontrar essa história no meu curso de especialização em história. Então eu comecei pensando em fazer uma pesquisa sobre a vinda dos meus bisavós, que resultou depois na monografia de especialização em história de Mato Grosso.[4] Meus bisavós Eduardo Cerzosimo e Angela Tortora fizeram o percurso da Itália para os países do Prata. Saíram da Calábria, na província de Cosenza, e seguiram para Nápoles, de onde partiram para a América do Sul, navegaram o oceano Atlântico até Montevidéu, Uruguai. De Montevidéu, eles navegaram o rio da Prata, chegaram em Buenos Aires, de lá eles subiram o rio da Prata, rio Paraná e rio Paraguai e chegaram na cidade de Assunção, capital do Paraguai. Em 1888, partiram de Assunção e chegaram em Corumbá, no Mato Grosso.

Você descreveu que eles vieram de Buenos Aires e depois Assunção, mas eles chegaram a se estabelecer por algum período nessas cidades da Argentina e do Paraguai?

Sim. Foi bom você perguntar porque o meu bisavô veio solteiro, ainda jovem, da Itália direto para a Argentina. A maioria dos italianos vinha para a Argentina com promessas de distribuição de terras nessa região,

---

[4] CERZOSIMO, Cristiane. *Introdução à questão da imigração italiana para o Mato Grosso via bacia do Prata*: estudo de caso do alfaiate Eduardo Cerzosimo. Monografia (especialização em história do Mato Grosso) — Universidade Federal de Mato Grosso, Cuiabá, 1998.

então muitos iam para os países do Prata. Meu bisavô, Eduardo Cerzosimo, passou um tempo em Buenos Aires, onde ele aprendeu o ofício de alfaiate. Depois partiu, ainda solteiro, para Assunção, e ali montou a sua própria alfaiataria. Isso aconteceu quando ele tinha entre 15 e 23 anos. E nesse período ele conheceu a minha bisavó, também italiana. Pelo registro de casamento, ela se casou com 16 anos de idade e ele, 23. Casaram-se em Assunção e decidiram conhecer o Mato Grosso, chegando pelo porto de Corumbá, que era o principal porto de navegação fluvial mato-grossense nesse período de 1870 a 1930. Após essa pesquisa sobre os meus bisavós, eu encontrei outros imigrantes italianos que fizeram a mesma trajetória da Itália para os países do Prata e que de lá migraram para Mato Grosso. Durante essa pesquisa, eu fui desenvolvendo outra pesquisa mais específica sobre os comerciantes italianos que fixaram moradia em terras mato-grossenses. A minha dissertação de mestrado é sobre os italianos na cidade de Cuiabá. Eu pesquisei sobre a influência deles no espaço urbano no período em que a cidade passou por uma grande transformação no seu perfil espacial e arquitetônico através da participação de construtores italianos. Esse espaço hoje é tombado pelo patrimônio histórico de Mato Grosso, e a cidade tomou um perfil de construção neoclássica com a presença dos construtores italianos na cidade.

Os italianos tinham algum contato estabelecido nessas cidades que justificasse esse percurso de Buenos Aires para Assunção e depois para o Mato Grosso?
Uma das coisas que nós discutimos muito nesse processo imigratório para a bacia do Prata e para o Brasil é que muitas vezes nós pensamos que a imigração clássica tradicional é a imigração de famílias. Mas uma característica que apareceu durante a minha pesquisa é que essa imigração é primeiramente de homens solteiros. Até agora eu tenho trabalhado a imigração de homens no século XIX para a América. Geralmente, nós percebemos que os homens saem sós da sua terra natal, principalmente, para fazer o mapeamento de trabalho e de contatos. Pelo menos os imigrantes que eu tenho pesquisado vinham solteiros

em grupos de irmãos, de primos, de tios que já tinham contatos na região do Prata e no Mato Grosso. Ou seja, eles tinham uma rede de contatos e de parentescos que motivava a saída de outros imigrantes italianos em busca de novas condições de vida em terras brasileiras ou, principalmente, na Argentina e Uruguai. No Mato Grosso, houve um período de distribuição de terras devolutas nas regiões de fronteiras. Aqueles que vieram para cá através dessa rede de contatos vieram em busca de investimento. Tanto que Corumbá era uma cidade que tinha, já no final do século XIX, praticamente 15 mil habitantes, e cerca de 60% da população era estrangeira. Nesse período, já tinha consulados de vários países, como Itália, Portugal, Alemanha, França, Argentina e Uruguai, instalados na cidade, tamanho era o fluxo de imigrantes estrangeiros. E não era só de italianos, mas também de portugueses, alemães, franceses que vieram em busca dessa distribuição de terra. Naquele momento, tinha um projeto de imigração para atrair estrangeiros para o Mato Grosso visando a produção nas terras devolutas e, também, um trabalho de importação e exportação. Esses imigrantes que se fixaram na região desenvolveram a agricultura e a pecuária e, também, foram grandes comerciantes na rota do Prata. Esse comércio entre o Mato Grosso, os países platinos e a Europa ficou conhecido, naquela época, como "comércio na rota do Prata". Os imigrantes traziam produtos industrializados para serem vendidos em casas comerciais nas cidades de Corumbá, Cuiabá e Cáceres e, ao mesmo tempo, eles exportavam a matéria-prima do Mato Grosso diretamente para os países europeus. Através desses comerciantes estrangeiros italianos, franceses e de outras nacionalidades, detentores de grandes terras no Mato Grosso, movimentando o comércio na bacia platina. Eles exportavam nesse período matéria-prima como a borracha e a poaia,[5] como principais produtos de exportação, bem como o couro

---

[5] Também chamada de raiz do Brasil, ipecacuanha e ipeca, a poaia (*Cephaelis ipecacuanha*) é uma planta nativa da América, encontrada em países como Brasil, Bolívia, Colômbia e Equador, e muito utilizada na medicina popular desde o século XVII.

de gado *vacum*, a carne de sol (o charque), penas de garça. Naquela época, o Mato Grosso já exportava também caldo de carne, desses que a gente compra hoje no mercado, para a Europa. E havia o interesse de distribuir essas terras para gerar novas divisas para a província. Então tinha um projeto de imigração, mas ele não conseguiu desenvolver uma política imigratória assim como o Sudeste do Brasil, de trazer imigrantes e assentar esses trabalhadores nas terras. Os imigrantes que vieram para cá tinham posses para adquirir terras nessa região e montar o seu próprio comércio, inclusive fazer importação e exportação na bacia do Prata: importação de produtos industrializados que eram vendidos para a população das cidades de Cuiabá, Cáceres e Corumbá, e exportação de borracha, poaia, gado, carne de sol, couro de gado, que subiam e desciam o rio, principalmente, com matéria-prima.

Eram, sobretudo, imigrantes espontâneos, o que destoa um pouco da visão que as pessoas têm do imigrante miserável que vem com uma mão na frente e a outra atrás. Esse não era o perfil do imigrante que ia para o Mato Grosso. O recorte temporal do seu trabalho começa no ano de 1856, quando é assinado o Tratado de Amizade, Navegação e Comércio entre Brasil e Paraguai. É justamente a partir desse ano que se torna mais intenso esse fluxo na rota do Prata. Pouco tempo depois, em 1864, começa a Guerra do Paraguai e eu queria saber como é esse fluxo de imigrantes nessa região no período de 1870.

Em meados do século XIX, o Mato Grosso buscava novos caminhos para chegar ao Rio de Janeiro, então capital do Império do Brasil. Isso aparece, muitas vezes, no pensamento da elite intelectual mato-grossense, principalmente no diz respeito ao progresso do Mato Grosso naquela época. Porque nós tínhamos caminhos por terra que levavam seis meses para chegar no Rio de Janeiro e seis meses para retornar. O sonho do mato-grossense era encurtar essa distância entre o Mato Grosso e o próprio Brasil. Com isso, foi assinado em 1856 o Tratado de Amizade, Navegação e Comércio, que abriu a navegação do rio Paraguai do Mato Grosso para o Rio de Janeiro. Mas essa navegação seria feita, como realmente aconteceu, através da rota do Prata.

Com a abertura da navegação no rio Paraguai, foi possível encurtar o caminho de Mato Grosso para o Rio de Janeiro para 40 dias, ao invés de seis meses. Isso representou um avanço muito grande, porque o Mato Grosso era uma província localizada no centro da América do Sul. De 1856 a 1865, o Mato Grosso recebeu os primeiros estrangeiros, que chegavam através da navegação do rio Paraguai vindos de terras paraguaias, argentinas e uruguaias, ou diretamente da Itália para cá. Esse foi o primeiro fluxo migratório em terras mato-grossenses em busca de novas condições de vida e de terras. Até porque o próprio governo da província já fazia propaganda nos países do Prata e na própria Itália da distribuição de terras nessa região. Em 1865 já existia uma grande comunidade de imigrantes italianos e portugueses em Corumbá, e quando estourou a Guerra do Paraguai, em 1864, a cidade foi invadida. A população fugiu da cidade com medo da invasão do Paraguai. Eu trabalhei esse aspecto em um dos capítulos do meu livro, porque foi uma descoberta através de um memorando do português Manoel Cavassa, em que ele conta as vicissitudes que passou com a invasão dos paraguaios na cidade de Corumbá. Para resumir: os comerciantes italianos e portugueses que já trabalhavam e moravam em Corumbá pensaram que, na condição de estrangeiros, não tinham nada a ver com essa guerra entre o Brasil e o Paraguai. Com a invasão dos paraguaios, eles foram presos, suas casas foram invadidas, suas casas comerciais foram saqueadas, alguns foram mortos durante a guerra e outros foram deportados retornando para a Itália e também alguns para a Argentina. Nesse período, a navegação do rio Paraguai foi fechada novamente durante nove anos. Por isso que eu recuo um pouco a minha pesquisa para 1856, que foi o primeiro fluxo imigratório que eu trabalhei. Depois, com a guerra do Paraguai, esse percurso fluvial foi fechado e o Mato Grosso enfrentou uma extrema pobreza por conta disso. E é retomado o antigo caminho por terra para o Rio de Janeiro, que atravessava Goiás e durava seis meses em tropas de mulas ou a pé. Lógico que não teria como entrar em contato com os países do Prata, mas após a guerra é que começou o grande fluxo migratório de imigrantes italianos, franceses, americanos para cá. Nós falamos dessa particularidade que poucos conhecem: a imigração via rota do Prata para o Mato Grosso, que ocorreu nesse período clássico da imigração, de 1880 a 1930, um período de grande fluxo migratório da Europa para o Brasil e para os países do Prata.

Esses imigrantes que foram extraditados durante a guerra, os italianos que foram enviados para a Itália, regressaram posteriormente ou é um novo fluxo?
Exatamente. Nesse período, quando eles ficaram aprisionados na cidade de Corumbá, Manoel Cavassa escreveu um memorando para o governo imperial brasileiro. Ele era um português filho de italianos e no *Memorandum de Manoel Cavassa*, que o filho dele escreveu no pós-guerra, são narradas todas as vicissitudes que ele passou durante a invasão paraguaia em Corumbá. Cavassa conseguiu, através de um comandante inglês, entrar em contato com o Consulado da Itália, em Assunção, para que esses imigrantes fossem libertos. Solano Lopez fez uma negociação com o Consulado Italiano, em Assunção, de que todos fossem deportados. Cavassa conta que todos os homens a partir de 14 anos foram retirados das cidades ribeirinhas de Mato Grosso. Ele viu muitos homens e mulheres chorando, famílias separadas e esses homens sendo colocados dentro de um navio em que cabiam, mais ou menos, 1.000 homens em pé. Os imigrantes foram rebocados de umas embarcações de Corumbá para Assunção e conduzidos durante dias até chegar em Assunção com as famílias, com as esposas, com as crianças, sendo puxados por uma embarcação maior que era uma embarcação de prisioneiros mato-grossenses, de ribeirinhos que foram retirados da fronteira pelos paraguaios. Eles chegaram em Assunção e lá ficaram durante muitos dias presos com as suas famílias. Cavassa narra que ele e mais dois escravos e dois italianos conseguiram fugir da prisão em Assunção. Quando eles fugiram, ele foi para o campo de batalha lutar no Mato Grosso contra o Paraguai e a sua família foi deportada, a esposa com os filhos. E com muito custo ela conseguiu descer no porto de Buenos Aires, conseguindo se libertar juntamente

com o outro grupo com adultos e crianças doentes. Nesse relato, ele descreve a história de cada um, de quando as famílias se separaram durante a guerra e de como ele foge com esse casal de escravos que eram cozinheiros deles em Corumbá. Depois de muitos anos, com o fim da guerra, vai reencontrar a esposa e os filhos em Buenos Aires. Os primos italianos, quando chegam no porto de Nápoles, não se reconheciam mais como cidadãos italianos. E daí eles negociam com o capitão do navio para que pudessem retornar na mesma embarcação para a Argentina. É aquilo que Sayad afirma: o imigrante não existe mais no seu país como cidadão, ele é um invisível tanto na sua terra natal como no ambiente imigratório em que ele vive. Ele não é cidadão no seu ambiente imigratório e, também, não é cidadão em seu país de origem, porque ele é um ausente na sua terra natal.

Imagino que para o caso dos italianos essa questão seja muito mais sensível porque em 1856 ainda não existe a Itália enquanto país. Muitos imigrantes vieram para o Brasil antes de a Itália ser unificada como país e retornaram com esse processo já finalizado.

Sim. Quando eles descem no porto, fazem um relato bem interessante dizendo assim: "Onde nós estamos descendo?", "Ah, sim, estamos descendo na sua terra, em Nápoles", e eles falam assim: "Mas eu não pertenço mais à essa terra". Foram tantos anos fora da sua nação e aí eles negociam com o comandante da embarcação para que voltassem como tripulantes da navegação, mas que eles não voltassem para o Mato Grosso, mas sim para Buenos Aires. Eles não tinham dinheiro, não tinham nada, eles entraram como trabalhadores da navegação para pagar a passagem de retorno e vão encontrar com seus familiares novamente em Buenos Aires. É muito interessante porque, após a Guerra do Paraguai, quando reabriu a navegação na Rota do Prata, essa comunidade italiana retornou para Corumbá. Quando chegou em Corumbá, Manoel Cavassa desceu do navio, beijou o chão e disse: "Essa é a minha terra, é aqui que eu quero criar os meus filhos". Ele se tornou um dos maiores comerciantes de importação e exportação da Rota do Prata naquela época. Realmente conseguiu se fixar como cidadão mato-grossense e morreu dizendo que o Mato Grosso era a terra dele. A terra natal era a Itália, mas ele foi um dos fundadores da cidade de Corumbá e hoje nós temos o *Memorandum do Manoel Cavassa*, que reúne seus relatos. Ele era analfabeto e o filho que escreveu os relatos dele, que ele enviou para o governo do Brasil para restituir tudo o que ele tinha perdido durante a guerra em Corumbá. Ele teve ajuda do governo para reconstruir sua casa comercial e foi o primeiro italiano mascate fluvial a chegar no Mato Grosso. Ele chegou na província entre 1848 e 1849. Ele tinha uma embarcação onde vendia produtos de primeiras necessidades para os moradores das fronteiras do Mato Grosso com o Paraguai e a Argentina. Inclusive, alguns italianos fizeram esse trabalho de mascate fluvial durante a Guerra do Paraguai, vendendo seus produtos naquela região do Uruguai e da Argentina, só que não podia subir pelo rio Paraguai. Mas eles continuaram fazendo seu trabalho de comerciantes italianos nas terras naquela região.

Isso demonstra a integração desses italianos no Mato Grosso tanto por meio do trabalho, do comércio, como também através do casamento porque a maioria era de homens solteiros.

Isso mesmo. Eram mais ou menos 40 dias para atravessar o oceano Atlântico e mais 40 dias de navegação para chegar até o Mato Grosso. Mas eles faziam paradas nos portos, desciam para conhecer a cidade ou ficavam um ano, dois anos. Tanto é que tem vários sobrenomes italianos em Mato Grosso e Mato Grosso do Sul, nas cidades de Cuiabá, Campo Grande, Dourados, Ponta Porã, Nioaque, Cáceres, Corumbá, que são os mesmos sobrenomes de italianos encontrados na Argentina e no Uruguai. Por exemplo, o meu sobrenome é Cerzosimo, em italiano a pronúncia é "Cherssóssimo", e eu encontrei dezenas de Cerzosimo em Buenos Aires que saíram da comuna de Cassano All'lonio na mesma época do meu bisavô e que chegaram em terras americanas no mesmo período. Uma das coisas interessantes dos meus imigrantes é que eu trabalho a masculinidade por conta da imigração de homens sós e de homens solteiros nessa região. A imigração de homens sós era formada por homens casados que vinham conhecer e mapear a região, após se estabelecerem financeiramente nestas terras, e voltavam para a Itália e traziam a sua família. Os homens solteiros já vinham para se aventurar mesmo nessa região, alguns tinham suas noivas lá na Itália, retornavam para casar e traziam sua esposa, mas a maioria casou-se com mulheres mato-grossenses. Poucos vieram com as suas famílias. Eles constituíram famílias com mulheres brasileiras e nós temos várias famílias descendentes de imigrantes italianos aqui em Cuiabá, Campo Grande, Corumbá, Cáceres. Tem até um ditado aqui que diz que Mato Grosso é uma terra agarrativa. E aí a gente fala assim: "O que será que as mulheres mato-grossenses tinham?". Tem uma família aqui em Cuiabá em que cinco irmãos italianos casaram com cinco irmãs cuiabanas. A maioria se estabeleceu aqui, muitos morreram com vontade de voltar para a sua terra natal, uns retornaram para a terra natal, mas retornaram para o Mato Grosso, levaram sua família para conhecer tudo, mas outros não, se estabeleceram aqui até morrerem em Mato Grosso. Então é o que diferencia de algumas outras cidades, regiões. Aqui houve um grande número de casamento exogâmico. Uma mistura de mulheres brasileiras com homens italianos e as filhas casavam com outros italianos, os filhos casavam com mulheres brasileiras.

Isso você verificou entre os italianos ou entre os imigrantes em geral?
Entre portugueses, italianos e franceses.

Todos eles tinham esse mesmo perfil de homens solteiros?
Sim. Até porque na Argentina o casamento exogâmico entre franceses e argentinas era muito maior do que o casamento endogâmico, ou seja, entre a mesma nacionalidade. E aqui não foi diferente. Escrevi um artigo sobre um francês que veio para Cuiabá e casou com uma cuiabana que era filha de um austríaco, também casado com

uma cuiabana.[6] Então é uma mistura de diferentes nacionalidades com os nativos de Mato Grosso. Apesar de eu trabalhar a masculinidade na imigração, uma coisa que eu percebi e que eu ainda quero trabalhar é sobre as mulheres italianas, das famílias que vieram também com suas filhas solteiras. E é interessante que, até o século XIX, as mulheres não podiam viajar sozinhas. E uma das moças que veio ao Brasil para se casar com um italiano em Corumbá conseguiu permissão para viajar sozinha da Itália para Buenos Aires e de Buenos Aires para Corumbá, para fins de casamento. É interessante o percurso dessas mulheres solteiras imigrantes que vieram trabalhar nessa perspectiva da mulher imigrante na Rota do Prata. Tem vários irmãos que vieram para o Mato Grosso e eles saíram principalmente ali do sul da Itália, da Calábria. Sempre vinha uma mulher, uma moça solteira, junto com os irmãos. Ou o pai, a mãe e a filha solteira. Mas nunca desacompanhada. Já tem outros documentos, alguns relatos que falam que Fulana chegou sozinha em Mato Grosso.

Tem uma preocupação de que essas mulheres viessem sozinhas e acabassem trabalhando na prostituição. O professor Luís Reznik pediu para você contar um pouco mais sobre as comunidades italianas até o século XX.

Eu trabalhei até 1914 na minha tese, porque o período de maior fluxo da imigração italiana para o Mato Grosso foi entre 1870 a 1914, com a abertura da navegação do rio Paraguai. Por quê? Em 1912, foi construída a estrada de ferro que ligava o Porto de Santos, Campo Grande e Corumbá. Nesse período de 1912 a 1914, houve uma queda muito forte no movimento imigratório via Rota do Prata, tanto por conta da diminuição do comércio na Rota do Prata como pela aceleração do transporte ferroviário. Se, antes, a navegação do rio Paraguai até os países do Prata ao Rio de Janeiro durava mais de 40 dias, agora vamos ter um percurso de praticamente dois dias. Houve um desvio

---

[6] GOMES, C.; RIBEIRO, M. E. S. R. C. Atravessando o Atlântico: uma imigração de homens sós. *Revista Eletrônica Documento/Monumento*, v. 18, p. 46-56, 2016.

desse eixo comercial fluvial para o ferroviário e uma redução da entrada de imigrantes pela Rota do Prata, mas ela continuou pela via férrea. No início do século XX, muitos imigrantes italianos vinham de Santos para Corumbá, mas primeiro eles se fixavam em Campo Grande. Muitos imigrantes italianos passaram a fixar moradia na cidade como comerciantes e produtores de gado. Naquela época já havia uma grande produção de gado na agropecuária. Imigrantes espanhóis, portugueses, italianos e, mais tarde, japoneses passaram também a descer na estação ferroviária de Campo Grande. Tanto é que lá em Campo Grande tem uma grande comunidade japonesa que iniciou esse processo imigratório para a cidade no início do século XX. Essas famílias imigrantes mantêm esse contato mais frequente pós-1880. No final do século XIX e nas primeiras décadas do XX é que essa rede de contatos e de parentesco aumenta, onde muitos italianos que já residiam em terras mato-grossenses entravam em contato com esses imigrantes na Itália e nos países do Prata. Em 1920, pelos dados do IBGE, havia uma comunidade de 25 mil estrangeiros no Mato Grosso, e 45% eram de italianos. Levando em conta que Campo Grande era uma cidade que tinha 20 mil habitantes, que Corumbá tinha 15 mil habitantes, então tinham muitos estrangeiros. Era expressivo para a época. Segundo o IBGE, em 1920, a maioria dos imigrantes era de nacionalidade italiana, portuguesa, alemã e francesa. Muitas vezes não tinha esse controle de entrada e saída de imigrantes no Mato Grosso. Através de outros documentos, que nós juntamos, é possível contabilizar um pouco esse fenômeno ocorrido no período. Mas é uma particularidade da imigração. Eu tenho dois livros: um deles só sobre os imigrantes italianos em Cuiabá;[7] o outro é um recorte maior do estado de Mato Grosso que abrange desde 1856 a 1914,[8] mas que ainda tem muita coisa a ser pesquisada. Por

---

[7] CERZOSIMO, Cristiane. *Viveres, fazeres e experiências dos italianos na cidade de Cuiabá (1890-1930)*. Cuiabá: Entrelinhas/EdUFMT, 2005.

[8] CERZOSIMO, Cristiane. *Italianos em Mato Grosso*: fronteiras de imigração no caminho das águas do Prata — 1856 a 1914. 2. ed. Cuiabá: EdUFMT, 2021.

exemplo, eu fiz o meu primeiro pós-doutorado na PUC de Goiás e nele eu trabalhei a masculinidade e a sensibilidade na imigração. Em 2019 e 2020, eu fiz o segundo pós-doutorado como professora visitante na Universidade da Calábria, onde eu pesquisei sobre as origens desses imigrantes italianos que vieram para o Mato Grosso, principalmente da Calábria. A maioria dos imigrantes italianos eram calabreses. Na Universidade da Calábria, eu fiquei com um grupo de pesquisadores que trabalha a imigração para o Brasil e para a América e encontrei pesquisadores italianos que trabalharam também a imigração italiana no Mato Grosso, por incrível que pareça! Eu fiquei muito feliz. E eu fiz o caminho de retorno dos meus bisavós Angela Tortora e Eduardo Cerzosimo. Eduardo Cerzosimo era de Cassano All'lonio, uma comuna localizada na província de Cosenza, na Calábria. Eu fiz o mesmo percurso que ele fez, só que eu fiz de carro e eles faziam de carroça. Ele saiu de Cassano All'lonio, no sul da Itália, para o Porto de Nápoles e do Porto de Nápoles atravessou o oceano Atlântico, chegando em terras mato-grossenses. Ao fazer o percurso de carro, eu falei: "São mais de 300 km. Como que esse povo viajou a pé naquela época?". A minha bisavó Angela Tortora já era da região da Campânia e ela já veio com a família, pai, mãe e irmãos. Conheceu meu bisavô em Assunção, se apaixonaram decerto. Se conheceram na capital, se casaram ali e foram viver no Mato Grosso. Tiveram oito filhos na cidade de Corumbá, depois eles mudaram e ali ele desenvolveu o ofício de alfaiate. Ele foi um dos fundadores da primeira loja maçônica do estado de Mato Grosso em 1910, nós temos uma fotografia dele com outros italianos também. Depois ele se tornou um juiz de paz, fazia os casamentos na cidade. Nasceram os filhos ali na região de Corumbá, de Nioaque, e depois mudaram para Ponta Porã, na fronteira do Paraguai com o Brasil, onde eu nasci.

Professora, eu quero te agradecer muitíssimo em nome do Centro de Memória. Eu aprendi muito com você aqui hoje. Realmente eu acho que tem muito mais história para ser contada e espero que em breve nós possamos nos reencontrar novamente.

Eu que agradeço, Julianna. Parabéns pelo trabalho que vocês têm desenvolvido no Centro de Memória da Imigração da Ilha das Flores. Eu acho que essa *live* vem nos aproximar mais enquanto pesquisadores desse tema. Em 1999, nós tivemos o Congresso Internacional e professores do mundo inteiro, da Europa, falaram: "Nossa, o tema do século XXI continua sendo a imigração". E ainda temos os movimentos migratórios internos e também as migrações internacionais. Compartilhar com outros pesquisadores dessa área é muito importante. Acho que esse trabalho do Centro de Memória vem nos aproximar cada vez mais enquanto pesquisadores e apaixonados pela história da imigração para o Brasil.

14. Imigração no Espírito Santo[1]

Maria Cristina Dadalto
Luís Reznik

Maria Cristina Dadalto é professora do Departamento de Ciências Sociais da Universidade Federal do Espírito Santo (Ufes), onde trabalha na graduação e nos programas de pós-graduação em história e em ciências sociais. Possui doutorado em ciências sociais pela Universidade do Estado do Rio de Janeiro (Uerj), sob orientação da Cleia Schiavo, e pós-doutorado na Università Ca' Foscari di Venezia. Ela tem uma série de publicações sobre imigração e migrações internas no Espírito Santo, além de orientações de pesquisas de mestrado e doutorado sobre deslocamentos imigratórios nacionais e internacionais. Professora Maria Cristina Dadalto, é muito bom estar aqui contigo.
Muito obrigada pelo convite. Fico muito feliz de estar aqui compartilhando a história do Espírito Santo no que diz respeito à imigração e emigração.

Cristina, tem sido muito interessante esse conjunto de entrevistas que estamos fazendo sobre as mais variadas facetas da história da imigração do país e uma delas é exatamente visibilizar regiões menos conhecidas na historiografia nacional. Com exceção de São Paulo, da região Sul e do Rio de Janeiro, a história da imigração no resto do país é pouco visibilizada, ainda que nós, pesquisadores, possamos conhecer aqui e acolá. Certamente, o Espírito Santo é um desses espaços e é o assunto em que você é especialista. A primeira coisa eu queria que você falasse um pouco é sobre os fluxos migratórios para o Espírito Santo. Que grupos étnicos nacionais se deslocaram efetivamente para o Espírito Santo, quais foram as épocas, quais foram as localidades?

---

[1] Conversa realizada em 31 de agosto de 2021. Transcrição: Marianna Carolina Oliveira Costa Reis. Edição: Carolina da Costa de Carvalho e Luís Reznik.

O primeiro grupo assentado aqui no Espírito Santo entre 1812 e 1813 é um grupo de açorianos. Eles vieram por uma iniciativa do intendente Paulo Martins Viana e se estabeleceram em um município que ficou conhecido como Viana, que se localiza hoje na chamada Região Metropolitana da Grande Vitória. Os açorianos foram, durante muito tempo, um grupo único em termos migratórios para o Espírito Santo. A imigração dos açorianos foi estudada por uma doutoranda minha, a Fabiene Passamani Mariano, a partir da categoria da Festa do Divino Espírito Santo.[2] Os trabalhos sobre imigração aqui no Espírito Santo estão localizados principalmente no Laboratório de Estudos do Movimento Migratório (Lemm), que é vinculado ao Programa de Pós-Graduação de História da Universidade Federal do Espírito Santo (Ufes).

Há imigração açoriana para algumas partes do país, como São Paulo e, principalmente, o sul. A imigração açoriana para o Espírito Santo durante o início do XIX, após a vinda da Corte portuguesa para o Brasil em 1808 e um pouco antes da independência, tem relação com os açorianos que já estavam instalados pelo país?

Tem relação com os outros grupos migratórios que, na época, viviam alguns conflitos em Portugal. Os imigrantes desse período do Oitocentos que vieram para o Brasil tiveram, como um dos motivos de deslocamento, a questão da fome, da miséria etc. Esse grupo que veio para o Espírito Santo era composto por aproximadamente 30 famílias e essas famílias se estabeleceram em Viana e mantiveram um dos traços culturais, que é a Festa do Divino Espírito Santo, que é realizada todo ano na celebração religiosa de Pentecostes. Em 2020 e 2021, em função da pandemia, teve uma alteração em toda a programação, mas ela mantém alguns traços muito característicos lá das Ilhas Açorianas como a eleição do imperador, as ladainhas, as missas.

---

2 MARIANO, Fabiene Passamani. *A Festa do Divino em Viana no século XXI*: memórias afetivas na construção de uma açorianidade capixaba. Tese (doutorado em história) — Universidade Federal do Espírito Santo, Vitória, 2019.

Outros colegas nossos que estudam imigração açoriana também destacam o aspecto da festa. Essa comunidade açoriana tem lastro até os dias atuais. Existe uma comunidade de descendentes e uma Casa do Açores no Espírito Santo?

Aqui não. No Rio de Janeiro tem uma Casa dos Açores. Nós estamos fazendo uma parceria com a Casa dos Açores do Rio de Janeiro e com a Universidade de Açores, para aprofundar essas pesquisas sobre os açorianos. Posteriormente, vieram outros grupos de imigrantes: alemães e pomeranos, mas naquele período eram todos definidos como alemães. E também suíços, holandeses, poloneses, italianos, espanhóis, sírio-libaneses. Vieram vários grupos no século XIX. Durante o século XX, continuou vindo imigrantes em um percentual menor do que no final do Oitocentos até 1910, mas até esse período chegaram cerca de 54 mil estrangeiros aqui no Espírito Santo, conforme um levantamento feito pelo Arquivo Público do Espírito Santo a partir de dados registrados pela Polícia Civil. E aí mais um parêntese: o Arquivo Público do Espírito Santo tem um trabalho fantástico de publicações de dados sobre os imigrantes estrangeiros aqui no Espírito Santo. É um dos melhores trabalhos que eu conheço. Tem livros publicados e ficam todos disponíveis lá no *site* do Arquivo, vale a pena conhecer esse trabalho.

A imigração alemã, a pomerana em particular, de meados do século XIX, tem lastros até os dias atuais.

Gostaria de destacar uma tese de doutorado defendida esse ano e desenvolvida por uma orientanda minha, a Cione Marta Manske,[3] em que ela pesquisa as vendas pomeranas. Nesse trabalho, ela demonstra como se manteve essa identidade, como os pomeranos inicialmente foram estabelecidos na Colônia de Santa Leopoldina

[3] MANSKE, Cione Marta Raasch. *As vendas pomeranas*: lugar sociopolítico identitário (1857-2021). Tese (Doutorado em História) — Universidade Federal do Espírito Santo, Vitória, 2021.

e atualmente residem em cinco municípios do Espírito Santo. Um desses grupos, que está fixado em Santa Maria de Jetibá, manteve traços de identidade pomerana muito fortes, assim como eles mantêm a língua pomerana. E nós descobrimos, inclusive, na tese dela e por conta da coorientadora que é polonesa, que parte desses pomeranos que vieram para o Brasil eram de origem polonesa ou alemã. Ainda há uma pequena região da Polônia que fala pomerano. Nós sempre ouvimos dizer que só os pomeranos aqui de Santa Maria e do sul do país é que falavam ainda o pomerano, mas nós descobrimos que não. Os pomeranos mantêm a língua, as festas, a alimentação. Por exemplo, o brote, que é um pão típico deles feito com fubá ou inhame. Os pomeranos são um grupo muito forte de agricultura familiar sem uso de agrotóxicos. A venda pomerana sempre foi um espaço importante, primeiramente para a comercialização do café. Como eles ficaram situados em um pequeno lugar que era chamado Santa Maria de Jetibá, eles estrategicamente se voltaram muito para eles mesmos, só falavam pomerano entre eles. Em 20 anos, eles deixaram de falar o alemão e só falavam pomerano. E eles se mantiveram em contato com os vendeiros, que eram os donos da venda, e com os pastores luteranos. Alguns vendeiros eram pomeranos, outros eram alemães, e eles foram aprendendo o português, sabiam o alemão e o pomerano. Eram eles que faziam as intermediações de comércio e de sobrevivência até econômica desses pomeranos. As vendas eram o espaço onde eles conversavam entre eles, recordavam histórias lá dos lugares de onde eles vieram, tomavam uma bebida que eles chamavam de mata-bicho, e faziam toda uma troca. É interessante que nessas vendas muitas mulheres atuavam no comércio. Esposas, filhas dos comerciantes, algumas até posteriormente com a morte do marido ou do pai ficaram ali responsáveis por essa venda. Eles mantêm esse contato até hoje na venda, alguns poucos só falam pomerano. Os mais velhos só falam pomerano, porque no interior de Santa Maria de Jetibá as famílias continuam falando a língua em casa e é na cidade que eles vão falar o português.

É impressionante como se consegue perpetuar a língua, mesmo sem ter escola específica, mas através de laços familiares.
A partir do governo Getúlio Vargas (1930-45) eles vão falar português, porque tinha aquela obrigatoriedade. Como eles são luteranos, eles tinham uma relação muito forte com os pastores que, por muito tempo, só ensinavam as pregações todas em alemão. A partir da Constituição cidadã de 1988, com todas as questões colocadas de identidades, o município criou o ensino bilíngue. Então os estudantes aprendiam pomerano e português. Agora tem moradores na área urbana que também falam português e pomerano com os comerciantes, com as pessoas, nas ruas...

Quer dizer, os locais então praticamente são bilingues. Tem professores que ensinam pomerano?
E o português. Por muito tempo, aqueles que moravam na área urbana não falavam mais o pomerano, porque os comerciantes não queriam contratar essas pessoas que falassem só o pomerano. Eles mantêm alguns costumes, como as festas típicas. Os casamentos pomeranos ainda mantêm a tradição de quebrar prato. É muito interessante que, tanto na época de Semana Santa, Pentecostes, como no Natal, eles enfeitam os cemitérios com árvores de Natal. Os cemitérios viram espaços muito bonitos de preservação. E são cemitérios pomeranos mesmo. Tem quatro ou cinco lá, pelo menos, de destaque. E tem também a questão dos arranjos de flores de pau-pereira que eles colocam nas casas, na igreja, que são para a proteção. Então eles enfeitam casas e igrejas, os espaços deles, cemitérios para proteção e quando estão doentes utilizam o pau-pereira em infusões.

Estamos nos referindo a cerca de quantas famílias hoje?
Há cerca de 47 ou 48 mil pomeranos lá, em Santa Maria de Jetibá atualmente. Tem outros lugares, também, que mantêm essas tradições, como Lajinha de Pancas, Laranja da Terra e outros.

E sobre os poloneses?

Eu comecei a pesquisar esse tema com dois orientandos. Maria Rita de Cássia Sales Regis, inclusive, foi convidada inicialmente para ir ao município de Águia Branca, que foi uma área de colonização polonesa no século XX, mais especificamente entre 1929 a 1933, através da Sociedade Polonesa Colonizatória de Varsóvia com o Governo do Estado do Espírito Santo. Mas tem uma imigração anterior, que é a de 1872, que foi para Santa Leopoldina. Os poloneses tinham conflitos com pomeranos e com alemães, porque eles eram vistos pelos pomeranos como preguiçosos e ladrões. E eles não aceitaram as condições impostas onde eles ficaram, porque o agente que os trouxe falava maravilhas do país — isso foi tradicional em toda imigração estrangeira dessa época. Aí eles foram para Timbuí, que é um lugar próximo, e ali fundaram um núcleo que foi chamado inicialmente de Patrimônio dos Polacos. Atualmente, é chamado de Santo Antônio do Canaã, distrito do município de Santa Teresa. É um lugar belíssimo. Os poloneses se estabeleceram ali e, posteriormente, os italianos trentinos também, porque em 1874 chegou um primeiro grupo de italianos no Espírito Santo.

A comunidade polonesa se estabeleceu em uma região específica. Você falou que a imigração polonesa no Espírito Santo iniciou no século XIX, em 1872, mas teve uma nova leva induzida em 1929 e 1930 entre Polônia e governo do Espírito Santo. Imagino que eles fundaram colônias agrícolas em uma região específica e eles se mantêm com laços comunitários até os dias atuais.

Sim. Há uma forte miscigenação aqui no Espírito Santo. Em 2019, os poloneses de Patrimônio dos Polacos criaram uma festa chamada Polotália, que reúne poloneses e italianos. Eu acho que é muito revelador do que é esse Espírito Santo. Os imigrantes que chegaram em Águia Branca vieram em um grupo entre 1929 e 1930 e eles mantêm festas tradicionais até hoje. Em 2017, eu e a Maria Rita fomos lá para conhecer a primeira festa. Nós fomos convidadas, fizemos intermediação com um dos representantes dessa comunidade e ele nos apresentou a vários poloneses, descendentes de poloneses e a três poloneses pioneiros originários daquela época. A colonização nessa região teve um objetivo não só de exploração, mas também de proteção da fronteira. Por quê? Houve uma tentativa de mineiros entrarem no território capixaba. Vinha uma frente colonizadora entrando no Espírito Santo, então o governo do estado tenta barrar essa frente trazendo esse grupo de poloneses, que se estabeleceram em Águia Branca. Era a frente da agricultura dos mineiros. Ao mesmo tempo, havia nesse período a retirada de madeira. As madeiras do Espírito Santo ajudaram na industrialização de São Paulo, do Rio de Janeiro e na construção de Brasília.

Então, Cristina, você começou falando sobre as levas de imigrantes de determinadas regiões da Europa: os açorianos, os pomeranos e os poloneses. Tem também os italianos, que foram o grupo majoritário. A partir do que comentou sobre a indução do governo capixaba em relação aos poloneses, que poderiam servir como uma espécie de anteparo na fronteira contra a frente mineira, fiquei me perguntando se houve políticas públicas de indução em relação a outros grupos, em outras épocas.

Todo o processo de imigração para o Espírito Santo foi muito bem situado de acordo com as políticas públicas. Tem uma questão que é muito importante: apesar de ter ligação econômica com outras capitanias, com outras regiões do estado, com outras províncias, o governo do Espírito Santo se manteve por muitos anos como uma fronteira invisível para proteger o ouro que saía de Minas Gerais para Paraty. O governo não permitia o desbravamento da fronteira norte. Com exceção dos viajantes, ninguém pegava a parte norte do Espírito Santo até Minas, colonizando essa parte. Por isso, os imigrantes ficaram principalmente no litoral do Espírito Santo e começaram inicialmente na região de litoral. Para você ter ideia, até mais ou menos 1840, o Espírito Santo só tinha cerca de 50 mil habitantes, incluindo escravizados, libertos e indígenas. A partir desse período é que começou a exploração da região Sul, que recebeu, principalmente, os fazendeiros de Minas Gerais e do Rio de Janeiro. Vieram os fazendeiros, em geral portugueses, de Minas Gerais e do Rio de Janeiro com sua escravaria e com mineiros trabalhadores, que eles chamavam de brasileiros. Havia os migrantes brasileiros, os pomeranos e os poloneses. Eles vinham para a plantação do café. O governo também iniciou esse processo a partir do fim do ciclo do ouro, quando foi fundada a Colônia de Santa Leopoldina e outras colônias, e começaram a trazer imigrantes estrangeiros, entre eles, os italianos. Então nesse período era a produção de café. A colonização no Espírito Santo se aproxima mais da colonização do Rio Grande do Sul, porque aqui os imigrantes não vinham para ser mão de obra. Só no final do Oitocentos é que eles vieram para ser mão de obra, quando os fazendeiros do sul do estado não tinham mais como trabalhar com escravizados por causa da Lei Áurea. A professora Adriana Campos[4] tem alguns estudos sobre a questão dos negros aqui estabelecidos, apontando que a escravidão no Espírito Santo não se ampliou mesmo após as leis Eusébio de Queirós (1850) e do Ventre Livre (1871). Os italianos — que na realidade não eram italianos, porque a Itália ainda não tinha sido unificada como Estado nacional, mas enfim, aqueles imigrantes da Península Itálica que hoje se autodenominam italianos — vieram para cá em maior grupo, foram para determinadas regiões a partir de grupos de assentamento. Quando eu entrevistava esses descendentes de imigrantes, era comum eles dizerem que os antepassados foram para o sul do estado, para Alfredo Chaves, Fazenda Nova. A partir do início da abertura da fronteira Norte, eles passaram a se deslocar e explorar essas terras mais ao norte do estado.

Pelo que está afirmando, a maior parte dos imigrantes vem para a colonização. Menos para trabalhar nas grandes fazendas e, fundamentalmente, mais para a criação de colônias das mais variadas. Esses imigrantes, particularmente italianos, chegam mais em estrutura familiar do que sozinhos. A imigração

---

[4] CAMPOS, Adriana Pereira. Escravidão, reprodução endógena e crioulização: o caso do Espírito Santo no Oitocentos. *Topoi*, v. 12, n. 23, p. 84-96, jul./dez. 2011.

italiana, em geral no Brasil, veio fortemente no final do século XIX. Isso também ocorreu no Espírito Santo?
Sim. O primeiro grupo chegou em 1874, em uma expedição particular de Pietro Tabacchi. Ele teve autorização do Império brasileiro para trazer esse grupo. Posteriormente principalmente, a partir do final do Oitocentos é que veio esse grupo majoritário de italianos, que se fixou em todas as regiões do Espírito Santo.

E a imigração sírio-libanesa?
Eles começaram a vir a partir do final do Oitocentos também e se estabeleceram inicialmente no sul. À medida que eles se tornaram mais numerosos, porque eles também vinham em rede de parentes e de amizades, eles se estabeleceram em outras regiões. Tem um trabalho muito interessante sobre os sírio-libaneses que foi feito por um orientando meu chamado Adilson Silva Santos,[5] em que ele desenvolveu um estudo sobre os sírio-libaneses estabelecidos aqui no sul do estado. Também aconteceram muitos conflitos, porque eles se estabeleceram rápido no comércio, e muitos deles ficaram ricos.

A imigração de sírio-libaneses é basicamente urbana.
Sim, mas aqui no Espírito Santo eles foram para a região rural. É interessante que o Oswaldo Truzzi falou sobre isso na defesa do Adilson, porque o Espírito Santo era uma região praticamente rural. A faixa que era urbana, vamos assim dizer, era Vitória, Cachoeiro de Itapemirim, alguns pequenos pontos, mas praticamente o estado todo era rural. Até mais ou menos a década de 1960, 80% da população do Espírito Santo residia na área rural. Só com a erradicação do café é que começa um processo de urbanização. Todo o processo de migração e imigração no Espírito Santo se deu a partir de fatores estruturais de políticas ou de exploração econômica. Na década de 1960, isso aconteceu pela industrialização.

---

5 SANTOS, Adilson Silva. *Sírios e libaneses no sul do Espírito Santo (1890-1930)*. Tese (doutorado em história) — Universidade Federal do Espírito Santo, Vitória, 2019.

A industrialização capixaba também atraiu imigrantes ou migrantes internos do Brasil?

O estabelecimento de imigrantes e migrantes no Espírito Santo sempre foi muito grande. Nos anos de 1940, por exemplo, aproximadamente 24% da população era de migrantes nacionais. Se nós pensarmos em termos de dados, a maior parte é de migrantes nacionais estabelecidos, especialmente, nas cidades de fronteira. Vieram cearenses devido a uma seca muito forte que teve na região ainda no século XIX, vieram sergipanos e principalmente baianos para o Espírito Santo. Diferentemente do Rio e de São Paulo, aqui os nordestinos não são chamados de paraíbas. São chamados de baianos. Eles vieram e se fixaram aqui no Espírito Santo para trabalhar na exploração do café até os anos 1950 e, a partir da industrialização nos anos 1960, eles vieram para participar do processo de construção e exploração da indústria. Isso é importante porque grande parte desses migrantes era mão de obra pouco qualificada. Eram pessoas que vinham para trabalhar na construção civil, isso acontece muito até hoje, e foram habitar nas periferias da Grande Vitória, que é a região que concentra grande população do Espírito Santo.

Pelo que você está dizendo, há uma diferença entre a imigração do século XIX e do início do século XX em relação a essa nova migração mais recente. Os imigrantes do século XIX e início do século XX, em grande parte, se deslocaram para a formação de colônias rurais, e muitos deles, inclusive, mantêm até os dias atuais um lastro importante comunitário e identitário a partir da língua, das festas, da religião. Já a migração interna tem uma forte presença a partir do processo de industrialização do estado do Espírito Santo, como você pontuou, a partir dos anos 1960, e é uma migração, nesse caso, fortemente urbana.

Sim. Essa migração é extremamente urbana. O município de Serra, localizado na Região Metropolitana da Grande Vitória, tinha aproximadamente 9 mil habitantes em 1960. Hoje é o município com a maior quantidade de habitantes do Espírito Santo, cerca de 400 mil. Isso não é um crescimento vegetativo. Outra questão interessante é que, principalmente a partir do ano 2000, houve uma redução da quantidade de mineiros, que era o principal grupo estabelecido aqui, e um aumento do número de baianos aqui no Espírito Santo.

Nesses últimos anos, houve, no Espírito Santo, alguma expressão de certa migração internacional em relação aos refugiados ou aos novos imigrantes? Pensando na imigração contemporânea, tem os bolivianos que se deslocaram fortemente para São Paulo, muitos haitianos foram para o sul, muitos refugiados de várias regiões da África e, mais recentemente, do Oriente Médio que vieram nos últimos 20, 30 anos para o Brasil. Teve alguma expressão disso no Espírito Santo?
Não muito. A vinda de imigrantes estrangeiros continuou, sobretudo porque os portos aqui são muito importantes. A partir dos anos 2000, a indústria petroquímica também foi um vetor que promoveu uma ampliação do movimento migratório. Mas os migrantes nacionais continuam tendo maior expressão. O Núcleo de Apoio aos Refugiados no Espírito Santo (Nuares), que atua na Universidade de Vila Velha, apontava cerca de 300 refugiados em 2017. Agora tem também venezuelanos, haitianos, mas não em um número expressivo. A quantidade de migrantes mais expressivos no Espírito Santo é nacional. Tem estrangeiros que vêm para trabalhar ou na condição de refugiados, mas a maioria absoluta é de nacionais.

Nós podemos dizer que esse grupo de imigrantes internacionais, do qual você falou no início dessa conversa, basicamente é um grupo que chegou no século XIX até início do século XX? Quer dizer, italianos, pomeranos, poloneses, açorianos, sírio-libaneses, holandeses, espanhóis, chineses, mas fundamentalmente é uma imigração que ocorre em um determinado momento histórico do país e, em particular, do Espírito Santo. Nós podemos afirmar então que há, no Espírito Santo na virada dos anos 1930 e 1940, um grande fluxo de migrações internas?
Sim. Eu te diria que esse é um grande vazio para ser estudado. Infelizmente, eu ainda sou a única professora no programa de pós-graduação de história que oriento trabalhos acadêmicos sobre imigração.

Mas você orienta bastante, Cristina.

É que os meus orientandos são todos muito bons, mas existe uma grande necessidade de estudar. Por exemplo, os espanhóis são o terceiro ou quarto maior grupo de imigrantes que chegaram no Espírito Santo no século XIX. Só agora está sendo produzida uma pesquisa sobre eles, a tese do Renato Peterli Camargo, que está sendo desenvolvida no Laboratório de Estudos de Imigração (Labimi) da Uerj. Ele é orientado pela Érica Sarmiento e eu coorientو, pois está estudando os espanhóis do Espírito Santo. E agora eu também tenho um orientando que está estudando os holandeses. Tem um espaço imenso para estudar o Espírito Santo. Eu também estou começando a trabalhar sobre os migrantes nacionais com o professor Ednelson Dota, do Departamento de Geografia da Ufes. Professor Ednelson é especialista na migração demográfica no século XXI, e nós estamos fazendo alguns trabalhos conjuntos tentando entender esse processo de permanências e de rupturas que teve no processo migratório de longo prazo no Espírito Santo. Estamos pensando nas continuidades e em todas as questões que estão aqui estabelecidas porque é uma quantidade imensa de diferentes grupos e é interessante que eles foram se inter-relacionando. Foram poucos os grupos que se mantiveram só entre eles. No distrito de São Bento de Urânia, por exemplo, ainda se fala um dialeto italiano muito forte. Tem algumas atividades culturais, como a manutenção do cemitério. Eles são um grupo pequeno, mas se reúne para cuidar do cemitério local. A maioria dos imigrantes, no entanto, foi se miscigenando com todos os outros imigrantes e migrantes. Um exemplo: eu fiz um levantamento a partir das listas de pedidos de cidadania. Tinha uma lista com cerca de 2.500 pedidos de cidadania italiana, mas o que menos tinha era nome só de italiano. Também tem que pensar a questão do sobrenome. Por exemplo, eu sou Maria Cristina Dadalto, mas antes do Maria Cristina Dadalto devia ter um Martins, que é o sobrenome da minha mãe. Só que os italianos, pelo menos durante muito tempo, só coletavam o nome dos filhos pelo sobrenome do pai. O da mãe não existe. Tem um processo de miscigenação muito grande. Sobrenomes italianos com sírio-libaneses, italianos com alemães, às vezes tem só Silva e Silva no pedido de cidadania. Não é um estado em que a imigração ficou nos seus próprios redutos. Com exceção de alguns grupos, que também estão se miscigenando. Os pomeranos são um deles. Eu assisti outro dia a uma dança pomerana que tinha negros, que eram filhos de pomeranos com brasileiros afrodescendentes. Em alguns lugares, a fronteira dessa identidade étnica, só entre eles, já tinha sido vencida, rompida há muito tempo e, mesmo entre as comunidades mais fechadas, ela agora também já foi rompida.

Eventualmente, esses indivíduos recriam e imaginam essa própria identidade da maneira deles. Então vai ter um Silva e Silva recriando uma identidade italiana ou coisas do gênero.

Essa questão está colocada em vários lugares. Por exemplo, descendentes de poloneses, polono-brasileiros, vamos assim dizer, que se identificam como poloneses. Italianos que se identificam como italianos. Pomeranos que se identificam como tal. Na realidade, somos todos brasileiros porque nós sabemos que só somos um determinado grupo pela língua.

Talvez muitos deles queiram requerer uma dupla cidadania europeia e, por isso, mobilizam de alguma maneira para si uma identidade italiana ou polonesa, por exemplo. Em alguns momentos em que os contextos brasileiros talvez estejam mais favoráveis, eles vão refazer de outra forma. Nós sabemos que a criação e recriação de identidade está relacionada às vivências e contextos. Mas é muito interessante saber, como você mesmo disse, que você já vivenciou uma série de festas e de manifestações culturais e associativas de alguns desses grupos que pelo visto estão espalhados pelo Espírito Santo. Tivemos uma conversa bastante interessante de um panorama dos deslocamentos migratórios para o Espírito Santo. O eixo básico foram os deslocamentos internacionais, a imigração, mas a professora Maria Cristina Dadalto também trabalha com os deslocamentos migratórios internos, nacionais. Eu quero agradecer bastante à professora Maria Cristina.

Eu quero agradecer muito. Fiquei muito feliz, pena que não dá para falar de tudo. Das festas, dos negros que mantêm festas muito próprias aqui, das tradições dos indígenas, como nossa panela de barro aqui de Vitória, do ticumbi que também é uma manifestação muito importante, e de tantas outras manifestações culturais que demonstram, no meu ponto de vista, essas identidades, essa hibridização. Por exemplo, o congo com concertina, que é uma coisa muito interessante. Mas, enfim, agradeço muito.

15. Imigração no Amazonas[1]

Maria Luiza Ugarte Pinheiro
Carolina da Costa de Carvalho

Maria Luiza Ugarte Pinheiro é historiadora, mestra e doutora em história pela Pontifícia Universidade Católica de São Paulo (PUC-SP), é professora associada da Universidade Federal do Amazonas (Ufam), onde leciona na graduação e na pós-graduação, e também coordena o Laboratório de História da Imprensa no Amazonas. Primeiro eu queria te agradecer, Maria Luiza, pela sua disponibilidade, por ter aceitado o nosso convite, e gostaria de te passar a palavra já com uma pergunta: qual é a grande especificidade do Amazonas nos estudos imigratórios?

Eu gostaria de agradecer o convite feito pelo Luís e a oportunidade de falar sobre os deslocamentos migratórios, que é um tema no qual tenho me debruçado nos últimos anos. Em relação à centralidade dos estudos da imigração aqui para o Amazonas, eu gostaria primeiro de pontuar que o meu estudo está centrado no final do século XIX e início do século XX, que corresponde ao período conhecido como "*boom* da borracha" na região Norte. Fenômeno ocorrido em cidades como Manaus e Belém que tiveram uma grande dinamização econômica e urbana por conta da borracha. Esse também é um momento em que existe um grande deslocamento de pessoas para o Amazonas, sobretudo de estrangeiros. Existem outros momentos de imigração para o Amazonas como o período de implementação da Zona Franca de Manaus, com a criação do parque industrial. Neste caso, há um deslocamento muito grande de pessoas, mas não de estrangeiros. É muito mais de nacionais.

---

[1] Conversa realizada em 14 de setembro de 2021. Transcrição: Marianna Carolina Oliveira Costa Reis. Edição: Carolina da Costa de Carvalho e Luís Reznik.

Claro que estrangeiros vêm por conta da montagem do aparato do parque industrial. Mas nesse período do final do século XIX e início do XX, há um deslocamento de estrangeiros muito expressivo para a cidade. Quando eu pesquisei sobre os estivadores do porto de Manaus na minha dissertação de mestrado,[2] me surpreendeu ver na composição desses trabalhadores um contingente muito grande de estrangeiros. Nos jornais da época, é possível ler os memorialistas ou outros intelectuais falando das empresas criadas por estrangeiros no Amazonas. Nas páginas dos jornais, tem propagandas de lojas e comércios de espanhóis, portugueses, italianos, sírios e libaneses etc. Quando eu estudei os estivadores, o meu foco era outro, embora eu tenha falado um pouquinho da presença desses estrangeiros. E depois do doutorado concluído, regressei para a universidade e retomei essa temática a partir de pesquisas financiadas com bolsas do CNPq. Primeiro, para estudar os espanhóis e, mais recentemente, para estudar os portugueses. E qual é a centralidade dos estudos para cá com relação a isso? No período do "*boom* da borracha" no Amazonas, também chamado de Belle Époque Amazônica, a borracha era o segundo produto da balança comercial brasileira. Só perdia para o café. Isso colocou as cidades de Manaus e Belém de forma estratégica na economia do país e esse dinheiro advindo do produto da borracha permitiu que Manaus se modernizasse, que deixasse de ser uma pequena aldeia transformando-se em uma cidade toda organizada, com infraestrutura montada, arruamento, constituição de bancos, lojas e introdução de novos hábitos. Isso trouxe uma transformação para o sítio urbano e uma nova configuração social da população manauara, então para os amazonenses esse foi um momento de mudanças muito impactantes.

---

[2] PINHEIRO, Maria Luiza Ugarte. *A cidade sobre os ombros*: trabalho e conflito no porto de Manaus (1899-1925). Dissertação (mestrado em história) — Pontifícia Universidade Católica de São Paulo, São Paulo, 1996. Publicado pela Editora da Ufam, em 1999.

Vou aproveitar que você falou sobre a importância que a borracha tem a nível nacional na economia e te perguntar se, por causa disso, havia alguma política estatal de atração e recepção de imigrantes para a região ou se mesmo assim a maioria desse fluxo era espontânea. Como se deu essa dinâmica?

Eu falei há pouco que Manaus era uma pequena aldeia, uma cidadezinha muito pequena. Quando a borracha despontou no cenário econômico, o porto de Manaus não tinha estrutura para escoar toda a produção de borracha do Amazonas diretamente para a Europa e para os Estados Unidos, então toda a produção ia para Belém e de Belém era enviada para a Europa e os Estados Unidos. Isso incomodou muito as elites governamentais daqui. Eles perceberam que, para exportar a borracha para o mercado europeu de forma direta, isto é, sem passar por Belém, era necessário investir em alguns pontos que entravavam a produção. Um deles foi a falta de capital. Eles precisavam de dinheiro para impulsionar esse produto, então fomentaram a implantação de firmas de crédito, de casas aviadoras etc. Havia uma precariedade muito grande do sistema de transporte para escoar a produção do interior para a cidade e do porto de Manaus para a Europa. O porto de Manaus era muito acanhado, necessitava-se da construção de um porto moderno que pudesse escoar diretamente a produção. Então foi investido nisso também. Havia ainda a escassez de mão de obra, que era uma questão que já vinha muito antes de a borracha começar a assumir altos índices no mercado mundial. Havia necessidade de mão de obra para a extração do produto, para a montagem de infraestrutura em Manaus, e aí o governo estadual fomentou uma política de trazer imigrantes para cá. Inicialmente, veio uma leva muito grande de nordestinos no final do século XIX, sendo a maioria encaminhada para trabalhar com a extração de seringa nos principais rios onde ela era extraída. O governo também fomentou um processo migratório de mão de obra estrangeira e isso não aconteceu só para o Amazonas. Havia interesse de trazer imigração europeia associado a uma política de "melhorar a raça" do amazonense, com o intuito de "embranquecer" a população. Augusto Ximeno de Villeroy,[3] que foi o primeiro governador do estado no início do século, dizia: "Vamos fomentar a imigração, mas não qualquer tipo de imigração estrangeira. Nada de investir em imigração asiática. Vamos investir em imigração europeia. Vamos trazer imigrantes europeus de cor branca para que possamos", nas palavras dele, "melhorar a raça do amazonense". Não só aqui no Amazonas, mas também em Belém, São Paulo e Rio de Janeiro, tinha essa política de divulgação e fomento de trazer esses imigrantes. Houve uma migração espontânea, mas a maioria foi subvencionada com o beneplácito do estado.

Chegou a existir alguma hospedaria de imigrantes?
Sim, antes de essa leva maior de imigrantes estrangeiros chegar aqui. No final do século XIX, já se pensou na construção de uma hospedaria devido ao número de nordestinos que entrou nesse período. Ela teve uma vida curta, foi construída em uma cidade próxima, chamada de Vila de Paricatuba, atualmente na cidade de Iranduba. Depois acabou se tornando um leprosário e hoje só tem as ruínas históricas desse prédio. Mas faltam estudos sobre a hospedaria. Ultimamente eu venho reunindo uma documentação para ver se consigo escrever um pouco sobre ela.

É bem interessante porque, no caso da Ilha das Flores, por exemplo, em um dado momento vieram muitos desses migrantes nordestinos para o Rio de Janeiro, que ficaram na Hospedaria da Ilha das Flores e depois foram encaminhados para trabalhar na extração da borracha. Então as hospedarias também têm esse papel muito importante de recepção não só de imigrantes, mas também de migrantes. Eu gostaria de retomar algo que você falou antes sobre o perfil desses imigrantes. Havia o interesse do governo brasileiro de

---

[3] VILLEROY, Augusto Ximeno. Como se deve povoar o solo amazônico. In: MIRANDA, Bertino (Org.). *Annaes do Congresso Comercial, Industrial e Agrícola* (22 a 27 de fevereiro de 1910). Manaus: Palais Royal, 1911.

receber os imigrantes europeus, mas mesmo entre os europeus existia uma seleção de quais eram os mais aptos ou não. Eu queria que você falasse um pouco mais sobre o perfil desses imigrantes. Quais nacionalidades foram mais presentes no Amazonas? São homens, solteiros? De onde vieram?

Manaus tinha uma população pequena e a chegada desses migrantes, tanto nacionais quanto estrangeiros, modificou o perfil da cidade, seus hábitos e relações. Por exemplo, em 1872, Manaus tinha 17.600 habitantes. Em 1907, a população da cidade era calculada em 60 mil habitantes, 50 mil dessa população era constituída de nacionais, ou seja, de brasileiros da região, e 10 mil era estrangeira. Entre os estrangeiros, havia cerca de 5 mil portugueses, o que é considerado bastante. Quando comparamos com outras áreas, parece ser uma população pequena, mas esses imigrantes deram uma contribuição muito grande aqui, quer dizer, eles interferiram realmente e interagiram culturalmente com os regionais. Tinha uma população de 5 mil portugueses, uma média de 1.400 a 1.500 espanhóis, por volta de 1.100, 1.200 italianos. Também tinha cerca de 800 turcos, árabes, marroquinos e, em menor quantidade, ingleses, alemães, franceses etc. Por exemplo, em 1907, os ingleses eram uma comunidade de 70 a 75 pessoas. No entanto, eram eles que dominavam economicamente o estado. Eram os principais responsáveis pelo escoamento dos produtos, investiram no financiamento da borracha, na criação de bancos, na constituição de casas aviadoras, no transporte da borracha. Muitas vezes, quando aconteciam problemas entre trabalhadores e a empresa Manaus Harbour, que era a concessionária do porto, em vez de o gerente da Manaus Harbour ir até o governador tentar resolver os problemas dos trabalhadores, era o inverso que se dava. O governador acabava se deslocando até o presidente dessa companhia. Os ingleses eram uma comunidade pequena, mas muito poderosa. Quanto às outras nacionalidades, os portugueses eram bem colocados economicamente. Tinham casas comerciais, quitandas, padarias, casas aviadoras. Era uma comunidade muito grande. Depois vinham os espanhóis, os italianos e os outros. Como também ocorreu em muitas áreas do Brasil, a imigração era eminentemente masculina. No entanto, muitas mulheres acompanharam seus maridos. A imigração para cá se deu basicamente de homens solteiros, com rara exceção dos judeus. Segundo o intelectual amazonense Samuel Benchimol,[4] os judeus migravam junto com a família, mas a maioria das outras nacionalidades não, as pessoas vinham solteiras. E depois, muitas vezes, traziam seus familiares. No caso dos espanhóis, por exemplo, o sanitarista Hermenegildo de Campos[5] afirma que, em uma comunidade de 1.400, 1.500 espanhóis, 12% eram mulheres. Para Benchimol, essa imigração de homens solteiros, principalmente no caso dos portugueses, permitiu que eles se socializassem mais e acabassem se casando com mulheres da região. No entanto, na documentação da época, como os jornais portugueses ou jornais da região produzidos na cidade de Manaus, é possível perceber que os casamentos se davam muito entre eles mesmos, embora encontremos casamentos com mulheres nacionais.

Apesar de ter casamentos com mulheres brasileiras, casar dentro da própria comunidade também gerava uma rede de sociabilidade importante para esses imigrantes?
Com certeza. Nós observamos que portugueses e espanhóis socializavam muito mais com os nacionais do que outras comunidades. Os ingleses, por exemplo, eram muito fechados na própria comunidade. Isso não significa dizer que portugueses e espanhóis também não se fechassem em suas comunidades. Eles tinham as próprias associações e publicavam seus próprios jornais. A leitura dos jornais espanhóis e portugueses, que eu estou fazendo agora, me permitiu perceber uma rede criada a partir da constituição de periódicos. Eles criavam as publicações para manter a comunidade atualizada com o que acontecia no seu país de origem. Por exemplo, o jornal espanhol

---

4 BENCHIMOL, Samuel. *Eretz Amazônia*: os judeus na Amazônia. Manaus: Editora Valer, 2008.

5 CAMPOS, Hermenegildo de. *Climatologia médica do estado do Amazonas*. Manaus: Associação Comercial do Amazonas; Fundo Editorial, 1988.

El Hispano Amazonense falava da necessidade de fundar associações para que pudessem lutar pelos interesses deles. Através desses jornais, é possível perceber um conjunto de ligações entre os espanhóis que estavam radicados em Manaus com aqueles que estavam na fronteira do Amazonas, lá em Humaitá, em cada cidadezinha do interior e até com espanhóis que estavam radicados na fronteira com a Venezuela e com a Colômbia. Os impressos estabeleciam a ligação desses imigrantes espanhóis com o país de origem. Eles publicavam cartas, pedidos de famílias querendo saber por onde andavam os seus familiares, então foi criada uma rede no entorno desses periódicos e dessas associações que serviam não só para aquela ajuda nos momentos difíceis, mas para recreação, para sociabilidade, para que eles pudessem estar em contato cotidiano. É muito interessante a leitura desse material, é de uma riqueza muito grande.

É uma rede de sociabilidade importante tanto de comunicação interna aqui no Brasil quanto com a própria terra natal. Além dos casamentos e da imprensa, quais as outras associações de imigrantes que se destacam no Amazonas?
Nesse período histórico que eu trabalho, eu mapeei seis associações de espanhóis. Muitas tiveram vida curta, mas teve uma que se manteve desde o início do século XX até os anos 1960 e depois desapareceu. Manaus tem uma característica muito interessante: quando a borracha do Amazonas, do Norte, começou a ser suplantada pela borracha da Ásia e a economia decresceu, muitos imigrantes desejaram se deslocar e ir embora. Muitos não tinham condições financeiras de retornar e foram essas associações que ajudaram na saída dessas pessoas daqui. Alguns ficaram, outros foram para outros estados, mas o que aconteceu foi uma queda grande no número de imigrantes estrangeiros. Muitos foram embora porque a borracha intensificou uma situação que já existia aqui: mesmo no auge da economia do látex, quando estava entrando muito dinheiro nos cofres amazonenses, não havia emprego suficiente para toda aquela quantidade de imigrantes que estava chegando. Nos jornais de Manaus de 1906, 1907, 1908, em pleno

"*boom* da borracha", tem muitas notícias de estrangeiro indigente e mendicante. Não é como nos livros de memorialistas, que colocam que todo mundo aqui acendia charutos com notas de 10 mil réis. Não é bem assim a história. Se naquela época uma parte da população não conseguiu emprego, quando veio a crise a situação piorou muito. A leitura desse jornal espanhol de 1918 foi muito interessante porque tem a gripe espanhola agravando a situação econômica já existente, é possível saber do desespero dos espanhóis querendo vagas em navios porque a gripe estava matando a comunidade, e a população em geral, de forma muito forte. A comunidade espanhola foi uma das mais reduzidas. Por volta dos anos 1940, a comunidade espanhola, que antes tinham entre 1.300 até 3 mil imigrantes, como alguns estudiosos afirmam, estava reduzida a quase 500 pessoas. Então você imagina o volume de estrangeiros que saíram daqui. O que ainda ficou de forma muito presente foi a comunidade de portugueses. É interessante observar que, quanto maior a comunidade, maior era o número de jornais produzidos e de associações criadas. Há uma ligação direta. Os portugueses, por exemplo, produziram mais de 12 periódicos. Alguns de vida muito efêmera, mas muito elucidativos da localidade de onde eles vinham. Tem o *Povo de Loriga*, o *República Portuguesa*, o *Pátria Portuguesa*, o *Poveiro*, o *Loriguense*, o *Voz de Loriga*, entre outros. O título do periódico já dá uma ideia do número de portugueses que tinha em Manaus e de qual região procediam. Eu estou começando a ler esses periódicos portugueses, e é muito interessante perceber até as rusgas existentes entre a própria comunidade. Entre os espanhóis elas eram muito fortes. Porque essas pessoas migraram, mas elas vieram com todos os problemas que havia no país de origem, os problemas não estavam resolvidos lá e não é por isso que vão ser resolvidos aqui. Aquelas querelas de questões nacionais que envolviam essas pessoas somente foram transplantadas para o outro espaço. Embora eles tentem recriar a ambiência, o espaço em que eles viviam antes, mesmo assim nós percebemos que eles carregaram as contradições que tinham no seu país de origem. Todo mundo diz que o sonho do imigrante é voltar para a sua terra de origem. Não deixa de ser verdade, mas muitos se mantiveram aqui. No caso daqueles que tinham muitos recursos, a noiva não vinha de Portugal, não vinha da Espanha, eles iam se casar no país de origem e voltavam. A leitura dessa documentação é muito interessante. É basicamente em cima dela que eu tenho trabalhado porque a documentação de consulado, no momento, está mais difícil de acessar.

Lá no início da nossa conversa você falou da especificidade do Amazonas e eu queria saber um pouco mais sobre a própria dinâmica do fluxo imigratório. Qual é o caminho que eles fazem de saída do país de origem até chegar aqui? Eu imagino que alguns vinham também de regiões de fronteira com o Brasil.
Quase não tem trabalhos historiográficos sobre esses deslocamentos de fronteiras aqui. Na verdade, existem alguns trabalhos de antropólogos, mas ainda não os acessei. O deslocamento de espanhóis e portugueses, em fins do século XIX e anos iniciais do século XX, se deu daquela forma bem tradicional. Eles vinham dos principais portos de Portugal e Espanha, do porto de Vigo, de Bardo, fazendo escala no percurso. Chegando ao Brasil, o navio não vinha direto a Manaus, ele primeiro parava em Belém, onde muitos ficavam. Uma grande parcela dessa população ficava no Pará e depois os que decidiam realmente vir para o Amazonas se deslocavam para cá. Mas havia as exceções. Tinha uma comunidade de bolivianos em Manaus, que mantinham um jornal chamado *La Unión*, cuja forma de entrada foi diferenciada, viajando através das fronteiras com a Venezuela e a Colômbia. Eles vinham em barcos menores, pelo rio Negro, passando pelas cidades do interior do Amazonas até chegar a Manaus, muitos até ficavam pelas cidadezinhas ao longo do rio Negro. Eu sou filha de português e neta de venezuelano. Meu pai se casou com a filha de um venezuelano que veio para o Brasil fugindo de um daqueles momentos de fechamentos militares de lá. Entrou no Amazonas pelo alto rio Negro, se localizando próximo à cidade de São Gabriel da Cachoeira, cujo nome indígena se chama Uaupés. Não quis vir para Manaus e não saiu mais dali. Meu pai era filho de um chapeleiro português, que veio

para o Amazonas se tornando comerciante, indo se radicar também no rio Negro, lá encontrando minha mãe e se casando com ela. São histórias de deslocamentos das quais também fazemos parte. Se observarmos, a humanidade toda migra, não é? O ser humano tem uma característica que é a de se deslocar. Hoje me incomoda muito ver, por exemplo, a situação dos venezuelanos em Manaus. No caminho para a minha casa, eu passo embaixo de um viaduto onde tem algumas tendas de lona e as pessoas vivem ali dentro em péssimas condições de vida. Eu olho e aquilo me angustia. Há pouco tempo deu um temporal muito forte que derrubou essas tendas. Então essas pessoas acabaram ficando algum tempo ao relento. Eles vivem nas piores condições possíveis. O governo diz que está ajudando, que está fazendo o máximo que pode, mas quando você passa ali no cotidiano e olha aquela situação, é de doer o coração.

Pensando nessa migração mais contemporânea, tem uma presença expressiva desses imigrantes contemporâneos no Amazonas também?
Sim. De venezuelanos, realmente é possível perceber. Há alguns anos, por exemplo, teve os haitianos. Eles transformaram Manaus em uma cidade de passagem, muitos queriam ir para São Paulo, então ficaram poucos por aqui. Mas de venezuelanos há uma concentração muito grande. Nós não temos ainda estatísticas precisas sobre a quantidade desses imigrantes aqui, ainda não tem trabalhos historiográficos que analisem um pouco essa situação no Amazonas.

O que você pode nos indicar da produção historiográfica sobre imigração no Amazonas? Pode ser sobre grupos étnicos, os seus próprios trabalhos, para indicar para quem não conhece o tema e quer se aprofundar mais depois de acompanhar a nossa entrevista. Quais textos são importantes em termos de produção bibliográfica sobre o tema?
Tem trabalhos clássicos e importantes, como o livro *Amazônia: formação social e cultural*, do economista Samuel Benchimol, onde ele trabalha em capítulos do livro dele sobre portugueses, espanhóis, italianos etc., mostrando o empresariado que se formou a partir desses deslo-

camentos e como eles contribuíram para a economia do Amazonas. Ele também tem um livro específico sobre os judeus chamado *Eretz Amazônia: os judeus na Amazônia*. Os trabalhos dele são muito interessantes. Existem alguns trabalhos sobre portugueses, mas são mais compilação de documentos do que análise, como o livro *Ferreira de Castro: um imigrante português na Amazônia*, do historiador Abrahim Baze, a contribuição documental é inegável. É interessante para quem quer conhecer. Hoje, no Programa de Pós-Graduação em História da Ufam, tem um volume muito grande de dissertações e teses que discutem a imigração para o Amazonas. É um campo de estudos que está aberto, sabe? As pessoas podem entrar e estudar porque tem poucos estudos. Os primeiros trabalhos históricos mesmo, com as preocupações do historiador, eles começam a aparecer.

A professora Maria Izilda de Matos pergunta como era a presença dos imigrantes nos trabalhos portuários.

Na categoria dos portuários, eu trabalhei mais especificamente os estivadores do porto de Manaus. E eu pude perceber que, majoritariamente, eles eram nacionais e regionais. No entanto, havia um volume razoável de estrangeiros, principalmente portugueses, mas também italianos e espanhóis. Esses trabalhadores eram usados de forma muito estratégica porque aqui nós tivemos muitos problemas com interferências étnicas, no sentido de que havia preferências por trabalhadores estrangeiros. No caso dos estivadores do porto de Manaus, a concessionária do porto, a Manaus Harbour, por conta das inúmeras greves que os estivadores produziam, mantinha sob contrato um número x de estivadores. Esses estivadores eram contratados de forma estratégica para que a produção do porto não ficasse prejudicada em momentos de paralisação. Muitos deles, inclusive, eram alojados em barcos na própria orla do rio e a Manaus Harbour dava preferência à contratação de estivadores portugueses, com o argumento de que os trabalhadores de melhor compleição física eram estrangeiros. Essa preferência pelos imigrantes estrangeiros aparece em outras situações. Nos jornais do início do século, havia colunas para anúncio de contrato de pessoas. O anúncio geralmente sempre dizia: "Precisa-se de uma cozinheira. Prefere-se espanhola ou portuguesa", "Precisa-se de um garoto para trabalhar em uma mercearia. Prefere-se português". Vinha claramente definida essa preferência e, em algumas vezes, isso causava algumas rusgas e ressentimentos. Por exemplo, portugueses e brasileiros aparecem nas documentações muitas vezes unidos, mas essa preferência pelo estrangeiro em detrimento do brasileiro em momentos de desemprego era uma questão que dividia a categoria. Pesquisando os portugueses nos jornais, nós observamos brasileiros e portugueses unidos pela independência do Brasil, fazendo manifestações juntos. E durante as greves da categoria, tinham muitos brasileiros ressentidos com estivadores portugueses porque estavam perdendo o emprego para eles. Essas tensões aparecem no interior da comunidade imigrante do Amazonas com muita frequência.

Guilherme Cavotti Marques pergunta se houve alguma manifestação cultural de imigrantes que se enraizou na cultura amazonense. Qual a influência dessa presença imigrante nas práticas culturais do Amazonas?
Eu acho que ela está presente em tudo. Não foi criada nenhuma data específica para comemorar a presença deles aqui no Amazonas. No entanto, a presença deles está no casario, na comida, nos hábitos que até hoje as igrejas mantêm, por exemplo, das quermesses. O que eram as quermesses senão uma coisa muito portuguesa? Todas essas questões estão presentes, desde a culinária às sociabilidades. Eu lembro que, na minha infância, faziam as pastorinhas. Hoje nem tanto, mas nas cidades do interior elas ainda estão muito presentes.

Eu queria deixar em aberto se você quiser comentar mais algum ponto que eu não perguntei ou que você acha que é relevante para pensar a imigração no Amazonas antes de encerrarmos a entrevista.
Eu quero agradecer a oportunidade. A minha fala foi mais ligeira e geral, mas eu queria colocar que o meu foco de pesquisa é sobre o trabalhador mais pobre, esse imigrante pobre que veio para cá e que

foi trabalhar na estiva, no comércio, como ambulante etc. É muito interessante ver como essas pessoas se organizaram em associações, como eles socializaram com os trabalhadores brasileiros e juntos lutaram contra a carestia de vida, por melhorias do trabalho aqui no estado, por assistência contra acidentes, pelas oito horas de trabalho, através de suas associações, seus jornais e das inúmeras greves produzidas. Nós temos referências de alguns militantes estrangeiros que, junto com militantes amazonenses, fizeram a diferença no movimento operário em Manaus. Tem um português anarquista, o Tércio Miranda, que produzia um jornal muito famoso chamado *A Luta Social* e que era gráfico no principal jornal de Manaus à época, jornal que existe até os dias de hoje, o *Jornal do Comércio*. Tem o espanhol Joaquim Azpilicueta, que era um militante socialista, também gráfico que viveu em Belém, depois viveu em Manaus, sendo muito importante na criação de jornais e de associações espanholas e de trabalhadores. Tem o Targino Mariani, que era italiano e foi líder no sindicato dos estivadores do Amazonas, junto com lideranças nacionais como Manuel Sérvulo e Cursino Gama. Todos imigrantes que fizeram a diferença para melhorar a sua vida e a vida dos trabalhadores amazonenses. Meu foco é mais nesse campo. Queria muito agradecer a possibilidade de falar um pouquinho aqui das minhas pesquisas, dos trabalhos para esse período e agradecer as pessoas que estão assistindo.

Eu é que agradeço. Foi ótima a nossa conversa.

16. Hospedaria de Imigrantes do Brás, São Paulo[1]

Mariana Esteves Martins
Luís Reznik

Mariana Esteves Martins é graduada em história pela Universidade de São Paulo (USP), mestra em história e, atualmente, doutoranda em história, ambos pela USP. Em sua trajetória profissional, Mariana tem estudado sobre museus. Foi tema de pesquisa do mestrado e agora do doutorado, em que ela está discutindo as coleções de museus históricos e como são apresentadas nas exposições. Ela fez uma especialização em estudos de museus de arte também na USP, no Museu de Arte Contemporânea de São Paulo. Desde 2011, Mariana trabalha como coordenadora técnica no Museu da Imigração do Estado de São Paulo, onde já foi curadora de inúmeras exposições. Além dessa expertise como historiadora em museus e no campo da museologia, Mariana é professora do Curso de Especialização em Museologia, Curadoria e Colecionismo do Centro Universitário Belas Artes e do MBA em Gestão de Museus pela ABGC e Expomus. Mariana também é mãe, talvez esse seja o dado mais importante do currículo dela.
Sim, certamente! Tenho a alegria de ser mãe da Laís e do Gael!

É muito bom estar contigo hoje, Mariana. Nós estamos começando nesse momento um conjunto de três conversas sobre Hospedaria de Imigrantes na América. Um ponto importante dessa discussão sobre a história da imigração é exatamente refletir sobre o papel das hospedarias enquanto dispositivo de recepção, acolhimento e triagem de imigrantes para dentro do Brasil. Minha primeira questão é pedir para você falar um pouquinho sobre essa hospedaria

[1] Conversa realizada em 28 de setembro de 2021. Transcrição: Marianna Carolina Oliveira Costa Reis. Edição: Carolina da Costa de Carvalho e Luís Reznik.

que é a Hospedaria do Brás. Principalmente pensar nesse momento em que ela foi criada, no final do século XIX, que é muito parecido com a criação da Hospedaria da Ilha das Flores, ainda que elas tenham as suas particularidades e características muito específicas. O Brás foi uma hospedaria da província de São Paulo e do estado de São Paulo, enquanto a Hospedaria da Ilha das Flores foi uma hospedaria do Império do Brasil e depois do governo republicano. A palavra está contigo.

Para mim é uma alegria falar da hospedaria. Embora não seja o meu tema de doutorado, porque eu resolvi separar um pouco as coisas. Esse é um tema de interesse de pesquisa enorme para mim e eu fico muito contente quando me chamam para falar sobre a hospedaria. A Hospedaria do Brás foi a principal hospedaria de São Paulo, mas é importante demarcar que ela não foi a primeira. Houve outras iniciativas de acolhimento para migrantes antes da Hospedaria do Brás, mas o que marca mesmo a história dessa hospedaria é justamente o fato de ela nascer como um projeto enorme. É um edifício monumental e que se destaca na paisagem de São Paulo de uma forma muito expressiva, principalmente no final do século XIX. É um edifício que foi construído para a finalidade de receber, de acolher e de encaminhar migrantes para postos de trabalho. O fato de existir uma estrutura dentro da hospedaria justamente para intermediar esses contratos de trabalho é uma diferença da Hospedaria de São Paulo em relação a outras hospedarias. Todo mundo que entrava na Hospedaria do Brás saía com um contrato firmado e essa questão do trabalho era muito forte. Nós não podemos esquecer que o momento de construção da hospedaria, entre 1886 e 1887, é justamente o período em que estava se discutindo a questão da abolição do regime escravista. Ela foi inaugurada em 1888, mesmo ano em que a escravidão foi oficialmente abolida. A hospedaria abriu as portas de uma forma meio improvisada por conta de uma epidemia. Até então, os migrantes ficavam hospedados no Bom Retiro, que era uma hospedaria menor, mas acabou grassada por uma epidemia. Então os migrantes foram imediatamente levados para o Brás, que estava em construção e que continuou com obras nos anos seguintes. É importante destacar essa relação da criação da Hospedaria do Brás com a abolição da escravatura e o quanto que, de fato, a Hospedaria é um marco simbólico e monumental das migrações em São Paulo; mas ela também precisa ser vista como um marco da ausência de políticas públicas para essas populações de trabalhadores que já estavam aqui no Brasil e que ficam desassistidos nesse momento pós-abolição. É justamente essa história que nós contamos bastante agora aqui no Museu da Imigração.

Mariana, eu queria retomar dois aspectos que são muito importantes. O primeiro é que, como você disse, a hospedaria monumental não foi a primeira hospedaria que existiu em São Paulo, nem por empreendimentos privados, nem pelo próprio poder público do governo provincial. Se eu não me engano, a Hospedaria do Bom Retiro era gerenciada pelo governo provincial de São Paulo. Você pode falar sobre isso também. Mas não é à toa que ela foi construída nesse momento de forma monumental, porque tem a ver com a abolição da escravidão. Por outro lado, tinha o fluxo gigantesco de imigrantes que estava começando a chegar ao Brasil e, em particular, em São Paulo, no início da década de 1880. Esse é um ponto. O segundo ponto que me chama atenção é exatamente a epidemia. Aqui no Rio de Janeiro isso foi uma questão crucial para a construção da Hospedaria da Ilha das Flores. A ilha das Flores era uma ilha, atualmente não é mais, mas de um lado ela era relativamente afastada da cidade do Rio de Janeiro e, por outro, ela também estava perto da capital. Ela fica localizada no fundo da baía de Guanabara. Essa era uma questão fundamental, porque a cidade do Rio de Janeiro vivenciou inúmeras epidemias durante a segunda metade do século XIX, em particular teve vários surtos de febre amarela. Não somente a cidade do Rio, mas também Niterói, que ficava do outro lado da baía e que era muito mais perto da ilha das Flores. A epidemia também me chama atenção quando você diz que muitas pessoas se deslocaram para a Hospedaria do Brás antes da conclusão das obras, porque teve um surto epidêmico no Bom Retiro. Eu queria que você fizesse um comentário sobre essas duas coisas que eu acabei de falar.

Uma coisa está muito ligada à outra, inclusive. O fato de ser construída no Brás foi justamente porque naquele momento o Brás era distante do centro de São Paulo. Essa preocupação com a saúde pública era muito iminente e existia uma desconfiança enorme da população local em relação à presença dessas pessoas que vinham de diferentes lugares do mundo. Então o fato de ser ali no Brás não é à toa. Em São Paulo não tem ilha, mas a construção da hospedaria é toda ilhada. Ela é toda murada de tal forma que a hospedaria era uma célula independente em relação à cidade. Tudo acontecia ali: tinha refeitório, dormitório, hospital com alas de isolamento, salas de parto, enfim. Quem entrava ali, ficava sete dias sem poder chegar até a cidade, salvo algumas exceções. Nós sabemos que algumas pessoas saíam da hospedaria, mas no próprio prédio tem algumas inscrições da época, principalmente em italiano, que era a língua mais recorrente, dizendo que, se a pessoa saísse da hospedaria, perderia os benefícios que ela proporcionava, ou seja, a questão do acolhimento, da passagem subsidiada e do encaminhamento para postos de trabalho. As epidemias foram muito presentes até o início do século XX. Os anos de 1880 e 1890 na hospedaria foram marcados por epidemias que se sucediam. Tanto que a hospedaria tinha uma estrutura sanitária muito avançada para a época, tinha maquinário de desinfecção e foi um ponto de isolamento não só para os abrigados, para os migrantes, mas também para a população de São Paulo em determinadas epidemias. A hospedaria foi inaugurada em 1888 e, ao longo das décadas seguintes, outros edifícios foram construídos dentro daquele complexo. A década de 1890 foi marcada por várias dessas construções. Ao ler os jornais, nós conseguimos fazer uma imagem do que havia lá dentro e era muito diferente do que se vê hoje. Era um lugar que estava em construção recorrente e que estava na iminência de isolamento por conta de epidemias. Por conta disso, era um lugar de muita tensão. São vários os relatos de motins e brigas, tanto que tinha um posto policial ali dentro que era justamente para atender os abrigados, mas também para atender o bairro do Brás, que era naquele momento isolado de São Paulo. E tinham vários surtos de doenças, como sarampo, febre amarela, cólera, varíola. No *blog* do *site* do Museu da imigração de São Paulo tem uma série chamada "Brasileiros na Hospedaria", que tem vários textos a respeito das epidemias. Nós fizemos esse projeto logo que começou a epidemia de Covid-19. O Museu do Café, que é parceiro nosso, também fez uma série em diálogo chamada "Epidemias em Santos", porque havia uma conexão muito forte dos dois lugares. O que acontecia em Santos chegava muito rápido em São Paulo e vice-versa. Tanto que a hospedaria era formada por um corpo funcional enorme, e era justamente um médico que ficava em Santos enviando os relatos do que estava acontecendo lá. Havia as inspeções dos navios quando eles chegavam e, se houvesse um caso de infecção, já era imediatamente reportado. Alguns dos documentos que nós tivemos acesso foram os livros copiadores da diretoria e tem uma sequência de correspondências que é muito interessante em que o diretor fala para esse médico: "Olha, eu fiquei sabendo que está tendo epidemia aí em Santos", e ele: "Não, não se preocupe. Não é nada". E aí ele manda os migrantes para a hospedaria. Passados uns três dias, a hospedaria fecha e o diretor envia uma série de correspondências para vários órgãos públicos dizendo: "Fechamos as portas". Outras correspondências dão conta dos motins internos, as pessoas desesperadas querendo sair, maridos que foram e deixaram as mulheres, enfim. Toda uma sorte de situações bastante dramáticas, mas que eram muito comuns por conta mesmo das epidemias e naquele contexto de pessoas vindo de diferentes lugares do mundo em navios que ficavam muito tempo em condições sanitárias não tão adequadas. Era, de fato, uma preocupação pertinente.

No caso do Rio de Janeiro, os navios infectados poderiam ir para lazaretos ou para outros lugares e, no limite, inclusive, retornavam para a Europa se a situação fosse caótica. Imagina o drama que era para a população dentro daquele navio. Pessoas infectadas também não entravam na hospedaria, iam direto para hospitais nesse caso. Creio que em São Paulo talvez fosse algo similar, por isso tinham médicos em Santos. Ainda assim, pelo que você está dizendo, era possível que as doenças se propagassem no interior da hospedaria. Imagino que o hospital de isolamento devia ter um pouco

dessa função de isolar efetivamente imigrantes que estavam infectados. Você comentou do medo da população em relação a esses imigrantes e achei muito interessante. Ao mesmo tempo que tinha o cuidado para proteger os imigrantes das epidemias, também tinha, do ponto de vista da população, o medo de que esses imigrantes pudessem trazer ou alimentar essas doenças. Em São Paulo, diferente do Rio, eles desembarcavam em Santos. Eu gostaria que você falasse um pouco sobre esse trajeto, se ele já estava montado na época do Bom Retiro e de outras hospedarias. Eu já fui ao Museu da Imigração e lá a estação de trem fica dentro da hospedaria, que eu não sei se era o caso do Bom Retiro ou de outros espaços de recepção de imigrantes.
O complexo arquitetônico da hospedaria incluía a construção de uma estação ferroviária, que era justamente um lugar de entroncamento das linhas férreas de Santos e do Rio de Janeiro. A Hospedaria do Brás recebeu muitos imigrantes que desembarcavam no Rio de Janeiro e chegavam de trem. Só a linha que vinha de Santos tinha estação ferroviária dentro da hospedaria. Quem vinha do Rio de Janeiro desembarcava na estação do Brás, que era a estação mais próxima, e lá tinham os funcionários da hospedaria que iam buscar os imigrantes até ali. É uma caminhada de aproximadamente 10 ou 15 minutos, mas tinham carroceiros que eram contratados para buscar essas pessoas. Quem vinha de Santos desembarcava no Brás e permanecia durante alguns dias na hospedaria até ser encaminhado para outro destino no interior, principalmente fazendas de café.

O tempo médio de hospedagem era sete dias, é isso?
Sim. Nós temos registros de pessoas que chegaram e saíram no mesmo dia, registro de pessoas que ficaram mais tempo, mas a média era de sete dias, a não ser em casos de doenças, partos ou questões médicas. Embora tivesse um complexo hospitalar com equipamentos modernos, a hospedaria tinha um convênio com o hospital de isolamento de São Paulo, então tinha todo um trânsito dentro da cidade para garantir que os imigrantes ficassem isolados em um lugar mais apropriado. Na pesquisa que a equipe do Museu desenvolveu em 2017, quando a

hospedaria fez 130 anos, nós descobrimos onde os imigrantes eram enterrados porque muitas pessoas faleceram na hospedaria. Nós conseguimos identificar tanto no Cemitério da Consolação quanto no Cemitério da Quarta Parada, que tinha esse nome porque era a quarta parada do bonde. A hospedaria tinha a terceira parada do bonde, então era bem próximo. Muitas pessoas tiveram o fim de suas vidas e também o começo de suas vidas ali na hospedaria. Nós buscamos um pouco desses registros também porque muitas pessoas perguntam a respeito disso: "Onde estão registradas as pessoas que nasciam ali?", então: "Ah, é o cartório do Brás". Nós identificamos essas histórias mais miúdas e menos administrativas.

A hospedaria do Brás era uma pequena cidade, né? Os imigrantes que chegavam na hospedaria, principalmente os europeus, deviam levar em torno de 15 a 20 dias de viagem da Europa até o Brasil, mais alguns dias entre desembarcar em Santos e efetivamente chegar na hospedaria de trem. Quantas pessoas a hospedaria comportava nos períodos de maior fluxo migratório, nas décadas de 1890 e 1900?
A hospedaria estava preparada para receber de 4 a 5 mil pessoas. Mas já teve registros de 8 mil pessoas ao mesmo tempo na hospedaria. Era muita gente. Por exemplo, na Festa do Imigrante, que é um evento que nós celebramos todo ano, o Museu da Imigração recebe 7 mil pessoas que não estão ao mesmo tempo, estão entrando e saindo, mas é uma quantidade enorme de pessoas. Nós sempre falamos da Festa do Imigrante porque eu acho que é um bom parâmetro para quantificar essas pessoas todas.

Mas na Festa do Imigrante eles estão chegando e saindo no mesmo dia. Esses 8 mil que você está falando ficavam durante dias, tinha que ter roupa de cama, sabonete, chuveiro, tomar banho, banheiros, refeitório.
Alimentação também. É uma loucura. E eram muitos funcionários. Então de Santos até a hospedaria, como é que funcionava? Eles desembarcavam no porto, passavam por uma triagem sanitária que acontecia

ainda no navio e, dependendo da situação, ficavam em quarentena ou não. Depois desembarcavam em Santos e já entravam no trem que ia direto para a hospedaria. Até houve a intenção de construir uma hospedaria em Santos, mas não foi muito bem-sucedida. De fato, São Paulo tinha a vantagem de estar conectada com vários ramos da ferrovia, o que facilitava e também isolava a capital do porto, porque Santos era uma cidade que sofria muito com as epidemias naquele momento. Era uma forma de preservar a saúde dessas pessoas levando-as para São Paulo, que era uma cidade que tinha uma situação sanitária mais confortável. O trajeto de trem durava algumas horas e nós temos registros em história oral, por exemplo, de uma pessoa contando do desespero. Porque você chegava em Santos, que era uma cidade, e depois subia a Serra do Mar, que era floresta. Elas não sabiam para onde estavam indo. Elas achavam que estavam indo para um lugar inóspito e muitas delas acabaram indo depois para a hospedaria. Quando você vê, por exemplo, fotografias de núcleo colonial, é uma situação muito delicada porque eram lugares para serem desbravados mesmo. A pessoa chegava com um contrato de que ela teria que construir uma casa em um ano e, quando você vê a fotografia do que era o lugar, você pensa: "Meu Deus!". Chegando na hospedaria, elas passavam por uma série de serviços, tinha todo um organograma de serviços que se cumpria. O imigrante ia para o setor de vacinação e de inspetoria de saúde, ali elas eram vacinadas contra as principais doenças locais. Tinha o refeitório, e eram oferecidas três refeições diárias: café e pão no café da manhã; arroz, feijão, alguma verdura e carne. Tem a tal da carne verde que é muito falada. E no jantar era a mesma coisa, dependendo da idade da criança, era oferecido leite ou não. Se tivesse uma indicação médica, também tinha uma dieta especial. Os dormitórios eram divididos por gênero, mulheres e crianças de um lado, e homens do outro. Em alguns períodos, houve dormitórios compartilhados pelas famílias, mas foi um período bem curtinho. E toda a parte de baixo da hospedaria, do Museu da Imigração hoje, era a parte administrativa. Tinha escritório de estatística, tinha os escritórios de todos os emissários que faziam os contratos com os outros países, tinha a icônica sala de matrícula aonde as pessoas iam para ter os seus nomes registrados nos livros. E a parte de trás da hospedaria era um grande hospital, formado por enfermaria e sala hospitalar. Em 1935, a hospedaria passou por uma reforma que ampliou essa área, devido à aquisição de um terreno. Nós falamos que a hospedaria que o visitante hoje conhece é uma hospedaria de 50 anos depois da construção dela, com a frente ajardinada, com os dois terrenos anexados, com a dimensão que ela tem. A hospedaria que os italianos frequentaram, por exemplo, era outra. Não tinha o jardim na frente, a fachada era de tijolinho, não tinha o escritório de recolocação e trabalho, todos os contratos eram firmados ali na frente no chão batido, porque a pessoa acordava, tomava o café da manhã e ficava ali. Não tinha muito que fazer. Nesse ínterim, os emissários e os fazendeiros entravam e era uma confusão porque quem chegava primeiro conseguia os homens mais robustos e as famílias com mais quantidade de homens, que era um critério.

Quase um mercado de mão de obra.
Exatamente. Depois da construção desse escritório em 1904-06, passou a ter os tradutores e toda uma série de procedimentos mais organizados, justamente porque tinha muita briga.

Nesse primeiro momento, entre o final de 1880 até a Primeira Guerra Mundial, qual é o maior contingente de imigrantes?
A Itália, de longe. Mas sempre houve brasileiros. Inclusive nós lançamos uma exposição virtual chamada "Brasileiros na Hospedaria", porque brasileira é a nacionalidade mais recorrente. Mas os italianos, de fato, foram muito presentes na hospedaria, e depois espanhóis, portugueses, japoneses.

Acompanha um pouco o que foi a Grande Migração. Na ilha das Flores esse primeiro momento também é basicamente marcado por italianos, espanhóis e portugueses. No caso do Rio, até vieram muitos portugueses, mas eles não

chegavam pela hospedaria porque tinha já uma sociabilidade intensa na cidade do Rio de Janeiro com os portugueses estabelecidos há mais tempo. Apesar de ter muitos portugueses na cidade, uma percentagem baixa entrou pela hospedaria. Diferente dos italianos, dos espanhóis, dos alemães que não eram tantos, mas também entraram em massa. Eu imagino que isso também tenha acontecido no caso de São Paulo, não?
É. Nós temos em São Paulo uma presença árabe muito forte, mas inexpressiva na hospedaria justamente por conta dessas redes que eram muito bem organizadas. E também a finalidade dessa migração, que não era para as fazendas de café, como aqueles imigrantes que vieram com subsídio, mas para o comércio urbano.

Essa era a diferença. A função primordial da Hospedaria do Brás era carrear a mão de obra para as fazendas, basicamente.
Exato.

E você disse que eles saíam necessariamente empregados. Eles não podiam sair para a cidade para procurar emprego?
Não. Se eles viessem com o subsídio, eles não poderiam sair. Mas nós temos registros, por exemplo, de pessoas que foram empregadas na indústria ou mulheres empregadas como domésticas na cidade. Existem, mas expressamente nos relatórios era sempre a finalidade para as fazendas de café. E o escritório também funcionava para as reentradas. Se, por acaso, alguém tivesse passado pela hospedaria, fosse para uma fazenda e essa experiência fosse malsucedida, ela poderia voltar para a hospedaria. Tanto que quando nós falamos que passaram 2 milhões e meio de imigrantes, nós estamos tentando falar que são 2 milhões e meio de entradas porque tem muitas reentradas.

É tão expressivo assim?
Sim. A hospedaria também funcionava para o pessoal que estava voltando. Tinha uma área que era isolada justamente para quem estava voltando para a Europa.

E aí fazia o percurso de volta para Santos.
Exatamente. Isso era assegurado por lei, por exemplo, para as viúvas. Se o chefe da família falecesse, elas tinham a passagem paga garantida para retornar. E tinha um espaço isolado na hospedaria, não sei se por uma questão sanitária ou de informações, mas era dividido. O escritório de recolocação e trabalho tinha duas portas: uma para quem estava na hospedaria e uma para a cidade. Porque também se alguém fosse um morador de São Paulo e quisesse um emprego em uma fazenda, também poderia contar com os serviços da hospedaria. De fato, a questão do trabalho era muito forte. É muito peculiar.

Interessante. Em relação à alimentação, há registro de tensões em relação a isso. Na ilha das Flores, por exemplo, nós temos alguns registros de certo encantamento. A ilha das Flores é aquela região paradisíaca que você conhece, com muitas árvores frutíferas. Nós conseguimos conversar com pessoas que chegaram pequenas na ilha das Flores principalmente no pós-Segunda Guerra Mundial. Tinha certo encantamento em relação a ter certa fartura, ter muitas frutas etc. Mas também havia um estranhamento em relação ao feijão e também teve tensão com grupos mulçumanos em relação à banha de porco que era usada no preparo das refeições. Têm notícias disso em relação à alimentação na Hospedaria do Brás?
Nós temos uma coleção de história oral que é basicamente sobre alimentação. Essa coleção começou em 1993, então pôde entrevistar pessoas que também passaram pela hospedaria ou filhos que tinham essa memória muito forte. E aí é interessante porque as pessoas falam longamente dos navios, mas elas são muito sucintas quando falam da hospedaria. E aí não dá para saber muito se não foi uma boa experiência ou se foi uma experiência muito breve e não tão surpreendente quanto cruzar o oceano. Mas quando se fala da hospedaria, a alimentação é a maior recorrência: o feijão com arroz, a pessoa achando que ia comer arroz com passas e quando via era feijão; pessoas que não entendiam como é que se juntava um alimento de rico, como era o arroz, com alimento de pobre, como era o feijão. Algumas dessas narrativas estão

na exposição. Nenhuma delas eu inventei, estou só contando o que elas falaram. A questão do café também era muito presente. O café forte servido em xícara pequenininha, não tão diluído. A alimentação era bastante recorrente na documentação porque grande parte do que era publicado nos jornais, por exemplo, dizia respeito aos contratos para fornecimento das "rações", que era como eles chamavam essas alimentações para os migrantes. Ali nós temos acesso aos cardápios e por isso que a gente consegue hoje identificar o que era servido. Não tinha uma grande variedade: o peixe não era servido, a salada também não era servida.

Imagino que tinha um estranhamento em relação à Europa nesse sentido. Pelo menos para algumas regiões o peixe é forte.
É. E era uma alimentação assim: carne, arroz, feijão, alguma verdura quando tinha. Não tinha muita variedade.

Logo no início você comentou que a expansão da hospedaria se deu em 1935. Eu achei muito curioso, porque em 1935 já tem certo declínio do processo massivo de imigração. Pensando na imigração para o país e mesmo em São Paulo, nós temos um grande momento de imigração, desde quando a Hospedaria do Brás foi criada até a Primeira Guerra Mundial. Durante o período da guerra teve uma queda, mas nos anos 1920 houve um retorno dos fluxos imigratórios que foi até 1930, talvez. E você me disse que em 1935 a hospedaria foi ampliada.
Essa é uma história muito mal contada na realidade, porque em 1927 acaba o subsídio estadual. São Paulo foi o último estado a subsidiar passagens para imigrantes. É muito interessante ver o gráfico porque lá tem migrantes internacionais e migrantes nacionais. Em 1929, muda completamente porque tem uma chegada muito maior de brasileiros do que de migrantes internacionais. Nós não sabemos muito se essa expansão aconteceu para marcar os 50 anos da hospedaria, porque ela coincide em termos de data, mas também a hospedaria teve outras funções nesse período. Na exposição "Hospedaria 130" que nós fizemos em 2017, a nomenclatura "hospedaria de imigrantes" é dis-

cutida porque foram vários públicos atendidos, não só os brasileiros, mas também os repatriados. Teve função de prisão política em 1925, em 1943, em vários outros momentos também. E na década de 1930 a documentação era mais escassa. Não só os livros de registros, que são um pouco descontinuados nesse momento, mas a hospedaria meio que sumiu das notícias de jornal, os livros copiadores não dão muita conta. O que nós mais encontramos de notícias da hospedaria nos anos 1930 são anúncios de distribuição gratuita de laranjas, porque na época o governo de São Paulo fez uma parceria com os citricultores para aumentar o consumo de laranja no estado e a hospedaria era um espaço de distribuição. Mas fato é que em 1935 a hospedaria passou por uma reforma enorme: teve o revestimento da fachada, a construção da fonte icônica que tem na frente e a anexação de um terreno que já existia ali atrás e que era usado como estacionamento. Também foram anexados outros edifícios, não só para a função de hospital. Na década de 1940 até 1952, a Escola Técnica de Aviação funcionou ali, mas quando a hospedaria reabriu depois da Segunda Guerra, os edifícios de trás eram usados para os europeus que vinham e ficavam muito mais tempo, não era nesse esquema de subsídio de passagens, e a parte da frente ficava para os brasileiros. Tinha essa divisão. O que aconteceu com a hospedaria depois de 1920 são histórias bastante diferentes daquela narrativa tradicional de que a hospedaria recebia, acolhia, encaminhava migrantes para postos de trabalho. Essa narrativa mais tradicional e conhecida dá conta de um período, mas ela não dá conta dos 91 anos da Hospedaria do Brás, que eu acho que é algo que precisamos mesmo aprofundar.

A Hospedaria do Brás, como tantas outras hospedarias nas Américas, foi um dispositivo criado no final do século XIX para dar conta desse fluxo gigantesco de pessoas que estavam vindo, principalmente, da Europa para as Américas. No caso específico brasileiro, isso tem a ver também com a transição de mão de obra escravizada para a mão de obra livre e por isso tem as questões ligadas aos subsídios, quer dizer, a hospedaria não deixa de ser também mais um sub-

sídio para esse trajeto, para que os imigrantes viessem para o Brasil. Todos queriam ir para os Estados Unidos ou Argentina, então havia a propaganda de que no Brasil tinha subsídio e passagem e também tinha a hospedaria onde eles poderiam ficar um tempo. No caso de São Paulo, ainda tinha o contrato de trabalho. Pelo que você está dizendo, a história em geral desses dispositivos de recepção de imigrantes representa muito bem o período da Grande Migração até o final dos anos 1920. No caso de São Paulo, teve um fluxo enorme de migrantes brasileiros que foram para a hospedaria. Me parece que é, inclusive, o que aconteceu no período do pós-guerra, quando chegam os deslocados e refugiados de guerra pós-1945 no país. No caso do Brás, a hospedaria só reabriu em 1952? Eu entendo que possivelmente a mão de obra nacional era muito mais vultosa.

Na realidade, quando tem uma mudança nesse fluxo de migrantes internacionais para migrantes nacionais, isso acontece também como uma política de Estado muito ligada também à Era Vargas e que tinha esse incentivo do trabalhador nacional. A documentação mostra muito que todos os esforços que eram feitos em termos de contrato com outros países, de prospecção de onde essas pessoas estavam, de construção de fluxos para que essas pessoas chegassem, tudo isso passou a ser feito para as migrações nacionais. Tem uma série de iniciativas que foram feitas justamente para trazer essas pessoas. Esse é um fluxo que sempre aconteceu na história da hospedaria de uma forma espontânea. Por exemplo, em momentos de seca no Nordeste no final do século XIX e início do século XX, teve um aumento dessas pessoas acolhidas no Brás. Depois, na década de 1930, teve uma política de Estado voltada para essas pessoas, e aí tem essa transição. Na década de 1960, a hospedaria saiu do âmbito da Secretaria de Agricultura, que cuidava das questões maiores do governo, e foi para a Secretaria de Promoção Social, porque a maioria das pessoas que iam para a hospedaria estavam em situação de vulnerabilidade e a hospedaria passa a ter outra função em relação a essas pessoas, que é encaminhá-las de volta para os seus estados de origem e aí a documentação de registro muda completamente. No primeiro momento, tem aquelas fichas: nome, sobrenome, idade, profissão e destino. Depois da década de

1960, tem fichas médicas, com nome da pessoa, onde ela estava, onde ela foi encontrada, quais as enfermidades mentais ou físicas que ela tinha e o encaminhamento para os lugares de origem. Por exemplo, o último fluxo de migrantes que teve na hospedaria foi em 1978, com um grupo de coreanos, e ao mesmo tempo estava acontecendo esse serviço que eu acabei de descrever. Era tudo meio concomitante porque o espaço é amplo e foi depois compartimentado em várias funções.

Na década de 1960 e 1970 teve alguns fluxos muito esparsos de imigrantes?
É isso.

A hospedaria fechou em 1978 basicamente por que perdeu o sentido do acolhimento de imigrantes?
Isso. No mesmo ano que ela fechou, foi protocolado um pedido de tombamento no Conselho de Defesa do Patrimônio Histórico, Arqueológico, Artístico e Turístico (Condephaat), que é o órgão de preservação do estado. O processo tramitou até 1982, quando a hospedaria foi tombada. A percepção dessa função memorial acontece concomitantemente ao fechamento. Em 1982, foi tombado não só o edifício, mas os arquivos da hospedaria também. No pedido original estava só o edifício, mas percebeu-se a importância desses livros que já eram pesquisados. Na década de 1980, esses livros passaram a ter outra função. Esse é um período de virada das migrações, em que o Brasil passa a ser um país eminentemente emigrante, e não imigrante, e as duplas cidadanias começam a ser solicitadas. Também tem a questão da memória, a segunda geração dos imigrantes buscando conhecer as origens familiares. Metade do prédio hoje é ocupada pelo Arsenal da Esperança, que é uma instituição que acolhe todas as noites 1.200 homens em situação de vulnerabilidade.

São pessoas de dentro da sede de São Paulo. É um abrigo para pessoas em vulnerabilidade?
Isso. As pessoas entram às quatro da tarde, passam a noite, e às seis, sete da manhã elas saem para o trabalho, para procurar documenta-

ção, enfim. Grande parte dessas pessoas são migrantes internacionais hoje. Desses 1.200, cerca de 10% são africanos solicitantes de refúgio, o que demonstra a atualidade dessa história e do tema da imigração.

Muito interessante isso. Primeiro você disse que a década de 1970 é o momento da patrimonialização daquele espaço. Esse é um momento-chave na discussão sobre o patrimônio, de afirmação de novas concepções sobre patrimônio no Brasil. Depois que a Hospedaria do Brás encerrou suas atividades, teve a patrimonialização, teve o Memorial do Imigrante, depois ficou um tempo fechado e teve essa exposição atual da qual você já faz parte. Eu queria que você falasse um pouquinho sobre a musealização desse ambiente, dos objetos, da documentação.

A musealização da Hospedaria do Brás faz parte de um processo global, em que outros museus de imigração estão surgindo, como o Immigration Museum na Austrália e o Ellis Island nos Estados Unidos. O Museu da Imigração foi se firmando aos poucos. O Memorial do Imigrante, de fato, profissionalizou o processo e construiu, por exemplo, a coleção com a qual nós trabalhamos até hoje. Em 2010, foi fechado para um grande restauro e nós abrimos em 2014 com um reposicionamento conceitual que é muito importante. O papel dessa equipe nova que entrou, da qual eu faço parte — completei 10 anos agora em setembro de Museu —, era entender essa história e projetar as mudanças que o próprio tema colocava para nós. O tema das imigrações ganhou um impulso completamente novo agora na década de 2010 e isso precisava estar refletido no Museu. Nós saímos da nomenclatura Memorial do Imigrante e retomamos a nomenclatura original de Museu da Imigração para trabalhar as migrações em um sentido amplo. Internamente, nós não falamos mais "imigração", nós falamos "migrações" em uma tentativa de deslocar o sentido da palavra do estado para as pessoas e trazer com força as experiências migratórias como experiências humanas e universais, em uma perspectiva que é humana, que é pelos direitos humanos e pelo direito de migrar. A exposição é justamente um ponto de conexão com esses dois momentos. Ela foi construída pelas três equipes que se sucederam: a equipe do Memorial do Imigrante, a equipe do Museu do Futebol que ficou seis meses na gestão e a nossa equipe. E ela é uma exposição panorâmica, você conhece bem. É uma exposição que fala das migrações em um sentido quase atemporal. Em um primeiro momento, aborda as migrações humanas, depois ela passa por uma perspectiva das migrações no Brasil antes da Grande Migração, que é um módulo até polêmico porque tem, por exemplo, a questão da escravidão nesse âmbito e que tem grandes discussões que precisam ser feitas. Nós falamos da Grande Migração no Brasil em conexão com o mundo. Falamos da Hospedaria do Brás por meio desses objetos todos que a gente colecionou. No Módulo São Paulo cosmopolita, falamos da relação com a cidade de São Paulo e, enfim, chegamos nas migrações contemporâneas. É uma exposição bastante panorâmica que dá conta da conexão desses dois períodos, mas nós temos atualizado muito da narrativa por meio das exposições temporárias e das exposições virtuais. Nós tivemos exposições temporárias para falar sobre direitos dos migrantes, para falar sobre a questão da alimentação por meio do acervo, por meio de conexão com as comunidades. Nós estamos conectando essas temporalidades todas não só com as exposições, mas com outros projetos educativos justamente para dar visibilidade a tudo isso que foi construído, mas também o que os nossos parceiros hoje estão construindo em termos de conhecimento. E o Museu se coloca agora nesse outro lugar. Nós não somos mais o único lugar de discussão do tema. O tema está sendo discutido principalmente pelas pessoas que protagonizaram essa experiência migratória. Nossa contribuição é colocar o nosso espaço, a nossa divulgação, as nossas tecnologias sociais alinhados com os programas museológicos e à disposição do tema.

O Museu é aberto para vários grupos. Eu tenho visto, inclusive, que as lives *promovidas pelo Instagram do Museu da Imigração têm várias atividades artísticas e culturais que estão acontecendo no Museu e que não são necessariamente vocês que estão fazendo. Eu aconselho todos a visitarem o Museu da Imigração. É um local monumental e através dele é possível entender um pouco essa relação entre os deslocamentos migratórios e a cidade de São Paulo em particular, mas também conhecer os dramas dos próprios deslocados e a história da imigração no Brasil. Essa conversa com a Mariana teve como objetivo pensar primeiro o que foi a Hospedaria do Brás enquanto espaço criado para abrigar e acomodar imigrantes que estavam chegando em massa no Brasil e também fazer a triagem. São Paulo tem essa particularidade. A hospedaria foi construída, em grande parte, para acolher aqueles que já eram subsidiados e muitos deles já tinham destino certo. Para aqueles que não tinham destino certo, a hospedaria também tinha um centro de triagem para trabalho, o que é distinto de outras hospedarias do Brasil e do mundo. Nós estamos conversando sobre locais que tiveram uma função específica e que depois se construíram em lugares de memória. No caso do Museu da Imigração de São Paulo, que funciona no espaço da antiga Hospedaria do Brás, ele tem um lugar de memória e ainda preserva algumas funções, que vamos chamar, com muitas aspas, "originais" a partir do acolhimento no Arsenal da Esperança. Muito obrigado, Mariana.*

Obrigada, Luís. Eu adorei.

17. A imigração na Argentina e o Hotel de Imigrantes de Buenos Aires[1]

Marcelo Huernos
Luís Reznik

Marcelo Huernos é professor da Universidade de Buenos Aires (UBA) e da Universidade Nacional Tres de Febrero (Untref). Desde 2013, a Universidade Nacional de Tres de Febrero é responsável pelo Museu de Imigração de Buenos Aires, chamado Muntref. Marcelo é um pesquisador da atual gestão do museu, trabalhando na produção das exposições de longa duração e de curta duração. Também é um membro pesquisador do grupo de estudos históricos sobre a guerra e atualmente também pesquisa sobre imigração antifascista na Argentina.

Boa tarde a todos. Agradeço o convite do professor Luís Reznik. Nesta conversa vamos mostrar-lhes um panorama do que significou o Hotel do Imigrante na Argentina. E vamos falar depois do processo de musealização do edifício, que é algo que nos irmana por ter passado pelas mesmas situações. Há algumas diferenças entre Buenos Aires, São Paulo e Rio de Janeiro, mas todos passamos pelo processo de musealização que, pelo menos no caso da Argentina, é algo relativamente recente, não é tão antigo como faria pensar a história da imigração no Cone Sul. Muitas pessoas, inclusive, quando lhes fazíamos a pergunta se sabiam que existia o Museu da Imigração de Buenos Aires, efetivamente não o sabiam porque, na realidade, até o ano de 2013, o Museu da Imigração nunca existiu. Havia somente um decreto de criação que foi assinado pelo presidente Perón no ano 1974, mas o projeto foi abandonado porque em 1976 veio a ditadura e isso ficou totalmente

---

[1] Conversa realizada em 5 de outubro de 2021. Transcrição: Marianna Carolina Oliveira Costa Reis. Edição: Carolina da Costa de Carvalho e Luís Reznik.

no esquecimento. E assim o Museu nunca se transformou em um fato real. Sempre foi, como dizemos na Argentina, um "selo de borracha", pois não existia na realidade.

Então Marcelo, me parece que o Museu de Buenos Aires é contemporâneo ao Museu da Ilha das Flores. Nós também começamos a construção do museu em 2012, vocês em 2013. O Museu da Imigração de São Paulo é um pouco mais antigo, existe um Memorial de Imigrante, bastante mudado também neste momento com a nova gestão e uma nova exposição. Mas não é só isso que nos torna semelhantes. Creio também que na história das hospedarias há muitos elementos comuns não somente entre o Cone Sul, entre São Paulo, Rio e Buenos Aires, mas também certamente com Ellis Island, nos Estados Unidos. Há gritantes diferenças também. Há um período comum para a criação das grandes hospedarias no Cone Sul, São Paulo, Buenos Aires e Ilha das Flores, que ocorreu nas duas últimas décadas do século XIX. Além desse período comum, por conta da Grande Imigração, também há semelhanças em relação à localização da hospedaria, as políticas imigratórias que se mantiveram com força no Estado argentino, no Estado imperial brasileiro e na província de São Paulo. Há outras questões relacionadas com condições de higiene e saneamento que são comuns nas cidades de São Paulo, do Rio de Janeiro, de Buenos Aires. Enfim… Há muitas questões comuns sobre a história da imigração como o associativismo, representação política, representações culturais, mas há também sobre a criação e os objetivos das hospedarias de imigrantes.

Para começar, eu diria que o hotel de imigrantes, que atualmente é o Museu, é o último edifício de uma série de construções que foram utilizadas para este fim. Os primeiros a serem utilizados eram edifícios alugados pelo Estado argentino para dar um lugar aos imigrantes que começaram a chegar, sobretudo, entre o fim da década de 1860 e início da década de 1870. O fluxo migratório começou a crescer, e então se fez necessário que o Estado se ocupasse minimamente de dar certas seguranças ou certa cobertura aos imigrantes. Principalmente para que não fossem enganados na rua, para que não roubassem, para que não ocorresse nenhum inconveniente. Inicialmente, foram alugados edifícios ou locais de pouca qualidade. Mas, pelo menos, os que acabavam de chegar e não tinham para onde ir poderiam estar alguns dias num lugar relativamente seguro. Estes edifícios não eram de boa qualidade nem de boas condições higiênicas, mas desde o início da década de 1870, houve a necessidade de construir um hotel definitivo. Na primeira fase, foi chamado de Asilo de Imigrantes, e depois de um debate sobre a qualidade, começou a usar-se a palavra hotel, como uma forma de dar maior importância, pois a ideia de asilo fazia referência a condições muito mais precárias ou ainda de pessoas que não tinham onde terminar sua vida e iam parar em um asilo. Finalmente, na década de 1870, começaram os projetos mais sérios para construir o hotel. Não vou entrar em detalhes, porque não vem ao caso. Houve várias tentativas, todas elas fracassadas. O Estado argentino não conseguiu reunir os fundos e as obras ficaram paradas. O que tinha em comum com as outras hospedarias é que havia, por parte dos vizinhos da cidade e das autoridades sanitárias, uma intenção de colocar esses hotéis, esses asilos de imigrantes em zonas afastadas dos habitantes da cidade. Justamente pelo tema da saúde pública. Os habitantes da cidade de Buenos Aires, como em outros lugares, tinham receio a respeito dos imigrantes. Viam-nos como portadores de doenças e de problemas que poderiam agravar-se. Por isso, sempre foram escolhidos lugares afastados da trama urbana da cidade e fora das zonas mais povoadas. Como o caso do edifício definitivo do hotel de imigrantes, que estava um pouco separado da cidade por vias de trem, por praças e toda uma série de barreiras que, de alguma forma, faziam este espaço ficar afastado do resto da cidade. Isto é muito importante porque o medo das doenças estava sempre presente. De fato, a epidemia de febre amarela em 1871 e as recorrentes epidemias de cólera que se seguiram ao longo das décadas de 1870 e 1880 faziam com que as pessoas vissem os imigrantes como os portadores de todas essas doenças, quando na realidade, na maioria das vezes, não eram os imigrantes que traziam a epidemia, mas a epidemia ficava na cidade por vários problemas de saneamento que não estavam resolvidos. Sempre que havia uma epidemia, o primeiro lugar que aprontavam eram os hotéis de imigrantes para isolar os que estavam ali e levá-los a outros lugares afastados da cidade, mais na zona do campo. Essa foi uma política que foi conduzida em todas as epidemias que ocorreram nessas décadas.

Mas, Marcelo, nesse caso levaram os imigrantes para fora da cidade no momento da epidemia na cidade. Isso era não somente o medo do imigrante, mas era também uma proteção para esses imigrantes para não se contaminarem com a epidemia urbana. Estou falando isso porque, no caso do Rio de Janeiro, isso foi muito claro para as autoridades governamentais. Se, de um lado, havia certos temores para proteger os nacionais do imigrante, por outro, no caso da criação da Hospedaria da Ilha das Flores, para os dirigentes era preciso proteger os imigrantes da situação epidêmica da cidade do Rio de Janeiro e da cidade de Niterói que é muito próxima. Se havia subsídios para trazer tantos imigrantes, era preciso protegê-los para eles poderem ir para o seu destino final. Isso tanto no Rio de Janeiro como em São Paulo. Quando você fala, por exemplo, que eles eram levados para fora daquela região, também fico imaginando que havia alguma consciência de proteção ao imigrante, não a proteção do imigrante. Isso é uma questão. Você também falou que houve um momento em que o estado alugava espaços. No Rio de Janeiro e em São Paulo aconteceu a mesma coisa, até que houve o momento da construção oficial de um hotel efetivamente do Estado. Aqui no Rio de Janeiro, os dirigentes do Império do Brasil estavam olhando e vendo experiências internacionais. Nós temos vários documentos e textos que nos dizem claramente que eles estavam olhando para Castle Garden, por exemplo. Castle Garden era uma experiência que era preciso ser olhada para pensar nas experiências aqui do Rio de Janeiro. Como é que isso se deu na Argentina?

Foi similar. Castle Garden também foi o modelo quando se começou a projetar o que seria o hotel definitivo, que é o prédio que existe atualmente. De fato, o que acabou sendo construído como lugar definitivo é justamente um complexo com formatos diferentes. Tem o porto de desembarque aonde chegavam os navios ao lado de onde está todo o resto do complexo, que se chama "A Direção Geral de Imigração". Esse complexo era constituído por vários edifícios: administração, banco, correio, um hospital destinado exclusivamente aos imigrantes. Não era para todo mundo, mas apenas para aqueles que vinham com algum problema ou doença, com uma sala de partos completamente moderna para a época, e tinha todos os avanços da medicina daquele momento, quando pensamos na década de 1900, primeira década do século XX. Havia sala de radiografias, sala de operações, sala de partos e sala de internação, tudo construído sob o paradigma higienista, com grandes janelas e muita ventilação. Por exemplo, o hospital foi construído em três blocos unidos por um corredor central que permitia que ventilasse todo o tempo, essas janelas enormes.

O Museu hoje tem uma construção muito similar a isso que você está dizendo sobre o hospital. Pé direito alto, espaços altos, muito ventilados.
Sim. No caso deste complexo, o último prédio que foi construído foi o hotel propriamente dito, onde os imigrantes dormiam e comiam. Primeiro foram construídos todos os edifícios e, finalmente, o local onde os imigrantes comiam e dormiam. Que também foi construído sob um paradigma higienista, com pisos de mosaico granítico, paredes azulejadas, com amplas janelas, tudo de fácil limpeza, aeração e ventilação. As camas não tinham colchões, tinham um couro para evitar a acumulação de ácaros. Tudo era pensado com o objetivo justo de que a limpeza fosse o principal destino. Uma vez que os imigrantes saíam dos dormitórios, poderia se proceder à limpeza na ventilação rapidamente e o edifício ficava limpo com muita facilidade.

Qual era a capacidade do hotel?
O prédio tem 90 metros de comprimento por 26 metros de largura. O primeiro, segundo e terceiro andar eram dormitórios. Quatro quartos em cada andar com capacidade para 250 pessoas cada, ou seja, 1.000 pessoas por andar, 3 mil pessoas no total. E o térreo era a parte da

recepção. O refeitório e todas as dependências da cozinha, açougue, padaria, tudo se fazia dentro do hotel. Esse foi o último edifício, que terminou de ser construído em 1911, mas só pôde ser utilizado em 1912 porque até o momento da inauguração oficial ainda faltavam detalhes que não permitiam que as pessoas pudessem usá-lo. Em 1914, começou a Primeira Guerra e cortou imediatamente o fluxo migratório para o país. Foram 20 anos de espera para que esse edifício estivesse disponível para receber uma enorme quantidade de imigrantes. Só depois da Primeira Guerra Mundial o fluxo migratório voltou a retornar, mas salvo nos anos de 1922 a 1927, mais ou menos, nunca mais teve o caráter máximo como aquele durante as décadas de 1880 e 1890.

O fluxo para a Argentina e o Brasil é muito semelhante nesse sentido. Entre 1870 e o final do século XIX, dobrou a população na Argentina, então o fluxo é muito impressionante.

No primeiro censo nacional que é de 1869 não chegávamos a 2 milhões de habitantes. No segundo censo, de 1895, já havíamos superado os 4 milhões. E no terceiro censo que foi feito em 1914 já tínhamos chegado a 8 milhões de habitantes. É muito importante ter em conta que essa é uma diferença muito mais notável na Argentina do que no Brasil ou nos Estados Unidos, onde a população local era numerosa. Na Argentina a população local era bastante pequena. Em 1910, por exemplo, 30% da população do país era estrangeira. Particularmente, na cidade de Buenos Aires, a porcentagem para esse ano era muito maior porque era onde mais se tinha estabelecido a imigração e se tinha chegado a 50% da população estrangeira. Buenos Aires era uma Babel em 1910. Depois os números foram se ajustando e a percentagem foi baixando, mas sempre se manteve bastante alta. Logo após a Segunda Guerra Mundial, assistimos a uma baixa mais notável na proporção de estrangeiros sobre a população total. Mas nas primeiras três décadas do século XX, a porcentagem de estrangeiros sobre a população total era muito notória.

Isso me faz pensar em duas questões. A primeira é sobre a seletividade. No Brasil, as políticas de imigração eram seletivas em relação a quem poderia e quem se queria que entrasse no país. Como era a imaginação intelectual em relação a quem deveria ou poderia entrar na Argentina? A segunda questão se refere ao fato de que esses números muito expressivos de estrangeiros e seus descendentes diante da população nativa fizeram com que se constituísse uma narrativa de que a Argentina era efetivamente um país, como disse seu presidente, que "veio dos barcos". Queria que você comentasse um pouco também sobre isso.

Em primeiro lugar, sim, a ideia das elites governantes sempre foi fazer uma seleção da imigração. De fato, durante o período que chamamos de organização nacional, que é posterior a 1850, o interesse era promover a imigração de uma qualidade humana específica, que era o norte da Europa: Alemanha, França, Grã-Bretanha, Holanda, Bélgica... esses eram os países preferidos pelas elites governantes.

Mas e os italianos e espanhóis?

Lamentavelmente tiveram que assistir horrorizados à chegada de italianos e espanhóis que desciam dos barcos. Domingos Sarmiento,[2] um dos intelectuais mais importantes dessa geração e que também foi presidente da Argentina, odiava a Espanha. Ele a considerava a fonte de todo o atraso da América. Obviamente, o que menos pretendia era aquela imigração espanhola chegando na Argentina. O mesmo se pensava dos italianos, não tão violentamente como contra os espanhóis, mas esses eram dois grupos que a Argentina não queria porque considerava que tanto a Espanha como a Itália eram países atrasados da Europa. Seu objetivo era trazer povos dos países importantes da Europa como eram Alemanha, França ou Grã-Bretanha. Mas, infelizmente, tiveram que se contentar com o que veio nos barcos. De qualquer

---

[2] Domingos Faustino Sarimento (1811-88) foi um jornalista, escritor e presidente da Argentina entre os anos de 1868 a 1874. Também foi embaixador da Argentina nos Estados Unidos durante o governo de Bartolomé Mitre (1863-68), ministro das Relações Exteriores (1879) e senador (1878/79).

forma, essa era a visão dos intelectuais que estavam um pouco fora do que era a realidade concreta, sobretudo das classes latifundiárias que necessitavam de mão de obra. Para essas classes dirigentes, na verdade, a origem étnica dessas pessoas não era tão importante. O mais importante era que viesse muita gente para baixar o custo do trabalho, algo que está muito na moda hoje também. Esse era um dos principais objetivos, portanto, para os proprietários dos grandes latifúndios. Não era tão importante de onde vinham esses imigrantes, mas eram mão de obra adequada para trabalhar na terra.

E a maioria dos imigrantes desse período foi para o meio rural ou ficou em Buenos Aires?
De toda a leva que veio entre 1870 e 1880, uma grande percentagem foi para as colônias agrícolas a serem estabelecidas no sul de Córdoba, nas províncias de Córdoba, Santa Fé, Entre Ríos e algumas menos na província de Buenos Aires. Além dos piemonteses, lombardos, dentro do que era o coletivo italiano, também vieram suíços, belgas e alemães. Austríacos nem tanto, mas alemães sim. Eram pessoas que não tinham a possibilidade de ter terra em seu país de origem e que na Argentina, através das colônias, tinham a possibilidade de alcançar um pedaço de terra a pagar em uma determinada quantidade de tempo. Assim, 1870 e 1880 foram décadas em que muitas pessoas foram para o campo. Mas os que chegaram depois foram ocupando nichos trabalhistas diferentes, muitos ficaram na cidade, pelo menos na grande cidade de Buenos Aires, Rosário, e alguns foram para Córdoba. O mais importante para ter em conta é que durante esse período, ou seja, na última década do século XIX, começou a chegar uma imigração que não era a esperada. Menos esperada ainda que os italianos era toda imigração que vinha do Império Otomano. A maioria era cristã, mas provinha de igrejas que não eram a Igreja Católica, provinham das diferentes igrejas ortodoxas. Maronitas e alguns judeus que vieram da Síria e do Líbano. Estavam entrando também os judeus que conseguiam sair da Rússia czarista depois dos grandes *pogroms* que ocorreram entre o final do século XIX

e início do século XX. Uma das principais colônias agrícolas fundadas foi a do barão Moritiz von Hirsch,[3] que era um nobre judeu que dedicou toda sua fortuna a tratar de salvar os judeus da Rússia das perseguições e, portanto, tinha pactuado com o governo argentino a criação dessas colônias judias. Essas colônias judias permitiram a todas essas pessoas que escapavam da Rússia terminar em um lugar seguro, onde não havia perseguições, ainda que a maioria da Argentina fosse católica. Havia a ideia de certa diversidade porque aqui tinham muitos ingleses que professavam outros cultos dentro do cristianismo, como eram a Igreja Anglicana, as igrejas metodistas, ou seja, aqui havia uma ideia de que havia algo diferente. A única diferença era que, neste caso, eram imigrantes judeus que praticamente antes desse período não tinham chegado em muita quantidade. Os primeiros imigrantes judeus foram os judeus marroquinos que começaram a chegar ao final da década de 1860. Como eles vieram do Marrocos, esses imigrantes tinham a vantagem de que falavam espanhol. Muitos eram originários do distrito de Tetuán na Espanha, de Tânger, cidade marroquina que tinha sido protetorado espanhol. Portanto, tinham uma assimilação muito mais fácil no meio local, coisa que não acontecia com os russos ou os poloneses, que tinham muito mais travas linguísticas. O mesmo com os que vinham do Império Otomano e que falavam árabe e, portanto, tornava-se muito difícil aprender o idioma e se estabelecer no país.

Havia um desejo de que viessem esses imigrantes europeus etc. Mas na política imigratória houve interdições? Por exemplo, no Brasil claramente havia na primeira Constituição republicana interdições para africanos e asiáticos. Mas

[3] Também chamado de Maurice de Hirsch (1831-96), foi um filantropo judeu que financiou a vinda de centenas de judeus para a América e a formação de colônias agrícolas durante o crescimento do antissemitismo na Europa. Além da Argentina, também contribuiu para a criação de colônias nos Estados Unidos e Canadá. Criou uma fundação filantrópica que tinha como finalidade prestar auxílio aos judeus emigrados para que não precisassem retornar à Rússia. Ver FRISCHER, Dominique. O barão de Hirsch e a imigração judaica para o Novo Mundo. *WebMosaica — Revista do Instituto Cultural Judaico Marc Chagall*, v. 2, n. 1, p. 128-134, jan./jun. 2010.

também foram suplantadas porque os japoneses ingressaram no Brasil a partir de 1908 e depois com maior fluxo após a Primeira Guerra Mundial. Também os árabes vieram massivamente para o Brasil quando houve a interdição nos Estados Unidos em 1924. Não sei como aconteceu na Argentina.

É bastante semelhante. Não houve muitas interdições na Constituição de 1853, que esteve em vigor até 1995, quando a nova Constituição foi feita. No preâmbulo, a Constituição diz que o país está aberto para todos os homens do mundo de boa vontade que queiram vir trabalhar e viver em solo argentino, ou seja, dá uma abertura total aparentemente. Mas no artigo 25º diz que se dava prioridade à imigração europeia. Não havia uma lei que proibisse. O que descobrimos foi que os imigrantes chineses foram rejeitados. No início do século XX, houve um contingente de pessoas que veio da Índia, os *sikhs*,[4] e quando quiseram desembarcar em Buenos Aires não lhes foi permitido desembarcar. Não tinha uma política estabelecida legalmente para proibir, mas havia formas de evitar a chegada de certos imigrantes não desejados. Outro caso importante era dos árabes. Os árabes foram rejeitados porque vestiam uma roupa diferente, porque falavam uma língua muito longe, porque, como a maioria deles eram vendedores ambulantes, eram considerados mendigos. De todas as tentativas por parte do Estado de evitar a entrada de toda essa gente, muitos deles puderam entrar de qualquer forma. No caso dos árabes é notório, porque aproximadamente 170 mil pessoas entraram. Obviamente, era muito longe dos números de italianos e espanhóis, mas era o terceiro contingente migratório tomado globalmente, ou seja, sem diferenças religiosas nem nada, como conjunto, que também poderia incluir os armênios e alguns gregos da Turquia atual. O que havia era um discurso por parte do Estado e sobretudo da Direção Nacional de Higiene. A ideia que eles tinham era que a chegada dos imigrantes europeus iria diluir essa raça autóctone e branquear a população local. Mais ou menos o

---

[4] Indianos seguidores do siquismo, religião monoteísta indiana.

mesmo que acontecia praticamente em todos os países sul-americanos ou centro-americanos em relação às populações existentes, não?

Eu digo para meus colegas pesquisadores, para meus alunos, estudantes, o quão necessário é fazermos pesquisas com foco mais amplo, em que não se olhe apenas no Brasil, mas se vislumbre processos globais, compartilhados, histórias que são conectadas. A imigração é certamente um tema que é transnacional e absolutamente conectado. Há pesquisadores trabalhando o fluxo Argentina × Brasil entre os imigrantes europeus que vinham para o Brasil e depois para a Argentina ou vice-versa. Mas não temos tempo para explorar essas questões. Eu gostaria de pensar nesses minutos que temos agora sobre o Museu da Imigração. Sobre a concepção, como vocês pensaram em contar essa história da imigração dentro do museu. Qual é a concepção do museu que vocês tiveram em Muntref?

Como disse no início, somos um museu praticamente jovem, como o da Ilha das Flores. Nós estamos abertos ao público desde 2013. Chegamos ao Hotel de Inmigrantes por uma atividade feita em 2012, que foi uma exposição do artista conceitual Christian Boltanski, um artista francês que trabalha temas de memória e Holocausto. Ele foi convidado para fazer uma intervenção aqui em Buenos Aires e escolheu três lugares dentro da cidade. Um deles foi justamente o Hotel de Inmigrantes, que ainda não era Museu, na época estava utilizado como depósito, fundamentalmente era um lugar onde se guardavam coisas velhas. Essa intervenção foi organizada por nossa Universidade e a partir desse momento o diretor de migrações nos pediu para conceber o museu. Foi assinado um acordo de 20 anos para a Universidade criar e realizar a gestão do museu. Nós estamos dentro do prédio que é da Direção de Imigrações, em um edifício que é parte desta Instituição, mas é a Universidade que gerencia e tem a total liberdade para administrar os conteúdos e todas as atividades que fazemos. Nesse sentido, nunca tivemos nenhum tipo de censura por parte de nenhum governo, ou seja, nem na época de Cristina Kirchner, nem na época de Macri e nem agora. Nunca tivemos, por sorte, nenhum condicionamento ideológico aos conteúdos que nós temos no museu. Desde o primeiro momento, fizemos um relato onde se resgata a diversidade cultural. Um pouco do que fazemos é, através das exposições, questionar o conceito de criação de raças para substituí-lo por uma coisa que nós chamamos de mosaico de identidades. A Argentina não é um único universo, mas é formado por diferentes identidades. E, nesse sentido, o que queríamos é deixar assentado e colocar no reverso que a Argentina não está conformada somente pela imigração, nem "veio dos barcos", como disse o presidente.[5]

Os brasileiros vieram das florestas.
Claro. Bom.

Também vieram de barcos.
Nós queremos incorporar essa parte nossa que, plagiando um pouco o presidente, "veio da selva", porque também queremos retomar e incluir nessa história os povos originários e os africanos que foram trazidos pela força até o Rio da Plata, quando o tráfico de escravos estava em seu apogeu na Argentina. Diferentemente do Brasil ou do Uruguai, onde ainda há pessoas que, por seu aspecto físico, se pode perfeitamente dar conta de que são descendentes desses africanos, na Argentina se produziu um processo de apagamento ou invisibilização da identidade negra. Há uns 20 anos, mais ou menos, que os afrodescendentes estão lutando para que essa memória saia à luz. As pessoas se branquearam porque muitos escravos se alistaram nos exércitos libertadores que lhes prometiam justamente a liberdade. Uma vez que eles entravam no Exército, em seguida imediatamente eram livres, porque na Argentina a liberdade total dos escravos foi dada pela primeira Constituição Federal em 1853. No período anterior, em 1813, havia sido decretada a liberdade de ventre, mas essa liberdade de ventre não isentava os pais de

---

5 Referência ao discurso do presidente Alberto Fernández em um encontro com empresários argentinos e espanhóis na Casa Rosada em 2021.

continuarem escravos. Foram duas razões pelas quais muitos homens negros se alistaram nos exércitos de San Martín e saíram para lutar na Argentina, no Peru e no Chile. Muitos, inclusive, acabaram vivendo ou ficando em outros lugares. E isso foi o que os levou a branquear os seus descendentes porque começou a ter menos escravos. Mas existe uma identidade à parte. Um estudo genético que foi feito na província de Santiago del Estero deu como resultado que 50% dos habitantes da província têm um antepassado africano. É impossível tapar o sol com a mão, não é? Ou seja, isso é algo que está presente. Hoje em dia, estamos tentando incluir todas essas identidades dentro do que seria este mosaico cultural que forma o nosso país. E queremos dar-lhes o verdadeiro lugar que cada uma tem. Obviamente, há todo um trabalho depois por parte do Estado para homogeneizar, para criar uma identidade nacional através da escola, através do serviço militar, através de todo o culto patriótico aos Poderes, à bandeira, todas essas coisas que se seguem ensinando, sobretudo na escola primária. Tudo isso existe, mas de alguma maneira vai mudando a percepção das pessoas. O que nós queremos resgatar justamente é que, além de tudo isso, existe um mosaico que está formado por distintas identidades porque hoje em dia há um conflito com os índios mapuches no sul, onde está a base do que é a Argentina moderna. A espoliação e a matança dos índios na chamada Campanha do Deserto de 1879.[6] Ela certamente queria apagar uma identidade e um coletivo, mas seus descendentes continuam lutando para recuperar todas as terras que perderam. De vez em quando, temos uma volta de todas essas questões. Sei que é uma história que nem sequer está saldada. E disso queremos dar conta no museu, não somente dos que vinham dos barcos, mas daqueles que estavam aqui ou chegaram antes. Este é o conceito.

---

[6] Campanha militar argentina liderada por Julio Argentino Roca, que buscava conquistar os territórios do Pampa e Patagônia, então habitados por povos indígenas mapuche, *ranquel* e *tehuelche*.

Como vocês estão lidando com a imigração contemporânea do século XXI? Vocês estão pensando sobre isso? O Brasil está recebendo um grande fluxo de países americanos como Haiti, Bolívia, Venezuela e também de muitos sírios com a crise no Oriente Médio. O Brasil tem um fluxo contemporâneo forte de imigração e muitos pedem refúgio aqui. Como é que vocês estão lidando com isso no museu?

Aqui não tem chegado tanto do Haiti, mas há uma corrente do Senegal bastante importante. Muitos haviam passado previamente pelo Brasil, mas terminaram aqui por uma questão de redes sociais, os que já estavam estabelecidos aqui e os faziam vir. Há uma corrente que numericamente não é tão importante, mas são muito visíveis porque estão todos concentrados em Buenos Aires. A maioria está em Buenos Aires e, além disso, vendedores ambulantes que são muito visíveis na cidade.

Em 2017, quando estive aí na Argentina, vi vários vendedores de chips móveis.

Chip de celular, pilhas e muita roupa. Esse é um fluxo que numericamente não é tão importante, mas é muito ativo e muito visível na cidade. E depois, como você disse, os países limítrofes, sobretudo o Paraguai e Bolívia, um pouco menos do Peru. Temos dois, três países limítrofes de que recebemos constantemente imigrantes. E depois tivemos uma imigração relativamente importante da Colômbia, mas há outro perfil: são meninos que vêm estudar porque na Colômbia há poucas universidades públicas e as privadas são muito caras, então muitos vêm estudar aqui porque é gratuito. E recebemos obviamente um grande fluxo de venezuelanos, se calcula 950 mil venezuelanos na Argentina, a maioria mais estabelecidos aqui em Buenos Aires. Até 2015, durante o governo de Cristina Kirchner e os anteriores, houve uma abertura total. De fato, havia sido implementado um plano que se chamava Plano Pátria Grande que facilitava muito a radicação de todos os que provinham da Unasul e do Mercosul. Mas depois, em 2016, o governo de Macri começou uma política de assédio sobre os imigrantes que despertou algo que aqui não estava tão difundido, que é um certo grau de xenofobia e uma culpabilização dos imigrantes.

Todos os males do país começaram por causa dos imigrantes. Então, foram anos um pouco difíceis para a imigração. De fato, nós no museu temos trabalhado muito o tema da tolerância e todas essas questões nesses anos com atividades para as escolas e todos para justamente conscientizar, porque o discurso era muito do núcleo da política. Políticos muito conhecidos que tinham um discurso totalmente xenófobo, que trouxeram um monte de problemas às pessoas que eram estrangeiras.

Marcelo Huernos, muito obrigado por essa conversa! Poderíamos conversar sobre muitos outros temas. Marcelo é um investigador muito competente e criativo. Eu aconselho os brasileiros, quando forem a Buenos Aires, a visitarem o Museu da Imigração que é belíssimo! Muito bem estruturado. Marcelo, muito obrigado. A palavra é com você.

Muito obrigado, Luís. Obrigado por esse convite para o público do Brasil. Sempre estou disposto para quando quiserem para qualquer consulta e qualquer conversa, sempre esperando poder ajudá-los com o que se possa.

18. Píer 21 e Museu Canadense da Imigração (Halifax, Canadá)[1]

Emily Burton Rocha
Luís Reznik

Emily Burton é doutora em história pela Universidade Dalhousie, localizada em Halifax, Nova Escócia, Canadá. Especializou-se como historiadora oral e trabalha há cerca de oito anos no Píer 21, Museu Canadense de Imigração, que foi uma hospedaria de imigrantes em Halifax, Nova Escócia. Nele, Emily realiza entrevistas, workshops, *oficinas, projetos de pesquisa e também produz conteúdo para internet. A conversa de hoje será sobre a história da imigração no Canadá e a história das hospedarias nacionais como o Píer 21 e anteriormente o Píer 2, porque a história das hospedarias se confunde com a história de Imigração no Canadá. Boa tarde, Emily! É um prazer estar contigo aqui no Centro de Memória da Imigração da Ilha das Flores. Vou começar com uma pergunta sobre a história da imigração do Canadá, que é muito menos conhecida por nós brasileiros e acredito que talvez pelos argentinos. Gostaria que você falasse um pouco sobre a criação da hospedaria, do Pier 21, do Pier 2, porque acredito que, apesar de haver semelhanças entre a imigração em todas as Américas, entre a organização e construção dos alojamentos, há algumas diferenças importantes. Eu acho que o Canadá é um pouco diferente do processo de grande imigração da Argentina e do Brasil. A palavra é sua.*

Obrigada. Sim, tem razão, definitivamente. Penso que há algumas coisas em comum em todos os processos de imigração e também há algumas diferenças. No Canadá podem se observar diferenças entre os diversos agentes de imigração, pois tinha características únicas. Mas no caso do Píer 21 é possível observar que foram aprendendo

---

[1] Conversa realizada em 26 de outubro de 2021. Transcrição: Marianna Carolina Oliveira Costa Reis. Edição: Carolina da Costa de Carvalho e Luís Reznik.

de outros centros, em particular, o que existia na cidade de Quebec e o centro que existia em Halifax antes da formação do Píer 21, que abriu como sede de imigração em 1928. Antes havia outro lugar que se chamava Píer 2 e era muito original no sentido de dar-lhe nome de "cais". Um ponto interessante é que geralmente não se fala no Canadá em hotéis ou hospedagens de imigrantes. Havia locais de alojamento para imigrantes, mas desempenhavam um papel menos importante. A sede original do Píer 2 era em Halifax mais para o norte da cidade e abriu alguns anos depois que o Canadá foi formado como país em 1867. Na década seguinte, foi inaugurado o Píer 2 como sede de imigração, mas foi dado o nome em inglês de *shed*, que é como um armazém, porque na realidade era um armazém, principalmente porque todos as mercadorias que saíam dos barcos e dos trens estavam lá. As mercadorias iam para outros pontos do Canadá. Um detalhe muito importante para a história do Canadá foi a construção da linha ferroviária entre Halifax e Montreal na província de Quebec. Toda essa época da construção de ferrovias foi parte do desenvolvimento tanto econômico como nacional para um país muito novo então. Essa foi a visão original do Píer 2.[2]

Esse é um aspecto muito interessante. A Hospedaria de Imigrantes da Ilha das Flores, no Rio de Janeiro, foi criada em 1883. A de São Paulo foi criada alguns anos depois; o atual Museu de Imigração de São Paulo foi uma grande hospedaria no bairro do Brás, em São Paulo. E também a hospedaria de Buenos Aires, que também foi musealizada. Ellis Island, em Nova York, é de 1892, mas foi antecedida por Castle Garden. A pergunta é: todas essas hospedarias — Ellis Island, Ilha das Flores, São Paulo e o Hotel da Imigração de Buenos Aires — foram antecedidas por vários outros centros de hospedagem, mas eram

[2] Para mais informações sobre Píer 2 e Píer 21, ver SCHWINGHAMER, Steven; RASKA, Jan. *Pier 21*: a history. Gatineau: University of Ottawa Press, Canadian Museum of History, Canadian Museum of Immigration, 2020.

centros muitas vezes privados ou alugados pelo Estado. Essas hospedarias que nós conhecemos hoje são as hospedarias estatais.
Sim.

O Píer 2 já era um centro estatal que foi construído na década de 1870. Qual era o fluxo de imigrantes neste momento para construir uma hospedaria? Porque, nos outros países, os fluxos migratórios começaram a ser muito intensos e é por isso que o Estado se preocupou em construir hospedarias.
Sim. Realmente já era estatal nessa época, mas era também uma obrigação das empresas de transporte porque tudo estava muito ligado com um país tão grande. Os imigrantes não ficavam aqui, eles iam para outras partes do Canadá. Nesse sentido, era estatal, mas havia também os elementos das ferrovias que é muito importante assinalar. Nessa época, as pradarias de Manitoba, Saskatchewan e Alberta ainda não existiam enquanto províncias.[3] Mas existia a visão de atrair imigrantes e havia campanhas de promoção. Houve muita imigração entre o final do século XIX até a Primeira Guerra Mundial. Por exemplo, 1913 é o ano em que chegaram mais imigrantes ao Canadá. Foi uma época muito importante para a chegada dos imigrantes e foi com essa visão que se concebeu a ideia de construir e abrir o centro do Píer 21.

É muito interessante porque é também a época em que o fluxo de imigrantes, tanto para o Brasil quanto para os Estados Unidos, ficou muito alto, um pouco antes da Primeira Guerra Mundial. Você falou sobre campanhas de imigração. Os anúncios eram propagandas e campanhas na Europa?
Na Europa, principalmente. A prioridade para o governo canadense eram súditos britânicos. Não da Índia ou de outras partes, mas britânicos, pessoas que falavam inglês, mas também queriam agricultores. Então vieram de muitas partes da Europa: Ucrânia, Rússia, Polônia. Eram bons agricultores. Isso às vezes era mais importante do que falar

---

[3] Manitoba tornou-se uma província em 1870, e Alberta e Saskatchewan em 1905.

inglês. Chegaram muitos imigrantes ao Canadá que tinham outra língua materna que não era o inglês nem o francês.

Havia subsídios do Estado para atrair essa população? Ou eram campanhas publicitárias, mas sem subsídios, ajuda ou alguma verba?
Havia diferentes programas, posso comentar talvez alguns dos programas que estavam ligados ao emprego. Por exemplo, os pais de família ou pessoas de uma mesma família vinham com as passagens pagas, mas tinham um compromisso de ter que trabalhar aqui no Canadá para pagar essas passagens. Também havia pessoas que já tinham familiares aqui no Canadá, então elas poderiam chegar sem subsídios do governo.

E quando chegavam ao Canadá se concentravam em determinada região ou entravam imigrantes para todo o Canadá até o Pacífico? Como era isso?
É realmente todo o Canadá. Bem, você está falando ainda do final do século XIX ou entrando também no século XX?

Durante a Grande Imigração. Pelo menos, no Brasil, esse período entre 1880 até a Primeira Guerra Mundial, foi no que entrou a maioria dos imigrantes.
Até a Primeira Guerra Mundial.

Esse é o período mais abrangente do fluxo de imigração para o Brasil.
Para o Brasil, sim. Muitas pessoas chegaram a Montreal, que se desenvolveu como uma cidade industrial com muitos imigrantes, a Toronto e depois a outras províncias do oeste. Por exemplo, já no final da Primeira Guerra Mundial havia muitos imigrantes em Winnipeg, que é a capital da província de Manitoba. Houve uma greve geral nacional muito conhecida aqui em 1919 e houve a participação de muitos imigrantes. Creio que também é importante assinalar que, assim como em muitas outras partes das Américas, houve um deslocamento muito forte, uma violência estatal contra as primeiras nações e outros grupos indígenas. Isso é uma menção em particular

para esse período, porque o Estado tinha esse conceito de querer estabelecer assentamentos europeus com agricultores nessa região das pradarias no Canadá, na região oeste. Houve uma política violenta de deslocamento das comunidades indígenas. Estamos hoje, ainda, como um país recém-iniciado em um processo de tomada de consciência e de reconciliação com essa história. Às vezes há uma concepção de que o colonialismo foi mais forte em outros lugares, mas não foi o caso, foi um colonialismo violento no Canadá.

Aqui no Brasil também. Muitas vezes não apenas deslocamento, mas as pessoas foram mortas...
Sim. E o estabelecimento de reservas que temos hoje no Canadá para abrir as terras para as pessoas que chegavam como imigrantes. Há uma área, a das pradarias, que é muito árida. Foi realizado um estudo geológico da região e chegaram à conclusão de que não servia para a agricultura, mas o governo disse: "Bom, não importa".[4]

Para os povos originários.
Sim. Isso foi parte dessa história e precisamente também nesse tempo que estamos falando quando estavam chegando pessoas da Europa no Píer 2.

No final do século XIX e início do século XX, não é isto?
Exatamente. Como dissemos, até o início da Primeira Guerra Mundial — e imagino que foi igual em outras partes —, já não chegavam imigrantes durante a guerra. Igual com a Segunda Guerra Mundial. E não só pelas circunstâncias, mas também pelas políticas do governo.

---

[4] John Palliser liderou o "British North American Exploring Expedition" entre 1857 e 1859. Suas conclusões foram anuladas várias décadas depois. Ver OWRAM, Doug. *The promise of eden:* the Canadian expansionist movement and the idea of the West, 1856-1900. Ed. rev. Toronto: University of Toronto Press, 1992; e DASCHUK, James. *Clearing the plains*: disease, politics of starvation, and the loss of aboriginal life. Regina: University of Regina Press, 2013.

O que você está nos dizendo é que havia uma ideologia de privilegiar, selecionar em primeiro lugar os imigrantes, preferencialmente brancos europeus; e, em segundo, de deslocar as populações indígenas, no sentido de que o país deveria ser um país branco.
Sim.

Mas há outro período, quando a imigração começa um fluxo muito forte, muito intenso, e o Estado canadense iniciou a construção de outro Píer. Outra hospedaria que ficou no Píer 21.
Sim, o Píer 21 foi aberto em 1928, mas foi pensado muito antes disso. Entre 1905 e 1915, houve um melhoramento das instalações existentes no Píer 2 e começaram a introduzir área de hospedagem, área de refeitório, sala de espera para os imigrantes, mas nunca conseguiram construir um lugar de boa qualidade e que funcionasse bem para servir a população de imigrantes. Eu menciono isso porque eles vão pegar algumas dessas ideias que foram construídas durante esses 10 anos no Píer 2 e levá-las para o novo edifício. Ou seja, para a época eram ideias modernas. Haviam feito coisas similares também na cidade de Quebec. É interessante mencionar que foi construído como sede de imigração, mas foi parte de todo um complexo nessa parte do sul da cidade de Halifax, chamado The Ocean Terminal Complex em inglês, construído a partir da ideia de desenvolvimento econômico de ferrovias para os bens que iam vir das pradarias: o trigo, os grãos para exportar e os bens que iam entrar. Havia um hotel de ferrovia, como há muitos no Canadá, em todas as zonas de ferrovia. E havia também a sede de imigração, que era somente uma parte desse complexo. Nós pensamos que o local da imigração foi construído apenas para isso, mas não. Na verdade, foi uma das muitas abordagens para essa área.

Eu gostaria de te perguntar duas coisas. Primeiro, gostaria que falasse um pouco sobre como funcionava o Píer 21: quantos dias os imigrantes ficavam, como era o funcionamento interno, as questões ligadas a intérpretes, porque você falou que havia ucranianos; como eles se entendiam? A segunda coisa é sobre questões sanitárias. Nós sabemos que já no século XIX e logo após a Primeira Guerra Mundial havia uma preocupação intensa em relação a questões epidêmicas. Como é que esse fluxo de imigrantes poderia, de alguma forma, relacionar-se com essas questões ligadas às doenças, sejam elas vindas de fora, sejam aquelas que já estavam dentro dos países. As questões sanitárias eram importantes e por isso houve, em todas as hospedarias que conhecemos, uma pressão médica muito exigente para o ingresso. Gostaria que também falasse sobre isso, sobre o funcionamento e as questões de saúde.

Bem, talvez eu vá misturar um pouco porque as duas coisas estão entrelaçadas, mas sim, a questão de saúde pública era muito importante. As questões sanitárias, assim como em outros países, eram parte do contexto do começo do século XX, quando já se conhecia mais sobre as técnicas médicas, os testes, as vacinas. Mas um dos aspectos muito importantes é que o governo canadense começou a exigir exames médicos na Europa antes de chegar, porque era um grande perigo que as pessoas chegassem com doenças contagiosas. Entre muitas outras coisas, exigiam que os imigrantes fizessem exames médicos muitas vezes com médicos canadenses e com médicos autorizados pelo Estado canadense. Todo o exame médico, as radiografias, as vacinas, tudo isso se fazia na Europa. Por que menciono isso primeiro? É importante no sentido de que, quando chegavam ao Canadá, a maioria dos imigrantes não tinha que passar por um processo intenso quando havia exame médico. Dentro do Píer 21, quando as pessoas saíam do barco, entravam em uma sala de recepção em duas partes, mas bastante ampla.

Do barco direto para a sala de recepção.

Sim. Que ficava no segundo andar, e por baixo estava a zona de carga de armazém. Eles entravam diretamente na sala de espera e havia uma clínica médica. Também havia um hospital no Píer 21, mas tinha uma sala de espera com uma espécie de clínica médica e foi lá que eles verificaram os documentos para conferir se as pessoas tinham recebido aprovação médica antes de chegar. Também faziam um exame visual para ver se alguém estava tossindo ou tinha problemas de pele, possivelmente sarampo, varicela (catapora) ou algo assim. Então havia uma inspeção médica, mas muito rápida. Isso era antes de passar pelos processos de imigração na alfândega. Se vissem, por exemplo, que havia um problema de saúde, então essa pessoa tinha que passar por outra consulta médica. Em certos casos, por exemplo, houve muitos casos de sarampo com as crianças.

Mas é uma coisa muito corriqueira em crianças.
Sim. Nesses casos, provavelmente teriam que ir ao hospital. O hospital era maior e existia também dentro de Píer 21, nessa construção nova. Geralmente funcionava assim.[5] Às vezes chegavam muitos navios ao mesmo tempo. Em algumas ocasiões havia pessoas que abordavam os navios, inclusive oficiais de imigração, porque a ideia era de fazer tudo em terra. Mas não no barco. Essa era a área principal, que tinha a sala de recepção, a clínica médica, e havia outra parte para o norte desse complexo com hospedagem. Os alojamentos eram divididos em duas partes, uma delas era para alojamento por razões não graves. Por exemplo, se uma pessoa tinha um problema com o contrato de trabalho, que era parte do requisito para entrar no país, tinha que ficar uns dias ali, resolver o problema e depois ir. Tinha uma série de circunstâncias pelas quais uma pessoa ou toda a família tinha que ficar alguns dias na área de alojamento do Píer 21. Os quartos eram divididos em diferentes zonas: uma parte para britânicos homens, uma parte para estrangeiros, outra para mulheres britânicas e crianças, e outra para mulheres estrangeiras. Muitas discriminações nesse sentido. Também havia outra parte menor que era para marinheiros. Caso tivessem um problema por A ou B, tinham que ficar para resolver o problema; muitas vezes era por motivos de trabalho, então também ficavam lá.

---

[5] Para problemas mais sérios com doenças infecciosas, as pessoas eram enviadas para uma instalação de quarentena, Lawlor's Island, até 1936, ou ao hospital de doenças infecciosas em Halifax. SCHWINGHAMER, Steven; RASKA, Jan. *Pier 21*: a history. Gatineau: University of Ottawa Press, Canadian Museum of History, Canadian Museum of Immigration, 2020.

Se não houvesse problemas de contrato, quer dizer, se estivesse tudo certo com os contratos de trabalho, essas pessoas seguiam direto ou havia alguns dias em que dormiam também no Píer?
Não era, por exemplo, como o Hotel de Imigrantes que tinha na Argentina. Essa era uma das diferenças possivelmente muito grandes entre o Píer 21 e outras sedes de imigração das Américas. A maioria das pessoas que passavam pelo Píer 21 realmente passava ali três horas mais ou menos.

É semelhante a Ellis Island.
Sim.

Ellis Island era basicamente um centro de triagem, poucos ficavam. No Brasil, no Rio, em São Paulo ou mesmo na Argentina, praticamente todos que entravam, ficavam. Mas nem todos os imigrantes que chegavam ao Rio de Janeiro e em São Paulo, acho que em Buenos Aires também, passavam pelas hospedarias. Não era obrigatório entrar pela hospedaria. No Canadá era obrigatório? Todos os imigrantes que entravam no Canadá, por Halifax, precisavam necessariamente passar, como um processo de migração, pelo Píer 21
Não, porque havia outros portos de entrada, por exemplo, a cidade de Saint John, na província de New Brunswick que está perto, na cidade de Quebec. Eu, por exemplo, entrei no barco com minha família ainda menina vinda do Peru indiretamente após passar pela Inglaterra e desembarquei no porto de Quebec. Não tenho certeza, mas eu acho que nos primeiros anos do Píer 21 havia mais tráfego na cidade de Quebec do que no Píer 21, mas os mesmos barcos que faziam escala no Píer 21 muitas vezes também foram para Saint John, Brunswick, depois para Quebec e às vezes para Montreal. Então havia muitos portos de entrada. Na Columbia Britânica também, o porto de Vitória para os imigrantes que chegavam da Ásia também era outro porto. Ou seja, não tinham que entrar necessariamente pelo Píer 21.

O que você está falando é que a maior parte que ingressava no país por processo imigratório de registro ou por verificação de doenças ou de vacinas passava direto para a ferrovia ou outros meios de transporte para dentro do Canadá. E a menor parte ficava no Píer 21, com um refeitório e outras coisas mais, onde poderia ficar até que os problemas fossem resolvidos.
Exatamente isso. Com o tempo, as razões foram mudando. Temos casos de pessoas pedindo exílio político, que ficavam ali enquanto se arrumava o caso. Por exemplo, há uma mulher da então Checoslováquia, era musicista e tinha ido a Cuba em uma viagem. Na volta fez escala no aeroporto internacional de Gander, que está em Terra Nova (Newfoundland), e decidiu pedir exílio. Terra Nova é outra província, mas a trouxeram aqui a Halifax por avião e daí ela ficou por um tempo no Píer 21 até que conseguiu corrigir a sua situação para ficar no Canadá. Então era outro motivo.

Ela conseguiu o exílio?
Sim. Eu a entrevistei alguns anos atrás.[6] Uma pessoa muito interessante. Autora de livros infantis e escreveu um livro sobre sua impressão do Píer 21.

Como o Píer 21 ficou aberto até 1971, muitas pessoas que passaram pelo Píer ainda estão vivas e creio que você tenha entrevistado muitas delas. Gostaria que falasse um pouco sobre essas entrevistas ou alguns casos muito interessantes como esse.
Sim, temos uma coleção de histórias orais de mais ou menos 1.300 entrevistas. Algumas são em vídeo, mas a maioria são áudios, não mais. Nós começamos a fazer entrevistas em 1998 e o Museu Canadense de Imigração abriu em 1999.[7] Essas primeiras entrevistas foram feitas para aprender sobre o funcionamento do Píer 21 como

---

[6] Oral History with Veronika Martenova Charles. Canadian Museum of Immigration at Pier 21. [18.06.12VMC]

[7] Centro de Interpretação de Sociedade do Píer 21.

sede de imigração para poder construir o museu. Então foram entrevistados imigrantes, oficiais de imigração, voluntários que estavam ali no Píer 21.

Isso é muito interessante porque o projeto de história oral antecede o museu, ou melhor, o projeto de história oral, pelo que você fala, fundamentou a possibilidade de construção do museu.
Sim. Eu também acho isso muito interessante porque às vezes, quando você pensa sobre a história oral, é como algo que dá um pouco de descrição ou detalhe para uma história oficial. É parte da história oral, mas é muito mais complexo que isso. Então, sim, temos muitas entrevistas que estão relacionadas ao Píer 21, mas como somos agora um museu nacional, também temos entrevistas com pessoas de todo o Canadá e todo o mundo quase. Ainda estamos a trabalhar nisso, mas eu faço algumas viagens de pesquisa para todas as partes do Canadá para fazer entrevistas com pessoas que entraram em muitos portos diferentes, em anos diferentes, em circunstâncias diferentes.

Isso é um projeto de história oral sobre imigração no Canadá. Independentemente de onde você está entrando, 1.300 entrevistas é acervo muito grande.
Sim. É realmente um grande desafio, na verdade, para se aproximar dessa coleção, sobretudo a coleção de entrevistas em vídeo. Porque às vezes as pessoas podem pensar que o digital é mais barato ou mais fácil, mas estamos descobrindo que não é necessariamente o caso. Requer muito trabalho, muita organização e muitos recursos para manter uma coleção digital de vídeo. Mas também é muito útil porque quando as pessoas vão ao Museu, temos várias ocasiões nas exposições nas quais as pessoas podem ver, não só ouvir, mas podem ver uma pessoa falando sobre sua experiência como refugiado, sua experiência como trabalhador, ajudando os imigrantes. Nem todos são imigrantes. A maioria das pessoas que entrevistamos entrou no país como refugiados ou imigrantes, mas também entrevistamos pessoas que têm alguma relação com o processo de imigração.

Sim, por exemplo, os funcionários da hospedaria.
É isso mesmo. E eu entrevistei vários funcionários que trabalharam em muitas partes diferentes do mundo, para tentar aprender um pouco mais sobre como o sistema de migração no exterior funcionava, na Europa, na Índia, em outros lugares. Porque no Canadá houve uma mudança na política de imigração muito importante em 1967, pouco antes de o Píer 21 ser fechado como um centro de imigração. Foi quando começou a eliminar a discriminação que existia no Canadá, porque até então não havia o que se chama de sistema de pontos, o *point system*, que determinava que uma pessoa poderia ingressar se chegasse a certos pontos. Na época, falava-se inglês ou francês; educação, certo nível de educação; trabalho, a possibilidade de contribuir para a força de trabalho etc. Em teoria, qualquer pessoa de qualquer país do mundo podia fazer uma solicitação para imigrar ao Canadá, mas na prática nem sempre funcionava porque o Canadá não tinha uma presença consular ampla, sobretudo no Sul Global, na América Latina, na África, no Oriente Médio etc. Então foi interessante entrevistar esse grupo de aposentados agora, para ver como trabalhavam.

Então esse sistema de pontos era oficial até 1967 ou depois de 1967?
Depois. Foi recente.

E até quando essa política foi vigente?
Bem, até hoje. Há mudanças, mas sim.

É preciso ter algumas "qualidades" para ingressar bem no Canadá. É isso?
A verdade é que sim. Bem, há diferenças de categorias.

É que no Brasil há campanhas de consulado do Canadá para ingresso no Canadá, mas a campanha é isso: eles querem profissionais liberais, de preferência pessoas que têm certo nível de renda ou coisas do tipo.
É verdade. Como digo, há outras categorias, por exemplo, de reunificação familiar, de refugiados. O Canadá assinou a Convenção das Nações Unidas recentemente, creio que foi em 1969. O convênio foi

criado em 1951,[8] então nos atrasamos um pouco, mas aí estamos. Então sim, o Estado sempre esteve muito consciente dos interesses do país. Tem toda uma história humanitária, tinha às vezes, por exemplo, no caso dos exilados chilenos que chegaram depois de 1973. Houve uma discussão dentro do país, muitos grupos humanitários, igrejas, disseram que: "Bom, temos uma política humanitária para refugiados, tem que ser para os chilenos também". Porque até então tinham sido pessoas fugindo do comunismo principalmente.

O Canadá recebeu chilenos também?
Sim. Depois de um pouco de pressão recebeu um grupo. E também voltando ao programa de história oral, é um dos projetos que tenho pendente, mas antes da Covid-19 só tínhamos uma entrevista com um exilado chileno, uma mulher. Então pude fazer outras entrevistas mais ligando-me com a Casa Salvador Allende em Toronto e agora já temos cinco. Trabalhamos com um estudante universitário no ano passado para analisar as entrevistas e escrever um relatório. Isso vai ser a base para o próximo passo, não sei qual é ainda.[9] Em 2023 é o aniversário da chegada dos primeiros chilenos e foi importante por muitos motivos, mas entre eles porque a população latino-americana no Canadá desde então não era muito grande, em parte porque não havia serviços consulares na América Latina. O caso da minha família, por exemplo, foi porque meu pai era inglês britânico e estava vivendo no Peru. Foi só porque saímos do Peru, fomos para a Inglaterra e da Inglaterra entramos no Canadá, e ainda na década de 1970 não havia muitos latinos no Canadá. Agora sim, mas antes não.

---

[8] Também chamado de Estatuto dos Refugiados, o documento buscava solucionar a situação jurídica dos refugiados e deslocados de guerra após a Segunda Guerra Mundial. O tratado define o que é um refugiado, seus direitos e deveres e o papel dos países que acolhem refugiados.

[9] Juntamente com o programa de Estudos Latino-Americanos da Universidade de Toronto, foi realizado um painel de discussão pública para o aniversário do golpe de estado em setembro de 2023. Chilean Exiles, 1973 to Now | Canadian Museum of Immigration at Pier 21.

E quantos brasileiros tem no Canadá hoje? Muitos?
Não sei o número, mas houve várias ondas nas décadas de 1970 e 1980, muita gente da América Central, da Guatemala e El Salvador em particular. E da Colômbia na década de 1990. Então você pode ver as mudanças políticas e como elas estão ligadas. Há também uma grande população do Brasil e do México.

E quanto aos refugiados atuais? Os desse século, do Oriente Médio, de países africanos. O Canadá está recebendo? Vocês estão trabalhando com esse grupo também?
Sim, o Canadá recebe refugiados de todo o mundo. Temos justamente neste momento uma exposição que está viajando por todo o país que se chama "Refuge Canada" [Refúgio Canadá]. Esteve no Museu da Imigração em Halifax, e como somos um museu nacional e queremos ter uma presença nacional, está agora em um museu em Kingston, Ontário. Essa exposição fala da política do governo do Canadá que em um aspecto tem sido muito generoso, mas, em relação ao problema mundial de refugiados, há uma porcentagem muito baixa das pessoas que entraram no Canadá. Eu diria que o Canadá, como Estado, sempre fez um esforço para tentar oferecer serviços para ajudar os imigrantes: centros de boas-vindas, aulas de língua, uma língua oficial, inglês ou francês. Temos muitas entrevistas na coleção também de pessoas que vieram de muitos países. Estou trabalhando agora com um grupo de exilados do Tibete. Eles deixaram o Tibete em 1959 e estiveram no norte da Índia, onde ainda está o Dalai Lama e essa comunidade no exílio. E houve um acordo, em parte devido à intervenção do Dalai Lama, com o governo canadense para receber originalmente um pequeno grupo de 228 pessoas. Agora estamos trabalhando em uma colaboração com um grupo, temos 20 entrevistas e vou fazer um pequeno vídeo.[10]

---

10 Long Journeys: The First Tibetans in Canada | Canadian Museum of Immigration at Pier 21.

Emily, infelizmente, não temos muito tempo. Então vou fazer as duas últimas perguntas. Uma delas é que você enfatiza muito a característica nacional do museu. Você falou que houve uma mudança na concepção de museu. De um museu específico sobre uma hospedaria, o Píer 21, passou a ser um museu da imigração do Canadá. A primeira pergunta é que gostaria que explicasse um pouco mais sobre essas transformações e qual é o impacto para a organização do museu. A outra pergunta é a minha curiosidade, em tantas coisas interessantes que você falou, de saber como é a divulgação das exposições, dos projetos de história oral, essa exposição que é uma exposição itinerante sobre refugiados. Como é essa divulgação na Web? Porque eu estive no Píer 21 alguns anos atrás e é muito interessante ver essas atualizações. Estou muito interessado em ver essa exposição de refugiados. Se vocês já estão fazendo isso ou se há propostas para projetos em relação a uma divulgação em que outras pessoas do mundo possam também ter acesso a essas coisas. São duas perguntas: a transformação da característica de Museu de Imigração do Canadá e a segunda sobre a divulgação na internet. Faça a sua propaganda!

O Museu da Imigração foi aberto em 1999, originalmente como um centro de interpretação. Foi formada a Sociedade do Píer 21, com uma junta diretiva. Depois foi aberta como museu para representar essa história transatlântica de que estávamos falando. Mas sempre se foi desenvolvendo a ideia de ampliar a missão do museu para abarcar essa história de imigração ao Canadá, no sentido mais amplo. Para encurtar a história, houve uma reunião aqui em Halifax durante a década de 1990, então o governo canadense disse: "Bem, nós vamos dar...". Acredito que foram 4 com mais 5 milhões de dólares... "Mas vocês em forma de sociedade, de forma privada, podem arrecadar outros 4 com mais 5 milhões."[11] Entre 2009 e 2011 se estabeleceu como museu nacional. Com o decreto de lei da ata de museus que foi alterado, agora há seis museus nacionais no Canadá. Este foi o último a tornar-se museu nacional. Quatro deles estão na área da capital, em Ottawa, nosso museu, em Halifax, e há um museu de direitos humanos, novo

11 21ª Cimeira do G7 em Halifax em junho de 1995.

também, que está em Winnipeg, capital de Manitoba. Mas foi só em 2015 que abrimos ao público como um museu nacional porque tivemos que criar conteúdo. Eu não estava ainda no museu para a maior parte disso, mas sim no que se refere à história oral. Fiz muitas entrevistas, trabalhamos em uma equipe durante todo um verão escutando vídeos, escolhendo, selecionando material para colocar no museu já como museu nacional. Quanto à segunda pergunta: sim, temos um *site* que é *pier21.ca* e há bastante informação, há artigos de migração, alguns vídeos da seção de história oral, temos uma base de dados que inclui informações de entrevistas também de outros conteúdos da coleção, imagens digitais, documentos, histórias escritas etc. Infelizmente não temos capacidade neste momento para compartilhar mais do que aqueles que são exposições como Refuge Canada. Há um pouco de informação, mas os interessados teriam que vir para o Canadá para ver o conteúdo.

Muito interessante. Eu fiquei muito feliz com essa conversa e acho que vamos ficar cada vez mais curiosos sobre essa história ainda pouco conhecida no Brasil: a história do Canadá, a história da imigração no Canadá, a história do Píer 21. O Canadá foi um dos locais de maiores fluxos na América, junto com Estados Unidos, Brasil e Argentina. São os quatro principais centros de recepção de imigrantes. Poderíamos continuar a falar muito mais porque há histórias muito interessantes da Segunda Guerra Mundial sobre o Píer 21 e suas entrevistas, mas infelizmente não é possível. Quero agradecer muitíssimo a Emily Burton. E também agradecer a Rosana Barbosa, que fez esse contato com Emily.

Obrigada pelo convite, obrigada a todos por terem participado na discussão, foi muito interessante para mim e espero que não seja a última oportunidade. Acho que tem razão, ficaram por abordar muitos temas relacionados tanto ao Museu Nacional como à história do Píer 21, mas espero que a conversa tenha sido de interesse. Muito obrigada a todos.

Sobre os autores

Antonio de Ruggiero é professor adjunto do Programa de Pós-Graduação em História da Pontifícia Universidade Católica do Rio Grande do Sul (PPGH/PUCRS), é doutor em história moderna e contemporânea pela Università degli Studi di Firenze, Itália (2011). Desenvolve e orienta pesquisas sobre a história da imigração italiana no Brasil com foco particular sobre os aspectos do transnacionalismo; multiculturalismo; imigração qualificada e empresarial; imigração e urbanização; imigração política; imprensa étnica.

Carolina da Costa de Carvalho é licenciada em história pela Faculdade de Formação de Professores da Universidade do Estado do Rio de Janeiro (FFP/Uerj) e mestra em história das ciências pela Fundação Oswaldo Cruz (Casa de Oswaldo Cruz/Fiocruz). É coautora de publicações sobre as relações entre imigração e saúde, com destaque para *A imigração no discurso médico-psiquiátrico brasileiro no pós-Segunda Guerra Mundial* (2022) e *Das epidemias à saúde mental: uma análise sobre os espaços de recepção de imigrantes (1850-1947)* (2021).

Cristiane Thais do Amaral Cerzosimo Gomes é professora do Departamento de História do Instituto de Geografia, História e Documentação da Universidade Federal do Mato Grosso (UFMT). Realizou o seu doutorado em história social pelo Programa de Estudos Pós-Graduados em História (PUC-SP) e pós-doutorado pelo Dipartimento di Scienze Politiche e Sociali da Università della Calabria, Itália. É membro do Instituto Histórico e Geográfico do Mato Grosso (IHGMT) e do Etrúria: Laboratório de Estudos de Memória, Patrimônio e Ensino de História (UFMT).

Emily Burton Rocha é doutora em história pela Dalhousie University (2016) e pesquisadora no Museu Canadense da Imigração no Píer 21 em Halifax, Nova Escócia, Canadá, especializada em história oral. Em sua tese de doutorado pesquisou a regulamentação do rum e outras bebidas alcoólicas em três colônias marítimas britânicas. Publicou artigos nos periódicos *Royal Nova Scotia Historical Society Journal*, *Nashwaak Review* e *International Journal of Maritime History*. Seus interesses de pesquisa com a coleção de história oral do Museu incluíram experiências de mães e filhas imigrantes, migrantes filipinos, refugiados tibetanos e exilados chilenos no Canadá. Também produziu e coproduziu galerias online e vídeos baseados em entrevistas de história oral.

Érica Sarmiento é professora associada do Departamento de História da Universidade do Estado do Rio de Janeiro (Uerj). Professora do Programa de Pós-Graduação em História da Uerj e professora do Programa de Pós-Graduação Latu Sensu "Especialista de Universidad en Diáspora Vasca" da Universidad del País Vasco (Euskal Herriko Unibertsitatea). Coordenadora do Laboratório de Estudos de Imigração (Labimi/Uerj) e da Cátedra Sérgio Vieira de Mello (Uerj/Acnur). Bolsista Produtividade CNPq 2, Cientista do Nosso Estado da Fundação de Amparo à Pesquisa do Estado do Rio de Janeiro (Faperj) e pró-cientista Uerj.

Giselle Pereira Nicolau atualmente é professora do Programa de Pós-Graduação em História da Universidade Salgado de Oliveira, onde coordena o Laboratório de Estudos Migratórios Exílio e Refúgio (Lemer). Colabora com as atividades do Centro de Memória Institucional da Ilha das Flores (CMIIF-Uerj). Possui pós-doutorado em história pela Faculdade de Formação de Professores da Uerj e doutorado em história contemporânea pela Universidade Federal Fluminense (UFF, 2018), com bolsa sanduíche na École de Hautes Études en Sciences Sociales (Ehess) (2017). Atua nas áreas de Brasil Império e República, migrações, história política e ensino de história.

Guilherme dos Santos Cavotti Marques é formado em história pela Faculdade de Formação de Professores da Uerj, mestre em história social pelo Programa de Pós-Graduação em História Social (PPGHS/Uerj) e doutor pelo mesmo programa. Atualmente é professor de história da Rede Municipal de Iguaba Grande. Membro-pesquisador do Centro de Memória da Imigração da Ilha das Flores (Uerj/FFP), é um dos curadores da exposição do Museu da Imigração da Ilha das Flores. Pesquisa o tema da imigração desde a graduação. É autor de diversos artigos e capítulos de livros sobre imigração e temas correlatos.

Keila Grinberg é professora titular do Departamento de História e diretora do Center for Latin American Studies da Universidade de Pittsburgh. É professora titular licenciada do Departamento de História da Universidade Federal do Estado do Rio de Janeiro (Unirio). Entre seus livros estão *Judeus no Brasil: ensaios sobre inquisição, imigração, identidade* (Civilização Brasileira, 2005) e *Judeus cariocas*, com Flavio Limoncic, Cidade Viva, 2010). É uma das coordenadoras do projeto de História Pública Passados Presentes: memória da escravidão no Brasil.

Julianna Carolina Oliveira Costa é graduada em história pela Universidade do Estado do Rio de Janeiro (Uerj). Mestre e doutora pelo Programa de Pós-Graduação em História Social da Uerj. Pesquisadora do Centro de Memória da Imigração da Ilha das Flores. Coautora dos artigos "Como manter saudáveis nossos imigrantes: preceitos higienistas na constituição da Hospedaria de Imigrantes da Ilha das Flores" (2019), "Se o Rio é lusitano, por que a Ilha das Flores não o é? A recepção de imigrantes portugueses no Rio de Janeiro (1883-1892)" (2019), e "História da imigração (1830-1880)" (2021).

Lená Medeiros de Menezes é professora emérita da Universidade do Estado do Rio de Janeiro (Uerj), doutora em história social pela Universidade de São Paulo (USP), professora dos Programas de Pós-graduação em História e em Relações Internacionais da Uerj, bolsista de produtividade do CNPq e pesquisadora emérita da Fundação de

Amparo à Pesquisa do Estado do Rio de Janeiro (Faperj), fundadora do Laboratório de Estudos de Imigração (Labimi-Uerj). Presidente do Instituto Histórico e Geográfico do Rio de Janeiro (IHGRJ) (2021-24). Atualmente é editora-chefe da Editora Ayran. Entre seus livros autorais destacam-se vários voltados para os estudos migratórios: *Francesas no Rio de Janeiro: a "França Antártica" no feminino plural* (2024), entre outros.

Luís Edmundo Moraes é graduado em história pela Universidade Federal do Rio de Janeiro (UFRJ) (1992), mestre em antropologia social pelo Museu Nacional (UFRJ) (1996) e doutor em história pelo Centro de Pesquisas sobre o Antissemitismo da Universidade Técnica de Berlim (2002). Atualmente é professor associado de história contemporânea da Universidade Federal Rural do Rio de Janeiro (UFRRJ) e membro do Núcleo de Estudos da Política e de História Social (Nephs/UFRRJ).

Luís Reznik é licenciado e mestre em história pela Universidade Federal Fluminense (UFF); doutor em ciência política pelo Instituto Universitário de Pesquisas do Rio de Janeiro (Iuperj, atual Iesp/Uerj). É professor do Departamento de Ciências Humanas e dos Programas de Pós-Graduação em História Social da Universidade do Estado do Rio de Janeiro (PPGHS/Uerj) e Ensino de História (ProfHistória). Bolsista de produtividade do CNPq e Cientista do Nosso Estado da Fundação de Amparo à Pesquisa do Estado do Rio de Janeiro (Faperj), ambos desde 2016. Coordena o Centro de Memória da Imigração da Ilha das Flores. Publicou *Imigração no Brasil e a hospedaria da Ilha das Flores* (2015), *Experiências da imigração: São Gonçalo nos séculos XX e XXI* (2019), *História da Imigração no Brasil* (2021), *Linguagens políticas do Brasil democrático* (2023), entre outros títulos que publicou e organizou, assim como artigos e capítulos de livros.

Marcelo Carlos Huernos é professor nacional superior de história. Leciona na Universidad Nacional de Tres de Febrero e na Universidad de Buenos Aires. É curador e investigador do Museo de la Inmigración (Muntref). Apresentou trabalhos em seminários, jornadas e congressos sobre imigração italiana e antifascismo na Argentina. Escreveu o capítulo correspondente à comunidade italiana no libro *Transatlantic battles. European inmigrant communities in South America and the World Wars.*

Maria Cristina Dadalto é doutora em ciências sociais pela Universidade do Estado do Rio de Janeiro (Uerj), com pós-doutorado pela Università Ca´Foscari di Venezia. É professora do Departamento de Ciências Sociais e professora dos Programas de Pós-Graduação em Ciências Sociais e História da Universidade Federal do Espírito Santo (Ufes). É coordenadora do Laboratório de Estudos do Movimento Migratório (Lemm/Ufes).

Maria de Nazaré dos Santos Sarges é doutora em história pela Universidade Estadual de Campinas (Unicamp) e com pós-doutorado pela Universitat de Barcelona (Espanha) (2011). Professora titular aposentada da Universidade Federal do Pará (UFPA), vinculada ao Programa de Pós-Graduação em História Social da Amazônia. Coordenadora da Cátedra João Lúcio de Azevedo vinculada ao Instituto Camões (Portugal). Autora do livro *Belém: riquezas produzindo a belle époque (1870-1912).*

Maria Izilda Santos de Matos possui graduação (1978) e doutorado em História (1991), ambos pela Universidade de São Paulo (USP). Livre-docência pela Pontifícia Universidade Católica de São Paulo (PUC-SP, 2016), pós-doutorado pela Université Lumiere Lyon 2 (França, 1997). Professora titular da PUC-SP, professora convidada da Universidade Ca' Foscara (Itália), pesquisadora 1 A do CNPq. Tem experiência na área de história, atuando nos seguintes temas: imigração; história das mulheres e gênero; história do corpo feminino.

Maria Luiza Ugarte é professora associada da Universidade Federal do Amazonas (Ufam), atua na pós-graduação em história. Autora de inúmeros artigos e dos livros *A cidade sobre os ombros: trabalho e conflito no porto de Manaus: 1899-1920*; *Folhas do Norte: letramento e periodismo no Amazonas, 1880-1920*; *Gênero & imprensa na história do Amazonas* e *Mundos do trabalho na cidade da borracha: trabalhadores, lideranças, associações e greves operárias em Manaus, 1880-1930*, este em parceria com Luís Balkar Pinheiro.

Mariana Esteves Martins é doutoranda e mestre em história social pela Faculdade de Filosofia, Letras e Ciências Humanas da Universidade de São Paulo (FFLCH/USP), especialista em estudos de museus de arte pelo Museu de Arte Contemporânea (MAC/USP) e bacharel em história pela FFLCH/USP. Tem experiência profissional em museus e arquivos, com foco em gestão, curadoria e pesquisa de acervos. Atualmente é coordenadora de Pesquisa e Conteúdo da Expomus e professora do Curso de Especialização em Museologia, Curadoria e Colecionismo do Centro Universitário Belas Artes e do MBA em Gestão de Museus da ABGC/Expomus. Autora do livro *A formação do Museu Republicano "Convenção de Itu" (1921-1946)*, publicado pela Edusp. Atuou como pesquisadora e coordenadora técnica do Museu da Imigração do Estado de São Paulo (2011-21).

Paulo Gabriel Hilu da Rocha Pinto é professor do Programa de Pós-Graduação em Antropologia da Universidade Federal Fluminense (UFF), onde também é o coordenador do Núcleo de Estudos do Oriente Médio (Neom). Suas publicações incluem os livros *Árabes no Rio de Janeiro: uma identidade plural* (2010) e *Crescent of another horizon: Islam in Latin America, the Caribbean and Latino USA* (2015).

Rosane Aparecida Bartholazzi é doutora em História Social pela Universidade Federal Fluminense, com pesquisa realizada na Itália e no Brasil sobre a imigração italiana no interior fluminense. Participou do Programa de Pós-Doutorado na mesma universidade. É autora da tese *Os italianos no Noroeste Fluminense:* estratégias familiares e mobilidade social, defendida na Universidade Federal Fluminense (UFF) e orientada pela professora Ismênia de Lima Martins. A tese foi publicada em livro pela Garamond em 2013. Atuou como docente na graduação e pós-graduação e como gestora do ensino superior da Fundação de Apoio à Escola Técnica (Faetec/RJ). Integra o Núcleo de Estudos de Migração, Identidade e Cidadania (Nemic/UFF) e atua na área de pesquisa, memória e patrimônio histórico no Centro de Memória da Escola de Teatro Martins Pena (Faetec/RJ).

Rui Aniceto Nascimento Fernandes é professor adjunto do Departamento de Ciências Humanas da Faculdade de Formação de Professores na Universidade do Estado do Rio de Janeiro (DCH/FFP/Uerj). Mestre em história social pela Universidade Federal Fluminense (UFF). Doutor em história social da cultura pela Pontifícia Universidade Católica do Rio de Janeiro (PUC-Rio). Professor do Programa de Pós-Graduação em História Social da Universidade do Estado do Rio de Janeiro (PPGHS/Uerj) e do ProfHistória. Pró-cientista da Uerj. Membro do Conselho Curador do Museu da Imigração da Ilha das Flores. É autor de diversos artigos e capítulos de livros sobre imigração e temas correlatos.

Sergio Moraes Rego Fagerlande é arquiteto e urbanista pela Faculdade de Arquitetura e Urbanismo da Universidade Federal do Rio de Janeiro (FAU/UFRJ) (1987), especialista em história da arte e arquitetura no Brasil pela Pontifícia Universidade Católica do Rio de Janeiro (PUC-Rio) (1998), mestre (2007) e doutor (2012) em urbanismo pelo Programa de Pós-Graduação em Urbanismo (Prourb) da FAU/UFRJ, com pós-doutorado no Prourb (FAU/UFRJ), com bolsa PNPD Capes (2013), professor visitante/pós-doutorado com bolsa Capes Print na École d'Urbanisme de Paris (2022). É professor adjunto da FAU/UFRJ e docente do Programa de Pós-Graduação em Urbanismo (Prourb, FAU/UFRJ) com pesquisa na área de patrimônio, turismo e cidade.

Svetlana Ruseishvili é socióloga e professora no Departamento de Sociologia da Universidade Federal de São Carlos (Ufscar). Ela é doutora em sociologia pela Universidade de São Paulo (USP) e mestre em sociologia pela École des Hautes Études en Sciences Sociales (Ehess, Paris). Foi pesquisadora visitante na London School of Economics and Political Science (LSE, Londres) e no University College of London (UCL, Londres). Svetlana pesquisa migrações internacionais contemporâneas e históricas, políticas migratórias no Brasil e os regimes de cidadania.

Este livro foi impresso nas oficinas gráficas da Editora Vozes Ltda.,
Rua Frei Luís, 100 – Petrópolis, RJ.